井筒俊彦の比較哲学

# 井筒俊彦の比較哲学

―― 神的なものと社会的なものの争い ――

バフマン・ザキプール 著

知泉書館

この著作をイェガーネ・シャイガン先生の霊に捧げる。

# 序　文

————————

　イラン国籍のバフマン・ザキプール博士の日本語による井筒俊彦研究
論文が刊行されることは非常に喜ばしいことである。本文中に記されて
いるように著者は，学生時代からかつてイランと非常に深い関係を持っ
ていた井筒俊彦に関心を持ち，井筒俊彦の「東洋思想」とその思想研究
の方法論の解明を博士論文の主題に選んだ。本書において著者は井筒俊
彦の「東洋思想」と井筒俊彦の方法論を多角的に分析し，評価すべき点
を正しく評価し，批判すべき点を正確に指摘している。井筒俊彦は天才
的な言語学者として伝説化・神話化される傾向があるが，バフマン・ザ
キプール博士はそうした風潮から身を引き，井筒俊彦を可能なかぎり学
問的分析対象として考察している。とはいえ，井筒俊彦の業績がイラン
の一青年をして日本に来さしめ，しかも日本語で哲学するように仕向け
たのだから，これはやはり井筒俊彦の功績の一つであるといえよう。

　井筒俊彦は日本国内で活躍した時期とカナダ，イランなど外国で活躍
した時期がある。その時期の著作の多くは欧文でなされ，イランでもそ
の思想と研究方法はよく知られていた。しかし，イラン・イスラーム革
命がおこると井筒俊彦はイランから日本に帰国し，日本語で多くの著作
をあらわし，彼が長年構想を暖めていた「東洋思想」に関する著作を
日本語で発表するようになった。井筒俊彦が晩年，日本語であらわした
作品は日本語の言語世界において知られたが，イランでは知られていな
かった。

　イランに滞在中の井筒俊彦はサイイド・ホセイン・ナスルやアンリ・
コルバンと協力して 12 イマーム・シーア派の世界に伝わるヒクマ哲学，
イルファーン神智学の研究と紹介に従事していた。ヒクマ哲学，イル
ファーン神智学は近世 12 イマーム・シーア派神学の中で融合して発達
し，極めて煩瑣な議論を形成していた。井筒俊彦は近世 12 イマーム・
シーア派神学の煩瑣哲学の諸問題を鋭い洞察力で剔抉し，深い学識と優

れた言語感覚で現代の知性に適合した形式で紹介することに成功した。当時のイランでは，井筒俊彦はイラン人も及ばないほど 12 イマーム・シーア派神学の煩瑣哲学を知る学者として尊敬されていた。

　他方，アンリ・コルバンはシハーブッディーン・スフラワルディーに深く傾倒しその思想の復興に力を注いだ人である。その傾倒ぶりはコルバンの師であるルイ・マッシニョンのフサイン・マンスール・アル・ハッラージュへの傾倒を彷彿させるものがある。ルイ・マッシニョンはアル・ハッラージュ没後一千年の後にアル・ハッラージュ伝説に基づきアル・ハッラージュを 20 世紀に蘇えらせようという野望に突き動かされてアル・ハッラージュの研究をした人である。ルイ・マッシニョンのアル・ハッラージュ研究の成果は『アル・ハッラージュの殉教』という題の浩瀚な書物として世に問われた。

　アンリ・コルバンの場合はシハーブッディーン・スフラワルディーの主著『黎明の叡知』のテクストの校訂出版，およびそれを継承する照明派哲学の学統の復興と再評価の作業に精力を傾注している。アンリ・コルバンは照明派哲学の学統に太古からの人類の哲学的営為の本流が保存されているとみて，その中に太古から連綿と伝えられる「東方の叡知」が生き続け，その学的営為の中にこそ最も包摂的かつ純粋な普遍哲学の可能性があると信じた。さらにイラン・イスラーム世界の 12 イマーム・シーア派神学の内部に保存されるそのような「東方の叡知」，すなわち普遍的哲学はもろもろの哲学派間の対話に基礎を与えるものであり，その対話能力の復活が現代世界に浸透しているニヒリズムや世俗主義の害毒の解毒剤となると考えた。アンリ・コルバンはサイイド・ホセイン・ナスルや井筒俊彦の協力を得てニヒリズムや世俗主義を克服するための「比較哲学」の構築を企図したのである。

　この時期の井筒俊彦はアンリ・コルバンのこうした企てに参画することにやぶさかではなかった。イラン帝室哲学研究所の資金によってさまざまな哲学的プロジェクトが実現できる可能性が高まっていたからであろう。それはペルシア・イスラーム文化の伝統と結びついたナショナリズムの高揚とも無関係ではなかった。これは皇帝の側からなされようとした，世俗主義とニヒリズムの克服ということができる。

　世俗主義とニヒリズムはマルクス主義と親和性を持っている。マルク

ス主義は貧困からの解放と人間性の復興を目指すが，他方では宗教や精神性・霊性を拒絶する。精神性・霊性なくしてはイスラームの死生観は成立しない。革命前夜のイランの青年たちの間に流行していたモジャーヒディーン・ハルク（人民ジハード団）のマルクス主義的解釈によるイスラームは権力奪取を自己目的とするのみで精神性・霊性を否認するニヒリズムにほかならない。

　これにたいし 12 イマーム・シーア派神学の法学理論のウィラーヤ論（監督権）とイブン・アラビーの神智学に由来する神人相近思想，すなわちワラーヤ論（存在論的愛・相近之理）を融合させた人々が現れた。これらの人々は「法学者の監督権」ウィラーヤテ・ファキーフ思想を根拠にして，民衆をニヒリズムと世俗主義から救い出し得るのは 12 イマーム・シーア派の精神文化であるとの信念を持つに至った。そういう 12 イマーム・シーア派の精神文化の復権を目指したグループの中心人物がアーヤトッラー・ウズマー・ルーホッラー・ホメイニーである。ホメイニーは近代 12 イマーム・シーア派神学の鼻祖モッラー・サドラーの神智学を最も深い次元で理解し，解釈できる人物と目されていた。彼は皇帝とその周辺に蝟集する人々が構想する古代ペルシア帝国の復活プロジェクトを激しく糾弾した。目指すべきは預言者ムハンマドと初代イマーム・アリーに率いられた正義と愛にみたされた純粋イスラーム共同体の復興であると考えた。この理想にくらべればアンリ・コルバンの「東方の叡知」復興のプロジェクトも古代ペルシア帝国の復活プロジェクトの一環でしかなかった。ホメイニーは，古代ペルシアの栄光の復活は正義を希求するイランの民衆になんら裨益することがないと主張した。イランはアメリカとイスラエルの半植民地状態に置かれ，エルサレム回復というイスラームの大義を忘れていた。イスラームの大義の実現のためにイランは主権を回復しなければならないとホメイニーは呼びかけた。イラン民衆をその半植民地状態という屈辱的状況から解放し，イスラームの大義のために奮い立たせようというホメイニーの呼びかけは功を奏した。ホメイニーの指摘により自らをムスタザフィーン mustadʻafīn（正義の実現を見失い自己疎外状態に追い込まれた弱者）と自覚したイランの民衆は帝政の打倒のために立ち上がった。その結果，あまたの犠牲をだしながらもイラン・イスラーム革命は成功した。

イラン・イスラーム革命を勝ち取り，アメリカとイスラエルを追放したイラン・イスラーム革命勢力は一時期極めて暴力的になっていた。帝政打倒に成功した彼らは，路線をめぐって分裂してイスラーム革命派と人民ジハード団派およびその他の左派勢力との間で銃撃戦やテロの応酬がおこなわれた。それに加えて超大国の間接的介入が状況を複雑化させていた。またイスラーム革命を指導した宗教指導者たちの間に意見の食い違いも生じた。超大国に対し徹底抗戦を唱えるホメイニー師，コミュニズムと人民ジハード団に同情を寄せるターレガーニー師，宗教者の政治介入に否定的なシャリーアトマダーリー師など，それぞれを支持する人々の間の闘争が熾烈化していった。これらの現象は井筒俊彦がイランを去って後の約半年間の各派協調の時期「テヘランの春」が終わって以降のことである。しかし，混乱の予兆は井筒俊彦がイランを去るころからあらわれていた。

井筒俊彦は 1945 年の第二次世界大戦敗戦に先立つ 15 年間の日本社会をよく知っていた。権力が凶暴化する社会は井筒俊彦自身にとり住みづらいことを知っていた。あの暗黒の時代に井筒俊彦より一世代上の日本の優れた哲学者たち（三木清，戸坂潤，五十嵐達六郎など）が次々と軍国主義の犠牲となり命を奪われていった。井筒俊彦自身，徴兵され短期間兵営暮らしをしたことがある。指の細い井筒俊彦が兵役についたのである。あの指で銃の引き金を引けたのだろうか。それを想像するだけでも日本の軍国主義の本性がいかに凶暴だったかが解る。

イラン・イスラーム革命体制が凶暴化の兆しをしめしはじめたとき，井筒俊彦はイランを去った。井筒俊彦は意識の領域がさまざまな要因により熱を帯び，沸騰し思索の道筋を見失い暴力化する社会の中に自らの居場所はないことを知っていたのである。

1978 年の終わるころに日本に帰国した井筒俊彦は長年構想を練っていた「東洋思想」の具体化に着手した。それは井筒俊彦が熟達している日本語によってなされることになった。これは井筒俊彦にとり良い事だったと思う。故岩見隆氏とも意見が一致していた点は，「井筒先生が欧文で書いた作品には日本語で書いた作品にみえる文章の精彩がない」ということだった。しかし，日本語で著述することは日本語の言語空間に作品を閉じ込めてしまうことになった。この結果，イランでは井筒

俊彦が日本に帰ってから何をしているのか杳としてわからなくなってしまっていた。あれほどイランの知識世界を見事に闡明していた井筒俊彦が日本で何をしているのかイランの人々は知りたかったのである。そしてイラン人にとって未知の領域であった日本における井筒俊彦の精神世界に挑んだのが本書の著者バフマン・ザキプール博士である。

　哲学学派間の対話は，本書の著者のバフマン・ザキプール博士が指摘するように政治的動機に起源を持ち，そこから比較思想・比較哲学の地平が切り拓かれてゆく。近現代の比較思想・比較哲学は帝国主義や植民地主義によりもたらされる文化衝突，あるいは文明衝突という政治的事件に起源をもつ。そのかぎりで比較思想・比較哲学は本質的に政治的なものであるといえる。しかし，井筒俊彦はその「東洋哲学」を構想するにあたって，「広大なアジア文化圏に古来展開された哲学的思惟のさまざまな伝統を東洋哲学という名で一括して通観する，——その諸伝統にまつわる複雑な歴史的聯関から引き離して，その共時的思考の次元に移してそこで新しく構造化しなおしてみたい」（井筒，2010：7頁）と記している。このように書いたとき，井筒俊彦は歴史的現実や政治的力学を伝統思想から完全に抽象している。この文章を書いたとき井筒俊彦の脳裏を「虎渓三笑」の寓話がよぎっていたのか明らかでない。仏教，道教，儒教の大家三人が語り合って意気投合し，時のたつのを忘れてしまったことに気づき，その迂闊さに三人ともに笑ったという超歴史的寓話は東アジアの文化圏では広く好まれている。南宋の時代に書かれた『廬山記』に出典をもつ逸話である。日常的には対立する思想体系も超歴史的次元，超時間的次元においては対立していないという哲学的合意が承認されているのである。井筒俊彦のいうアジアの思想を「諸伝統にまつわる複雑な歴史的聯関から引き離して，その共時的思考の次元に移してそこで新しく構造化しなおしてみたい」という発想は「虎渓三笑」の発想に近いように思える。

　超歴史的次元における伝統思想間の対話というのはバフマン・ザキプール博士が指摘するように本来極めて濃厚な政治的色彩を帯びている。「虎渓三笑」の寓話にしてもその成立の背景は政治的な原因が潜んでいるのだろう。しかし，井筒俊彦は自らの企ての政治性については沈黙している。井筒俊彦が諸思想を共時的思考の次元で構造化する際に措

定している極度に抽象化された観念,「絶対無分節」や「意識のゼロ・ポイント」等はバフマン・ザキプール博士が本書の中で指摘するように「必然的にイデオロギーを産み出す」のである。

　そもそも,イスラーム世界のスーフィズムも東アジア世界の道教も禅も世俗権力にたいする抵抗の思想として発達している。スーフィズムはウマイヤ朝にたいする抵抗運動としてシーア派運動と連携しながら形成されたものである。それゆえスーフィズムは反権力的であり,反権力的であるかぎりにおいて政治的である。道教の中核をなす老荘思想も反権力的思想である。井筒俊彦が晩年よりどころとした禅思想も『寒山詩』などに認められるように,もともとは反俗・反権力の色彩が濃厚である。つまり,現世の権力から一定の距離をとりながら可能なかぎり自己の良心に忠実で,精神の自由を保ちながらも民衆を裏切らない生き方を持続するために,神秘主義者や道士や禅者は究極的真理に近づくための修行をするのである。究極的真理は,イスラームにおいては「絶対存在」,「隠れたる宝」,「陰没の不死鳥（アンカー・ムグリブ）」などと呼ばれる。井筒俊彦はそれが老子の『道徳経』における「玄之又玄」であるという。『易経』の「太極」も同義語であるとする。周敦頤の「無極」もまた然り。ヴェーダーンタ哲学の「ブラフマン」も同様な意味を持つという。それは井筒俊彦のいう「絶対無分節」でもある。東洋の諸思想は究極的には同一の根拠にもとづいていると井筒俊彦は主張する。それゆえに東洋の諸思想は共時的次元においては対立せず融合しうると井筒俊彦は考える。こういう考え方はバフマン・ザキプール博士が指摘しているようにムガール朝インドの思想家ダーラー・ショクーが『両海の一致』においても夙に表明している。政治的次元で対立する思想は,それらが根拠を置く「絶対無分節」の次元では融和する。それゆえ一方が他方にたいし優位に立ち,他方が一方に対して劣位にたつという政治的力学は成立しない。対立する二者は一方に規定されるゆえに,自由ではない。自由は二ではなく一,換言すれば「絶対無分節」の次元において実現しているのである。このために自由を求める精神は「絶対無分節」の次元を求めるのである。絶対者とは無条件者であり完全に解放された存在である。自由を愛する者はこの絶対者の視点に立って現実を見る。絶対者,すなわち「絶対無分節」存在の視点に立つ自由人は自らを制約し

束縛を加えようとする力に抵抗する。束縛に敏感な自由な精神は束縛しようとする力に批判的になるのは当然である。

しかし鋭利な批判精神を備えた優れた知性の持主を権力者は常に警戒する。そしてそういう人物に対する監視を怠らない。権力の抑圧から精神の自由を守るために，広い意味での神秘主義者たちは自己韜晦の技術を開拓する。イスラーム世界においてはマラーマティーヤ派やカランダル派やそのエピゴーネンたちがいる。偽悪，破戒，奇行，清貧そして縦横無尽の機知により難局を切り抜け生を全うしようとする。思想信条の自由，言論の自由，移動の自由のような市民的自由が保障される近代市民社会においては，そういう軽業師的な生き方をする必要はない。近代市民社会出現以前の時代には，例えば中国には豊干禅師や布袋和尚のような人々がいた。日本にも一休禅師や増賀上人がいた。東アジアにおけるこれらの人々は西アジアにおけるスーフィーであるといえる。近代市民社会が成立するまえの世界には洋の東西を問わずそういう人々がいたのである。このような人々は対立のない次元，すなわち「絶対無分節」に思索の根拠を求めたことは当然である。

近代の市民的自由を享受する人間は，その自由の根拠について比較思想的探求をしなければならない。市民的自由の根拠は神秘主義者たちが求めた「絶対無分節」についての思惟活動のなかにあるのだ。井筒俊彦は「東洋思想」を構想するなかで，対立を超えた自由を再発見している。井筒俊彦の「東洋思想」の探求から生まれた著作は，抽象度の高い非政治的思索に満ちているように見えるが，バフマン・ザキプール博士が指摘しているようにその外見の裏には濃厚な色彩の政治性が隠されている。井筒俊彦の「東洋思想」は多様な展開への可能性をはらんでいる。

現在，主要な国々でハイテクの治安対策の導入により支配権力が肥大化し，全世界的規模で全体主義的な社会が広がっている。平和と思想・信仰の自由と人権の保障を求めて支配権力に抵抗し，精神の自由を守ることが前にもまして難しくなってきている。こうした状況の中では，井筒俊彦が存在・意識の根底においた絶対無文節の存在次元を，絶対的自由の根拠として捉え直すことで抑圧に苦しむ人間の正義と尊厳を回復するための解放を回復するための解放の思想に至る道を切り開くことがで

きるかもしれない。ノーマ・フィールドが『今，いかにして本気で「平和」が語れるか』[1]1 のなかで提案する「アジアの解放の神学」がそこから生まれる可能性もある。

2018 年 5 月 8 日

松 本　耿 郎

---

1)　ノーマ・フィールド『今，いかにして本気で「平和」が語れるか』北海道宗平協ブックレット，2016 年，北海道宗教者平和会議発行。

# まえがき

　私は2003年にイランのイスラーム・アザード大学（北テヘラン・キャンパス）の哲学専攻に入学した。9月下旬に大学の授業が始まり，その数週間後に私はイラン哲学アカデミー（革命前の名称は，イラン王立哲学アカデミー）の一般人向けのクラスに参加した。本書の内容にとっても重要な研究所の一つであるイラン哲学アカデミーは，当初から現在まで毎週，2種類の授業が開講されている。第1種のクラスは哲学アカデミーの学生のみが参加できる。第2種のクラスは一般人のためのクラスだが，教師たちはイランの有名な学者や研究者である。

　私はアリストテレスの論理学と自然学を勉強するために友人とともに一般人向けのクラスに入った。授業が始まる前にわれわれはアカデミーのロビーでそのクラスの先生を待っていた。10分ほどして，先生が来た。先生は背が低く，体の細い女性で，笑みを浮かべながら，教室の方に向かってきた。私たちは先生に挨拶してから自己紹介をした。すると，先生はイェガーネ・シャイガン（Yegane Shayegan；1938-2007）ですと語った。そして，先生が1985年にハーバード大学で博士号を取り，9月下旬に数年ぶりにイランに帰国したことを知った。先生の専門はギリシア哲学・スコラ哲学（特にアリストテレスとイブン・スィーナー哲学との関係について）であったので，哲学アカデミーでアリストテレスの『論理学』，『自然学』，『形而上学』を講義することになっていた。

　その時，私はシャイガンというファミリーネームを聞いて，すぐにダルユシュ・シャイガン（Daryoush Shayegan；1935-2018）というイランの有名な哲学者の名前（本書で扱う中心的な学者の一人）を思い出し，イェガーネ先生に尋ねた。「先生はダルユシュ・シャイガン先生のご親戚ですか」と。「ええ，彼は兄です」と先生は答えた。

その日から，私は友人たちとともに，イェガーネ先生のクラスに通った。先生は非常に親切な人だったが，教える時は非常に厳しかった。あるとき講義が終わってから，一人の友人が学園の庭でイェガーネ先生に尋ねた。「先生はどなたに指導を受けたのですか」と。イェガーネ先生が笑みを浮かべながら「ホセイン・ナスル博士（本書にとってもう一人の中心的な学者），井筒，アンリ・コルバン（Henry Corbin：1903-78，本書にとって重要な学者）などです」と答えた。

　その頃，私は大学で勉強しながら，5歳から稽古していた空手に加えて合気道と居合道も稽古していた。それらの稽古を通して，日本文化，そしてのちには東洋哲学に非常に関心を持つようになった。さらに，イラン・イラク戦争当時のまだ幼かった頃，イラン国営テレビがNHK連続テレビ小説『おしん』を放送していた。私と両親は『おしん』によって，日本の文化や東アジアへの関心を抱くようになった。したがって，イェガーネ先生から「井筒」という名前を聞いた時，すぐに気が付いて，「井筒という名前は日本人の名前ではないだろうか。彼はどんな人なのだろう」と自問した。そこでイェガーネ先生に尋ねてみた。「先生，井筒は日本人ですか，下の名はなんですか」と。「ええ，日本人ですよ，俊彦です」と先生は答えた。

　しばらくして先生はイラン哲学アカデミーでの授業をやめることを決め，「これからは，毎週末に私の家に来てください」と言った。われわれは先生の自宅に行き，皆で学ぶことにした。最初，イブン・スィーナー哲学について勉強した。それから，先生がその頃出版されたばかりの『西洋の思想と文明の対話』（「西洋思想の衝撃は諸文明間の対話を実質的可能にしたか」というシンポジウムの論集，本書第Ⅲ部の中心的テーマの一つ）を教科書にした。ちょうどその頃，イラン国際ブックフェアが開催されていた。私は先生のその本を求めてブックフェアに行き，それを購入したが，偶然に，『東洋と西洋の哲学者』という本に出会った。その本はテヘラン大学で催された「井筒俊彦記念シンポジウム」の論集であり，井筒のイラン人の弟子や友人たちが編んだものであった。「東洋と西洋の哲学者」という題は井筒の比較哲学を含意している。購入してすぐに，その本を読んだ。東洋と西洋に関する井筒の見解は大変面白かったので，イェガーネ先生にすぐに電話して，その内容について話し

た。先生は私の話を聞いてから,「オーケー, 了解, 今回の講義の教科書にしましょう。このテーマはあなたが興味を持っている分野に深く関わっています。そして, 私の本には井筒の論文も掲載されているから, その論文も読みなさい。今週私の家に来た時にまた話しましょう」と言った。

『西洋の思想と文明の対話』所収の井筒の論文は「対話と非対話」("BEYOND DIALOGUE: A Zen Point of View") であった。さっそく読んだ。井筒哲学における「対話」という主題は大変深く, 非歴史的な(神秘的な)意味と次元を有していると思えた。さらに井筒はこの論文の中で禅の概念を哲学的に解釈していたので, 私は日本の文化と思想を哲学的に理解できそうな可能性を感じた。それぞれの論文の最後にはこのシンポジウムに参加した学者のコメントもあった。もちろん井筒の論文の最後にもコメントがあった。レザー・アラヴィー(Reza Alavi;1934-2012)という研究者は歴史の観点から井筒の意見を全面的に批判していた。それから数か月後, 私はイェガーネ先生のご自宅でレザー・アラヴィー先生に会った。彼はオックスフォード大学でロバート・チャールズ・ザナー(Robert Charles Zaehner;1913-74)の指導の下にインド哲学・サンスクリット語・パーリ語について勉強し, ハーバード大学で歴史学も専攻した。歴史学の観点から彼はトインビー(Arnold Joseph Toynbee;1889-1975)の思想に従っていた。その後, 私は友人たちとともにイェガーネ先生のお宅に伺うのに加え, インド哲学の入門を勉強するためにアラヴィー先生宅にも毎週伺うようになった。

イェガーネ先生のおかげで, ダルユシュ・シャイガン先生のご自宅にも時々伺うようになっていった。ダルユシュ先生の専門はインド哲学であったが, イスラーム哲学と西洋哲学についても造詣が深かった。彼は哲学的な主著をフランス語で書いており, フランスだけでなく欧米でも有名な哲学者であった。さらに, 本書で論じるようにダルユシュ先生はコルバンの弟子であり, 井筒とともに「イラン文化の対話研究所」を立ち上げた。ダルユシュ先生は, イラン革命の前に『西洋に対するアジア』(本書でもこの著作について論じる)を書いており, この著作はイラン革命の運動, イランの知識人に大きな影響を与えた。私はダルユシュ先生と彼の思想や井筒の思想, さらにはアジアという問題について多岐

にわたる議論をするようになっていた。

　私はいつの間にか井筒の比較哲学に魅了されていた。そこで2007年1月，イスラーム・アザード大学（北テヘラン・キャンパス）で井筒についてシンポジウムを催し，イェガーネ先生，メフディー・モハッゲグ先生（Mehdi Mohaghegh；1930-，本書で扱っている中心的な人物）などを講演者として大学に招いた。そのシンポジウムの1か月ほど前，当時，東京大学教授であった竹下政孝先生（現・東京大学名誉教授）がイランに来られており，イラン哲学アカデミーの中庭でイェガーネ先生と彼女の夫でオランダ人のイスラーム哲学の研究者であるユープ・ラミール（Joep Lameer）先生と会われていた。それで，イェガーネ先生は私が「井筒シンポジウム」を開催すると聞いて，こう言った。「1か月前に一人の日本人の先生がイランに来ていました。彼はイスラーム学者で素晴らしい先生です。もしできれば彼に連絡して，彼をシンポジウムに招待してください」と。そして竹下先生の名刺を私に渡してくれた。私は日本語ができる友人を通して，竹下先生をイランに招待したい旨連絡した。しかし，竹下先生はイランには行ったばかりであり，また多忙で日本を離れることができないとのことで，代わりにシンポジウムのために論文を送って下さった。シンポジウムから1か月ほど経った頃，イェガーネ先生は病気がちになっていった。その頃，先生は私に「バフマン，あなたはそろそろ学部を卒業しますね。あなたは日本に大変興味があるようだし，井筒先生の哲学にもとても関心があるようなので，卒業したら日本に留学しなさい。私が手伝いましょう」と仰った。しかし，それから数週間のうちにイェガーネ先生の病状はさらに悪くなり，治療のためラミール先生とオランダに渡り，そこからフランスにあった自宅に移った。先生はヘビースモーカーで，肺癌を患われたのだった。私と友人たちは病気のことを知らず，イェガーネ先生がパリに移ってからはじめて聞かされた。

　最後にイェガーネ先生と電話で話した時，「バフマン，必ず日本に留学しなさい。あなたを手伝いますからね」と言われた。しかし，その数日後，2007年6月6日に，イェガーネ先生は亡くなられた。

　イェガーネ先生の亡くなった後，夫のラミール先生はイランに戻り，イェガーネ先生との約束通り，竹下先生に私を紹介してくださった。竹

下先生は，「私は 2007 年の秋にイランに行くつもりです。その折にそのイラン人の学生に会ってから，判断しましょう」とラミール先生に伝えてこられた。

そうして，イランで私は竹下先生に会い，日本留学について詳しく相談した。その結果，竹下先生が私を引き受けて，東京大学イスラーム専攻に呼んで下さることになった。2008 年 10 月 29 日，私は初めて日本に来て，東京大学の研究生になった。最初は東京大学の授業にできる限り出席しつつ，日本語の勉強を続け，井筒の哲学，仏教思想などについて勉強した。当時，東京大学イスラーム学研究室に在籍中で，現在は専修大学などで兼任講師をしている小野純一氏と知り合いになった。彼のおかげで多くの日本人の先生方を紹介してもらった。さらに彼には，日本語で論文を書く訓練をしてもらい，日本文化に触れる機会をも作ってもらった。本書の元となった博士論文を執筆する際にも，彼には多大なご支援を受けた。

小野氏の紹介で大正大学の教授である司馬春英先生に知己を得て，現象学もインド哲学も学んでいた私は，唯識を現象学により解釈する司馬先生の学問を学ぶべく大正大学大学院に入学し，「大乗仏教とイラン＝イスラーム神秘主義——『大乗起信論』とスフラワルディーの哲学の比較を通して」を修士論文のテーマとして選んだ。修士論文を書くにあたり，私は井筒の方法論から非常に影響を受けていたので，彼の『意識の形而上学——『大乗起信論』の哲学』を十分に活用した。さらに，私の副指導教授で，唯識をご専門とされる廣澤孝之先生の仏教思想の解釈は私の修士論文のテーマに大きな影響を与えた。

大正大学で論文を準備しながら，小野氏のおかげで永井晋先生の知遇を得た。永井先生は現象学を専門とされ，コルバンと井筒の思想にも非常に深く通じておられた。また先生はフランスでコルバンに関するダルユシュ・シャイガン先生の著作を読んでおられ，ダルユシュ先生の思想をよく知っていた。さらに東洋大学国際哲学研究センターが 2012 年 4 月に設立されると，永井先生はイランとの協力を目指された。そのため，私は最初に哲学センターの客員研究員として所属することになり，2013 年に，博士課程で現象学をさらに学ぶために大正大学から東洋大学に移った。

東洋大学で私は「井筒俊彦の思想における比較哲学の意義——神的なものと社会的なものの間の争議」を博士論文のテーマとして選んだ。さらに，国際哲学研究センターと協力して合わせて計4回のシンポジウムをイラン科学アカデミーとの協力で開催することができた。やはり，それらのシンポジウムの中心テーマは，井筒哲学とイランとの関係であった。

私は博士論文のテーマを決めた時，井筒の神秘思想をそのまま維持するつもりであった。すでに述べたように，井筒哲学における東洋と西洋の間の「対話」という問題に私は大変関心を寄せていたし，彼の神秘思想から深く影響を受けてもいた。しかしそれにもかかわらず，私の考えは，井筒哲学における神秘的な思想から，次第に大きく変化していくこととなった。井筒を研究するなかで，徐々に，その比較哲学におけるある種の政治的な側面に決定的な問題を見出し始めた。さらに，井筒哲学はわれわれの時代の問題に対して明白な答えを持ちえないのではないか，それは井筒哲学の形態が近現代思想に属しつつも，スコラ哲学にその根本があるからではないかと考え始めていた。したがって，アラヴィー先生のあのコメントを思い出し，何回もそのコメントを読みながら，ダルユシュ先生の新しい思想（『西洋に対するアジア』からさらに展開された思想）についても再び熟考した。井筒の比較哲学は私にとってはすでに神秘的な意味はなく，それはある種の政治的な哲学として私の心にその姿を現し始めていたのである。それゆえ，博士論文のアプローチを変更し，私の副指導教授であった河本英夫先生の指導の下に博士論文（本書の元となる部分）を書くこととなった。

河本先生の専門は科学哲学であったので，科学哲学的観点から私に多くのヒントを与えてくださった。河本先生の一つの指摘はトインビーの著作を読み，その思想を使用することであった。河本先生の示唆はアラヴィー先生による井筒批判と非常に密接な関係があった。それゆえ私はアラヴィー先生のコメントを本書の基盤として置いた。本書第Ⅰ部で論じる「比較哲学の誕生」というテーマはアラヴィー先生と河本先生の教えから影響を受けている。

こうした博士論文の準備をしていた頃，偶然にマスード・ターヘリー（Masud Taheri）という人物と知り合いになった。彼はドキュメンタリー

映画の監督であり,「井筒俊彦のドキュメンタリー」を作ろうとしていた。彼はこのドキュメンタリーを製作するために私に相談してきたが,それがきっかけで,われわれはいつの間にか親友となっていた。このドキュメンタリー映画の製作に携わる過程で,われわれはそれぞれの持ちえた情報を共有していった。それで,博士論文にとっても,そのドキュメンタリーにとっても価値のある資料を共有することができた。例えば,ターヘリー氏のおかげで,井筒とコルバンとの書簡が発見でき,本書にも付録として入れてある。他方で,私は井筒とイラン王立哲学アカデミーとの契約書を,そのドキュメンタリーに提供した。2018年4月には「井筒俊彦のドキュメンタリー」の編集が完了し,そのタイトルは『東洋人』となった。

　今まで,井筒俊彦を中心とした私の歩みを述べてきた。私は井筒先生の思想への興味によって,日本に来ることとなり,日本語を勉強し,様々な優秀な方々とめぐり会うことができた。また,それだけでなく,日本文化に内側から触れる機会を得て,私のいのちの半分を日本が占めることとなった。しかし,哲学の世界は先生と弟子,先輩と後輩との関係ではなく,新たな問いを作り出す世界だと思う。本書を通じ,私は政治哲学,歴史学,社会学の観点から,井筒先生の比較哲学に対して新たな問いを作り出したいと願っている。

# 目　次

序文‥‥‥‥‥‥‥‥‥‥‥‥‥‥‥‥‥‥‥‥‥‥‥‥‥‥‥‥松本　耿郎　v

まえがき‥‥‥‥‥‥‥‥‥‥‥‥‥‥‥‥‥‥‥‥‥‥‥‥‥‥‥‥‥‥‥xiii

序　論‥‥‥‥‥‥‥‥‥‥‥‥‥‥‥‥‥‥‥‥‥‥‥‥‥‥‥‥‥‥‥‥‥3

　第1節　本書の主題‥‥‥‥‥‥‥‥‥‥‥‥‥‥‥‥‥‥‥‥‥‥‥‥‥3

　第2節　近年の井筒理解の傾向と問題‥‥‥‥‥‥‥‥‥‥‥‥‥‥‥‥5

　第3節　本書の構成‥‥‥‥‥‥‥‥‥‥‥‥‥‥‥‥‥‥‥‥‥‥‥‥8

　第4節　井筒の形而上学を構成する問題系‥‥‥‥‥‥‥‥‥‥‥‥‥‥9

## 第Ⅰ部
## 比較哲学の本質とそれがもたらす結果

第1章　比較哲学の目的と義務‥‥‥‥‥‥‥‥‥‥‥‥‥‥‥‥‥‥‥23

第2章　比較哲学の必然性と政治的・社会的基盤——比較哲学の
　　　　本質‥‥‥‥‥‥‥‥‥‥‥‥‥‥‥‥‥‥‥‥‥‥‥‥‥‥‥31

　第1節　前近代における比較哲学‥‥‥‥‥‥‥‥‥‥‥‥‥‥‥‥‥31

　第2節　近代における比較哲学‥‥‥‥‥‥‥‥‥‥‥‥‥‥‥‥‥‥44

第3章　比較哲学に対する批判——比較哲学のもたらす結果‥‥‥‥‥57

　第1節　学問的な批判‥‥‥‥‥‥‥‥‥‥‥‥‥‥‥‥‥‥‥‥‥‥57

　第2節　政治的・社会的な批判‥‥‥‥‥‥‥‥‥‥‥‥‥‥‥‥‥‥59

第Ⅰ部の結び ……………………………………………………………………61

# 第Ⅱ部
## 井筒比較哲学の意義
### ──神的なものをめぐって──

**第4章　「歴史を超える対話」への根拠** ………………………………69
　第1節　第一の根拠 ……………………………………………………69
　第2節　第二の根拠 ……………………………………………………78
　第3節　第三の根拠 ……………………………………………………85

**第5章　井筒の歴史的方法論**………………………………………………87
　第1節　初期の『コーラン』研究 …………………………………89
　第2節　『意味の構造』の方法論 ……………………………………91
　第3節　井筒の方法論重要性 …………………………………………98

**第6章　マッソン＝ウルセルの比較哲学と井筒の方法論**…………… 101
　第1節　マギル大学での出会い ……………………………………… 101
　第2節　『スーフィズムとタオイズム』の論点………………………104
　第3節　イスラーム哲学における「存在」の分別…………………104
　第4節　『スーフィズムとタオイズム』執筆の動機 ………………106
　第5節　イスラーム哲学における「存在」の概念…………………108
　第6節　神秘哲学における「存在」………………………………… 111
　第7節　井筒の比較哲学とマッソン＝ウルセル ……………………115

**第7章「歴史を超える対話」とは何か──アンリ・コルバンの比較**
　　　　**哲学と井筒の方法論** ………………………………………… 123
　第1節　スフラワルディー哲学と「歴史を超える対話」…………125
　第2節　Ｍ領域に至る方法論としての「隠されたるものの開示」‥138

目　次　　xxiii

第Ⅱ部の結び ……………………………………………………… 160

# 第Ⅲ部
# 神的なものと社会的なものの争い
## ——超歴史における伝統を探求して——

第8章　井筒と政治 ……………………………………………… 165
　　第1節　個人的な特性 …………………………………………… 165
　　第2節　その思想の構造 ………………………………………… 169
　　第3節　日本人研究者の見解 …………………………………… 169
　　第4節　イスラーム改革主義者との関係 ……………………… 171

第9章　イスラーム改革主義者との関係 ……………………… 173
　　第1節　井筒のアラビア語教師たちの影響 …………………… 173
　　第2節　井筒とイランの知識人，シーア派ウラマーとの関係 …… 191

第10章　反対のオリエンタリズム——井筒比較哲学と世俗主義 …… 197
　　第1節　哲学者の政治的アプローチ …………………………… 198
　　第2節　比較哲学の政治性に関する先行研究 ………………… 199
　　第3節　オリエンタリズムと反対のオリエンタリズム ……… 202

第11章　伝統復興と反対のオリエンタリズム ……………… 217
　　第1節　ナスル，井筒，コルバン —— イラン王立哲学アカデミー …… 222
　　第2節　シャイガン，井筒，コルバン —— イラン文化の対話研究所 … 227

第12章　イラン革命と井筒比較哲学——その認識論的な問題と帰結
　　　　　…………………………………………………………… 235
　　第1節　井筒とコルバンの比較哲学における他者化 ………… 235
　　第2節　伝統と革命 ……………………………………………… 241

xxiv 目　次

第Ⅲ部の結び ……………………………………………………… 262

結　語 ……………………………………………………………… 265

謝　　辞……………………………………………………………… 271
引用・参考文献表…………………………………………………… 273
付録（資料，写真，書簡）………………………………………… 281
索　　引……………………………………………………………… 299
英文要旨……………………………………………………………… 303

# 井筒俊彦の比較哲学

──神的なものと社会的なものの争い──

序　　論

## 第 1 節　本書の主題

　本書は，井筒俊彦の人生，あるいは井筒とイスラームとの関係に関する研究ではない。前者については 2011 年に若松英輔が書いた『井筒俊彦──叡知の哲学』に付け加えることはなく，後者については 2012 年に出版された『井筒俊彦とイスラーム』（坂本勉・松原秀一編）が十全に描き出している。それゆえ，本研究は井筒の比較哲学を成り立たせている政治的な構造を明らかにすることを主題とする。

　本書の中心的課題は，井筒の比較哲学と政治的・社会的な事柄との関係である。言い換えれば，本書の目的は井筒に関する現象学的・言語学的・イスラーム学的な従来の研究とは違う枠組みを提供することである。だがそのことは，本書が井筒の現象学，言語学，イスラーム学を扱わないことを意味しない。むしろ筆者は，それらのアプローチからとらえられた従来の井筒像や井筒の哲学的な営みを，新しい枠組みで読み直したいと考えており，それが主要な関心である。つまり，従来の井筒理解の基礎となる枠組みがどのようなものであり，いかに意義づけられているかを踏まえたうえで，その井筒理解が構造的に隠すことになる位相に光を当てようとするものである。

　その意味で，これまで意識的にせよ無意識的にせよ言及されることのなかった位相を明らかにすることが本書の課題である。いうなれば，この新しい枠組みは，井筒の比較哲学に関する政治的・社会的文脈を形成する物語でもある。筆者の理解する限りでは，井筒の比較哲学はその裏面に，ある種の強い政治的・社会的アプローチを隠しもっている。そ

のことを，井筒は直接に言及することはない。しかし，これはより広い
パースペクティヴにおいて井筒の営みを条件づける，井筒の裏返された
政治的・社会的アプローチ，隠された枠組みや条件づけともなってい
る。この政治的・社会的アプローチは，理論的観点からも，そこから派
生した帰結の観点からも，井筒の比較哲学のあらゆる次元に現れると考
えられる。

　井筒が「比較哲学」あるいは「東洋哲学」と呼ぶものは，実際に，東
洋人のアイデンティティー，西洋の歴史的支配，東西の関係，伝統と
モダニティーの関係など多様な問題を含んでおり，井筒の希望，懸念，
夢，保守性，社会的・政治的な状態と密接な関係がある。このような指
摘は，井筒の比較哲学の本質を政治的・社会的なものへと無理に還元し
たものと理解されるかもしれない。しかし，もしわれわれが，あらゆる
形而上学の体系や比較哲学の学派は，政治的・社会的状況に連動してい
ると認めるなら，井筒の比較哲学を政治的・社会的観点から評価するこ
とも決して牽強付会の理解ではないはずである。

　以上のような関心から，ミシェル・フーコー（Michel Foucault；
1926-84）の「知と権力の関係」とそれを支持するエドワード・サイー
ド（Edward Said；1935-2003）の「オリエンタリズム」の考えに基づい
て，「支配の言説」と「知と権力の関係」を広義に捉えることにより，
井筒の比較哲学の観点から考察することを試みる。この試みを順序立っ
て提示すべく，第I部で井筒の比較哲学の構造について詳しく論じてか
ら，歴史的に具体例を取り上げ，井筒の比較哲学における「支配の言
説」と「知と権力の関係」に関して多角的に論じる。その歴史的な事例
とは1979年に起きた「イラン革命」である。このように，本書で扱う
対象は純粋な哲学を超え，社会・政治・歴史・オリエンタリズムのよう
なものも含んでいる。

　この中心課題に加え，派生的な課題をも合わせて考察する。それは井
筒哲学を研究するイラン人研究者と日本人研究者との橋渡しをするとい
う課題である。井筒は約10年間イランに住み，近代イラン思想から影
響を受け，逆に近現代イラン思想にも影響を与えた。それゆえ，イラン
の側からの井筒理解を提示することで，井筒哲学のより正確な理解と
井筒像を多角的に視るパースペクティヴを日本の側に提供できるであろ

う。そのために，イラン人研究者と日本人研究者の意見を対照的に論じるようにした。これによって，本書自体も，イランと日本のひとつの比較哲学になると考える。


## 第2節　近年の井筒理解の傾向と問題


　2014年は井筒俊彦の生誕100年にあたった。そこで2011年前後から井筒の出身大学である慶應義塾大学は，様々なプロジェクトを開始した。若松英輔『井筒俊彦——叡知の哲学』(2011年)，坂本勉・松原秀一編『井筒俊彦とイスラーム』(2012年)，安藤礼二・若松英輔編『井筒俊彦——言語の根源と哲学の発生』(2014年)，井筒俊彦全集の刊行，井筒俊彦英文著作翻訳コレクションなどが，慶應義塾大学の主導あるいは日本人研究者のプロジェクトとして次々と刊行された。さらに2018年に慶應義塾大学の教授である斎藤慶典は『「東洋」哲学の根本問題　あるいは井筒俊彦』(講談社)を刊行している。

　慶應義塾大学に加え，東洋大学国際哲学研究センター（第3ユニット）も2012年から2016年まで「共生の哲学に向けて——イラン・イスラームとの対話」というプロジェクト名の下に，イラン人の学者たちとともに，4回のシンポジウムを開催した。それらのシンポジウムの中心テーマは日本思想とイラン・イスラーム思想との対話であった。それらのシンポジウムの中心軸は井筒の比較哲学あるいは東洋哲学の読み直しであった。提出された論文のうち，永井晋「東洋哲学とは何か——西田幾多郎と現代日本思想」，小野純一「井筒哲学における言語論の問題と意義」，エサン・シャリーアティー（Ehsan Shariati：1959-）「現代の『イラン的イスラム』哲学におけるコルバンと井筒の役割に関する導入的比較研究——ハイデガーからマシニョンまで」，ナスロッラー・プールジャヴァーディー（Nasrollah Pourjavadi：1943-）「井筒俊彦のイラン神秘主義哲学に対する関心」，竹下正孝「イスラム学者としての井筒俊彦」は，具体的に井筒の思想について論じたものであった。

　2011年前後から開始された慶應義塾大学や東洋大学のプロジェクトに先立ち，2004年に発表された次の二つの論文は，井筒の母国で井筒

の思索を初めて本格的な哲学的考察対象にした画期的な研究ということができるであろう。一つは，井筒の哲学の本質に関して論じる新田義弘「知の自証性と世界の開現性──西田と井筒」である。これは，西田との比較により井筒を日本思想史に位置づけるというよりも，二人の「日本的」哲学の意義を現象学から問い直すものである。もう一つは永井晋「イマジナルの現象学」である。これは，井筒が依拠した思想家の一人アンリ・コルバンが提唱した「イマジナルなもの」の現象学的意義に光を当てることで，井筒のイスラーム思想理解の前提とその可能性を，著者独自の現象学的立場から明らかにしようとした独創的な研究である。このように両者の研究は，もっぱら哲学に限定したものである。2009年には『三田文学』（96号）が井筒について特集号を出し，おもに『意識と本質』を中心に井筒の哲学について論じた。

　このように，近年陸続と著された研究動向の特徴は，これらのほとんどの著作が，井筒の哲学を現象学，言語学，日本文化，イスラーム学の観点から探究して読み直しているという点にある。さらに第Ⅲ部で詳しく論じるが，大部分の日本人研究者にとって，井筒の東洋哲学（比較哲学）は政治的・社会的な事柄と関係しないものとして扱われている。少なくとも，その方面から井筒哲学を再構築しようという試みも，そのアスペクトから井筒哲学の前提や遺産を明確にしようとしたものもない[1]。このような欠如は，結果的に，井筒哲学を一定方向に限定してしまうこととなり，別の方向の可能性を消極的ながら否定することになるかもしれない。控えめに言うなら，井筒の比較哲学を意味論的，現象学的（あるいは哲学的）なものとして理解しなければならないというバイアスが無意識のうちにかけられている可能性を指摘できるのではないだろうか。

　とはいえ，一部の日本人研究者が，井筒の比較哲学と政治的・社会的な事柄の間にある種の関係を見出すことができなかったわけでも，避け

---

　1)　しかし，2016年6月に筆者が本書の元となる博士論文を準備していた時に，三浦雅士の「言語の政治学」という論文が掲載された（『群像』2016年7月号）。三浦論文のアプローチは批評的なものであり，政治学の観点から井筒の哲学を探究する。しかしそれにもかかわらず，三浦の批評は主に井筒哲学と日本文化の関係に関して論じており，そのアプローチは本書の目的とは違う。三浦論文を紹介し，そのコピーを提供してくれた，前日本文藝家協会理事長である坂上弘先生に記して謝意を表する。

てきたわけでもないことを示す例はある。ただしその場合でも，彼らの研究は，具体的には井筒と大川周明（1886-1957）との協力関係というテーマに限られている。大川の思想史的意義との関係で井筒の哲学的問題に踏み込むというものではない。第Ⅲ部でこのことについても詳しく論じる。

　上に例として挙げた研究に加え，日本人研究者によって，井筒とイラン革命，またイランの知識人，シーア派ウラマーとの関係についても，いくぶんか論じられることはあった。しかし，それらの研究は，残念ながら，限定的であり，精確で包括的とはいえない。例えば，若松英輔は，日本語で書かれた井筒についての最初の評伝的概説書『井筒俊彦──叡知の哲学』の中で，ホセイン・ナスル（Seyyed Hosein Nasr；1933-）やメヘディー・モハッゲグというイラン人学者の影響や役割に関して論じている。だが，井筒の思想を語るうえで欠くことのできない，哲学者でありインド学者であるイランの知識人ダルユシュ・シャイガンの「文明の対話」というプロジェクトや，彼と井筒との関係に関しては，いまだ考察の外に置かれている。あるいは，坂本勉は『井筒俊彦とイスラーム』で，多かれ少なかれ井筒とイラン革命およびイスラームの政治的運動の関連について論じる。しかし，井筒の哲学を裏返された政治的・社会的な哲学として提示することはない。

　こうした研究状況において，筆者はただ，語られない別の領域を明らかにすることで，語られてきた領域に，いわば厚みのある多角的で立体的なイメージを与えようとするだけではない。井筒を論じる著者たちが一様に認めるように，確かに，井筒は日常的に具体化される様々な現象を根底から支える絶対者に着目し，その非実体的現れが様々な東洋思想でどのように議論されてきたかをまとめ，新たな哲学を作ろうとしていた。だが，この絶対的なものは，井筒にとっては，日常的次元から完全に切り離された抽象的なものではない。このことも，多くの論者は認めている。ということは，日常の，卑近な，世俗の，あるいは社会的・政治的出来事と密接に結びついているはずである。というよりも，そのようなものとして現れるのが絶対者の本来の姿であるのだから，そのような経験的現象と絶対的なものとは，差異を示しながらも同一ということになる。

8

　言い換えれば，井筒の求める哲学的態度は，このような経験的現象を個的に存立する実体として対象化することを問題視し，すべては絶対的なものが非実体的に自己を示すものと見なす。この考え方は，一種の形而上学といえる。なぜなら，個々の日常的，具体的，歴史的な現象の基礎に，絶対的な働きをみるのであるから。しかし，その絶対的なものが経験世界と同一であるなら，この考え方自体が歴史的現実から乖離してとらえることは，その趣旨に反することになりえないだろうか。実際，井筒の哲学的企図は，井筒を取り巻く政治的・社会的環境や状況からの制約をきっかけとして成立する，あるいは形成されていくことを，本書は示そうとする。さらに，井筒が見出した絶対者と特殊者・相対者との関係は，再び，日常の，卑近の，世俗の，あるいは社会的・政治的な出来事に密接に転化していく。井筒哲学が成立した後の，井筒哲学に基づく社会的・政治的な出来事と井筒哲学は関係しないという主張は，成り立たないであろう。そのような出来事の出来する仕方，意義づけ，帰結を，追究していこうと考える。


## 第3節　本書の構成


　ここで，本書の議論の流れを示しておきたい。まず，第Ⅰ部では，具体的に比較哲学と政治的・社会的状況との関係について論じ，様々な例をとおしてそれらの間の連動関係を論じる。そして，第Ⅱ部で井筒の比較哲学の本質と基本構造の分析を試みる。さらにこの分析を踏まえて，第Ⅲ部では井筒の比較哲学の政治的・社会的な諸次元を解説し，その認識論的問題を示す。井筒の思想は，本書の中心テーマであるが，筆者は自分の意見と見方を表現するために，それぞれの部の中で，一つの理論的見通しを採用しながらそれに基づいて考察する。

　さらに，各部の内容を示しておこう。

　第Ⅰ部は，比較哲学の必要性と，比較哲学と政治的・社会的出来事との関係を解説するために，文明に関するトインビーの見解と比較哲学に関するマッソン＝ウルセル（Paul Masson-Oursel；1882-1956）の見解を主として検討する。

序　論　　9

　第Ⅱ部では，井筒に加え，アンリ・コルバンの思想について詳しく論じる。第4章と第7章で論じるように，コルバンの思想は，井筒の比較哲学に非常に影響を与えている。井筒の思想について理解を深めるためにも，コルバンの思想の説明は不可欠である。なお，本書「付録」では，コルバンと井筒の往復書簡，イラン王立哲学アカデミーに関する資料を初めて公刊する。これらは極めて資料的価値の高いものである。

　第Ⅲ部は，井筒とコルバンの比較哲学の政治的・社会的な次元と認識論的問題を考察するために，既述のようにエドワード・サイードのオリエンタリズム理論と，サイードの批判者であるシリア人哲学者サーディク・ジャラール・アル＝アズム（Sadik[q] Jalal al-Azm；1934-）の「反対のオリエンタリズム」（Orientalism in Reverse, or, Reverse Orientalism）を理論的背景として活用する。さらに，井筒の比較哲学をイラン革命の流れに関連づけ，イラン革命の状況の中での井筒の比較哲学とその認識論的問題を解説する。


## 第4節　井筒の形而上学を構成する問題系

　筆者は，あらゆる形而上学の体系は，政治的・社会的な状況と連動する，あるいは制約を受けざるをえないと考える。哲学者は，特定の時代に生き，その時代と場所の具体的な問題を考察しながら，普遍的な次元で思索する。しかし，その思索が社会から乖離してしまえば，生きた哲学とは言えない。その哲学は，具体的な問題を考察することから成り立って，また具体的な社会へと再び関わっていくべきものであるはずだ。

　そこで，井筒の比較哲学をめぐり，井筒本人によって直接に言及されていない，もしくはほのめかされたままに終わっている政治的・社会的な性格や基盤，背景，成立条件を描き出すにあたり，井筒自身が，井筒哲学の中心に据えていると考えられる項目を整理しておく必要があるだろう。すなわち，これまでの井筒理解が，主として取り上げてきた井筒哲学の性格を規定するもの，井筒哲学を形而上学体系として考えた場合，その体系を作り上げる主要な構成要素となる問題系をここで整理し

10

ておく。なぜなら，これらを本書は，井筒の隠された政治的・社会的アプローチとして読み替えていくからである。あるいは，その形而上学的問題系が，どのように社会と関わり合うかを考察する，というのが本書の目的だからである。

　したがって，井筒哲学の形而上学的側面を構成する問題系は，本書全体に伏在する前提として関係しているが，直接にその形而上学自体を検討するものではない。それゆえ，まずここで一括して検討しておくことが，叙述を進めるにあたって，効果的であると考える。井筒哲学の形而上学的側面を規定する問題系は，以下の四つにまとめられるだろう。

### (1) 「絶対者」「絶対無分節」「一なるもの」

　井筒は，彼の哲学的思惟の極点として，「絶対者」「絶対無分節」「一なるもの」を措定している。井筒にとって，これは，存在と意識のゼロ・ポイントともいわれるように，主体や客体という分裂が生じる体験そのもののことといえるだろう。これは，意識の志向性が働いておらず，存在が顕現していない状態である。体験自体が意識による反省や分析を受けていないため，意識と存在が分裂していない（ゼロ・ポイント）事態である。

　井筒の関心は，この窮極的で絶対的な事態が，いかに存在の自己顕現として圧倒的に多様な存在者の多様性を生み出すかにある。つまり，この圧倒的な多様性がどのようにして生じるのかという問題である。多様性の起源，多性の生起は「一なるもの」であって，この自己顕現という事態は絶対者と現れの関係をあらわすものではない。すでに，現れの段階にある「一なるもの」が「絶対無分節なもの」であって，これが自己を分節すると，井筒は考えていると思われる。

　この分節は基本的には人間の言語によって生じるとするのが，井筒の考えである。井筒は，人間の知覚に固有の生物学的段階での多性の知覚に加えて，歴史的相対論を成立させる文化的多性へと多様化していくことを「分節」として考察する。そうだとすると，この意味での分節においては，分節という多様化は，絶対者の自己顕現によるのではないと言わざるをえない。そうではなく，言語的な分節が多様性をもたらしていることになるのではないだろうか。このような理解が可能であるなら，

絶対者の自己顕現というのは，歴史的に相対的である言語によってしか現実化しない事態である。顕現を言語的分節として理解した場合，言語が歴史的であり相対的である以上，絶対者の自己顕現をめぐる議論は，否応なく，具体的な社会的現実をめぐる問題として成立することになる。ここに，絶対者の自己顕現をめぐる社会的側面の必然的で本質的な根拠がある。

　加えて，ここには，宗教的信仰心とは無関係なイデオロギー成立の根拠にも転じうる問題が成立しているのだ。というのも，分節した現実が成立しているという認識は，分節するものと分節されるものの区分が出現し，この区分に基づいて，分節される以前という措定を理論的に導き出す。これが意味するのは，絶対無分節は，理論的措定として思考はできるが現実的体験からは逃れてしまう，いわば仮想ということになる，という事態である。人間が現実の外に出られない以上は，絶対無分節については際限なく絶対無分節について語り続けるだけであり，絶対無分節はどこまで行っても到達できないからである。この際限のなさは，一方では宗教的信仰心と結びつく終わりのない修行として実践されることもあろうが，もう一方で，ここには同時にイデオロギーが発生する可能性があることも見逃してはならない。

　このように考えれば，「絶対者」「絶対無分節」「一なるもの」をめぐる形而上学的問題が，その問題の性質上，必然的にイデオロギーを生み出すことは，筆者の独りよがりではなく，井筒哲学を無理に政治的・社会的なものへ還元するものではないことを示していると思われる。筆者は，このように不可避的に発生するイデオロギーを否認することについて本書で検討したいのではない。そうではなく，不可避的にイデオロギー化された事例が，いかにして成立し，いかなる意義をもつかを考察する。そのような歴史的現実のうちに，東洋人のアイデンティティー，西洋の歴史的支配，東西の関係，伝統とモダニティーをめぐる問題に転じた，あるいはそれらに関わる出来事を取り扱う。

## （2）　光

　「絶対者」「絶対無分節」「一なるもの」を井筒は「光」と言い換える場合がある。この場合，井筒の念頭にあるのは，スフラワルディー

（Shahāb ad-Dīn Yahya ibn Habash Suhrawardī；1154-91）とシーア派哲
学（とくにモッラー・サドラー）における「光」の理念である。両者に関
しては，本論で具体的に言及するので，ここでは，より一般的な観点か
ら，絶対的なものを「光」と呼ぶことの問題点を，他の問題系に関連
づけて言及しておく。古代ペルシアでも，イスラーム・ペルシアでも，
さらには現代イランにおける伝統的哲学でも，「光」は，①「意識」や
「認識」がもたらされていること，② 神のような「絶対的な者の存在」，
③ 天使やイマームのような「人間を導く存在」の三者を意味する。こ
れらは，伝統的な哲学や論理的分析によって認識されるものではなく，
体験において得られるとされてきた。「光」は，体験内容を表す比喩や
メタファーのような形象表現ではなく，体験そのものである。とはい
え，物理学的に計測され，数値化される光ではない。前反省的，前科学
的経験そのものが，いわば内側から「あきらかに」非概念的に認識され
ているまったき意識状態とでもいうべき位相のことである。すなわち，
「光」としての体験は，宗教的意識にとって神であったり，神が遣わす
天使であったり，神の意志を一般の人間に伝えるイマームというイマー
ジュへ転化する。

　「光」が「意識」や「認識」という精神体験の意味である場合，体験
を反省作用により論理的概念で再構成し分析する意識が意味されてい
るのではない。そのような「光」としての体験が「意識」と区別されて
いない状態，いわば純粋意識のような状態を「光」と呼んでいるのであ
るから，光という表現は，体験自体であって比喩ではない。反省作用に
より論理的概念で再構成し分析することは，言語的分節の作用そのもの
だから，「光」は体験と意識の区別以前という意味で，「絶対者」「絶対
無分節」「一なるもの」と同義であることが，井筒や井筒が参照する思
想家，哲学者たちの共通理解であると考えられる。なぜ本源的な体験自
体としての「意識」や「認識」が「光」として現れ，他の体験ではない
のかという問題，現れ自体が「光」そのものとして捉えられるべき根拠
とは何かについては検討せず，本書では「光」をめぐる言説がイデオロ
ギーへと転じていく事例を考察する。

序　論　　13

## (3)　内面／外面

　井筒における内面と外面という区別は，本論で言及するように，明ら
かにシーア派哲学に由来するものである。この区別や表現方法は，実在
や体験を実体化し対象化するという理解になりやすいだろう。そこで，
井筒の考えを整理しておきたい。シーア派哲学に従う井筒において，内
面には二つの意味がある。一つは形而上に関わる問題であり，もう一つ
は反政治的な問題である。形而上学的意味は，さらに二つの問題に分け
られ，外面にも三つの意味がある。以下で，それぞれについて井筒の意
図を明らかにしておく。

　形而上学に関わる問題の一つは一者の顕現に関わる。つまり，無分節
としての絶対者，多性へ展開すべき一者とその顕現を意味する。した
がって，内面とはいえ，これは顕現という動きを意味するから，顕現さ
れたものと区別しがたい動きであることはいうまでもない。内面から外
面への動きを意味する。一者は，具体的にいうならイスラーム文化の脈
絡ではもちろん「神」を意味する。しかし，この「内面」を構造的実体
やモデルとして捉えることは，原義を不当に実体化することになる。こ
こで「内面」とされているのは，「多性へ展開すべき一者」という観点
からも理解できるように，顕現や分節や多様化の動きそのものを指して
いる。ただ，多様化の根拠を意味するので，その動き自体は，分析や反
省が成立する以前，ないしは潜在的な段階であるので，その意味で「内
面」というのである。「内面」は上で言及した「光」のことを意味する
場合もある。

　形而上学のもう一つの意味は，存在者から絶対者，一者，神への動き
である。これを，井筒もコルバンも，シーア派哲学における独特の解釈
学的行為（タアウィール），すなわち，顕現されたものを非顕現という本
源的な状態へと還元することと見なしている。この動きは，顕現されて
いない意味を理解する解釈行為，いわば外面から内面へという動きであ
り，隠されたものへの遡源であるので，これも内面という言葉で意味さ
れている。

　内面の第二の意味は「反政治的なもの」である。「神的なもの」は社
会的なものに対立する。この，あくまで超歴史的で社会的なものに還元

できない側面が宗教の本質として見なされている。もし，社会的なものに「神的なもの」を還元すれば，それは宗教の世俗化であり，「聖なるもの」の排除である。このことは，井筒の比較哲学の基礎と折り合いが悪い。

　外面の一つの意味は，絶対者の顕現における最後の段階，すなわち形而下の次元という意味，あるいは，上述の「光」に対立するので，「闇」とされるが，これも上述のように比喩ではなく，体験自体である。物質がこのように体験されているといえるであろう。より正確には，対象化され実体視された世界経験が「闇」と言われている，と考えるべきであろう。これが意味するのは，顕現という動きの終着点であり，ここに留まる場合は，体験，現実，あるいは実在を運動として捉えず，生き生きとした現実を体験しておらず，逆に体験を対象化し，実体化し，固定化している，という観点である。「固体」として捉えられた「物質」という顕現の最終地点は，そのように体験されている。ただし，内面のもう一つの意味にあるように，この実体化する思惟は，本源性へ還元されなければならない。

　外面のもう一つの意味は，政治的・社会的な意味である。これは，「神的なもの」「聖なるもの」に対立する「世俗的なもの」である。この場合，神権政治も，もはや「神的なもの」「聖なるもの」ではなく，「世俗的なもの」である。なぜなら，一つには，シーア派哲学において非世俗的権能は，イマームの顕現による独特の解釈学的行為（タアウィール）が現実化すること，言い換えれば，顕現されたものを非顕現という本源的な状態へと還元しつつ体験すること，体験を実体化しないことの意味である。そのような行為を可能にする社会を実現することが，イマームの顕現とされる。イマームの顕現は，政治的状態の変化ではあっても，非顕現の動きを顕現させ実体化しないという意味で，「神的なもの」「聖なるもの」，すなわち「非世俗的」なのである。

　さらに三つ目は，井筒にとって「内面」は精神体験によっても達成されるが，外面とする法律的なものは，法学者を媒介として到達できる。これが意味するのは，法学という社会制度的な媒介が前提されていることである。社会制度的な，すなわち，世俗的な機構として実体化したものが，非世俗的なものとされる非実体的なものを間接的に指し示す状態

に置かれていることが，ここでは「外面」とされている。もし，井筒が「外面」を否定的にとらえ，「内面」のイスラームを求めるならば，制度化された法学者による統治ではなく「法学者なきイスラーム」を理想とすると言えるだろう。というのも，制度化された法学者の社会は井筒にとり「外面への道」であり，彼は神秘主義を「内面への道」として非実体的に現実を認識する精神的な在り方や行為を重要視するからである。

したがって，井筒にとっての内面と外面という区分（本論では，井筒の表現に従い，A領域・B領域，上下関係のモデルも用いる）は，決して，階層関係や構造モデルとして理解されるべきではない。井筒も述べるように，これは，一つの現実，あるいは体験をどのように見るかという観点の問題である。実在そのものとしての絶対者が，どのような局面を見せるかということだ。井筒は，非顕現，潜在性に注目する。それを，理解しやすいように，場合によっては，階層的に，あるいは，内外のように，モデル化する。したがって，井筒の意図においては，これは，境界が存在して「上と下」，「内と外」に実在が実体的に分かれることが意味されてはいない。現実のアクチュアルな働きは，実体化されて認識されることもあれば，その本来の動きが非実体的に意識に与えられることもあるという立場の表明であり，それを理解しやすいように，井筒は図式化している。

しかし，この図式化は反省に基づくものであるのだから，概念による対象化を免れえない。また，対象化しないためには，実在について際限なく語り続けざるをえない。だが，際限なく語り続けることは，しかし，「内面」の獲得・維持とは別の事柄である。にもかかわらず，コルバンも井筒も，非実体化や非対象化に際限なく入り込み続ける。この固執は，非実体化や非対象化を対象とする仕組みに，入り込んでしまっているといえないだろうか。この態度は，イデオロギーを発生させるであろう。本書は，井筒がどのようなイデオロギーにどのように結びついているかを検討する。

### (4) 創造的想像力

絶対者は形態をもたないし，実体化されえないので，どのような像（井筒は，イマージュという言い方を好む）としても表象されえない。しか

し，人間は，絶対者を無分節の状態では，認識できない。それゆえ，無分節状態を認識するには，存在者として多様化し実体化することとは異なる手段で，認識を成立させねばならない。そのような認識を成立させるものが，創造的想像力（井筒はこれを非顕現と顕現の中間の領域という意味で，M領域とする）である。人間は，あたかも光が視覚にヴィジョンを与えているように見えて，光もヴィジョンも物質ではない。しかし，それは，実在ではある。夢が観させるヴィジョンは，実在性がありながら，しかし，現実ではないが，創造的想像力が与えるヴィジョンは，実在そのものでありながら，物質ではない。しかも，実体化する思惟でもない。このような与え方を成立させ，現れ方を可能にするものが，創造的想像力であり，これが，実体化も対象化も回避しながら，実在性そのものを与える。したがって，偶像化されてはならない絶対者を実在性そのものとして認識させるものが創造的想像力である。

　だが，創造的想像力の必然的な顕現作用は，非偶像的な像化である。つまり，非質料的で，なおかつ論理的概念による分類，カテゴリーとは全く異なる像を与えることで，概念による固定化（概念の実体化・偶像化）さえ生起させないようにして，実在性を人間の認識に与える。それが，例えば，上でも述べた井筒の表現に従うなら「天使」や「イマーム」という形象である。これらは，概念的な，あるいは論理的な関係性からは乖離しており，その意味で言語的な分節機能の支配も影響も逃れている。しかし，ある種の元型として機能して，ある種の性質や傾向の方向性を決定づけている。これは，カテゴリーとは異なる分類による，イメージ（井筒ではイマージュ）の分類といえる。実在を，言語的概念で分節して認識するのではなく，イメージによって認識することである。したがって，この意味でも，絶対者を反省作用によって概念化させることが回避されている。

　ただ，このようにしてイメージが成立しているということは，絶対の段階ではなく，多様化に入った段階，顕現の段階である。ただ，重要なことは，顕現や多様化とは，最終的には，言語的分節化であるにもかかわらず，創造的想像力による像化は，言語的分節とは異なる多様化であることだ。言語的分節化は，概念の論理関係に直結する。しかし，非偶像的な，つまり実体化のできない像としての元型として多様化し顕現の

段階に入った絶対者は，言語的な分節がもたらす概念化とは異なる分節，あるいは顕現の仕方を示していることになる。それゆえ，創造的想像力は，コルバンと井筒において重要視されている。イマームの顕現は，決して制度化されるものではない思考の表れにもかかわらず，イマームに代わる権能は，制度化を実現する。ここでは，創造的想像力が実体化としてアクチュアリティーをもたされている。

　これらの基礎的枠組みを踏まえ，このような観念が出来してきた事情を考察し，その事態をふまえて，井筒の比較思想について，考察を進めたいと思う。比較思想として提示された井筒哲学の現実化における問題点もまた，これらの基礎的枠組みのはらむ問題系として，検討されるべきである。

# 第 I 部

# 比較哲学の本質とそれがもたらす結果

私は次のように言う。今日の状況を理解し，今日の状況を回避する（防ぐ）ために努力するという重大な責任は，大部分，比較哲学の責務である。たとえ比較哲学には，その使命に完全に直面するための充分な武器がまだないとしても。

──アンリ・コルバン『イラン哲学と比較哲学』48-49 頁

20　　第Ⅰ部　比較哲学の本質とそれがもたらす結果

　第Ⅰ部は，第Ⅱ部と第Ⅲ部への序説である。比較哲学，あるいは（日本における学問の分類の仕方に従うなら）比較思想は，つねに政治的・社会的な出来事と状態の産物である，と特徴づけざるをえない。少なくとも，その成立には，政治的・社会的事情が，直接にかかわっている。成立条件が内容の性格を規定せざるをえないのは，当然であろう。比較哲学のこうした内実を示すために，第Ⅰ部を次の三つの章として扱う。①比較哲学の目的と義務，②比較哲学の必然性とその政治的・社会的基盤（比較哲学の本質），③比較哲学への批判。

　第1章において，われわれは比較哲学とその目的と義務について論じる。

　第2章では，比較哲学が誕生したその必然性とその政治的な基礎について論じ，その検討に説得力と具体性をもたせるために，二つの事例を挙げる。これらの詳細が，第1節と第2節検討される。第1節の主題は前近代における比較哲学であり，『ウパニシャッド』のペルシア語訳者であった，インドの王子ダーラー・ショクー（Muḥammad Dārā Shokūh；1615-59）の『両海の一致（Majmaʿ al-Baḥrain）』を具体例として挙げる[1]。第2節で近代における比較哲学であり，中心テーマとして選択したのは，フランス人の東洋学者であり哲学者，狭義での「比較哲学」の創始者の一人であったマッソン＝ウルセルの『比較哲学』である[2]。第2章は様々な主題を含むこともあり，第Ⅰ部の中心的な章で

---

　　1）　確かに『両海の一致』以外にも多数の著作を例として挙げることができる。本書では次の二つの理由でこの著作を選択した。①『両海の一致』はインドのムガル帝国の政治的状態について，およびヒンドゥー教徒とムスリムの間の宗教的・社会的な相違について書かれたものである。事実，ダーラーは『両海の一致』の執筆とペルシア語への『ウパニシャッド』の翻訳によって，インドにおけるムスリム社会とヒンドゥー教徒社会の間に共生を実現しようとした。それゆえ，『両海の一致』は比較哲学の政治的・社会的な基礎を形成すると著者は考えている。②ダルユシュ・シャイガンの博士論文の主題は『両海の一致』に基づくイスラーム神秘主義とヒンドゥー教（Les relations de l'hindouisme et du soufisme, d'après le "Majma'ul-Baḥrain" de Dara Shokuh, Paris: La Différence, 1979）であり，その指導教授はコルバンであった。さらに，シャイガンがこの著作のペルシア語訳の序論で述べているように，井筒はこの著作のフランス語の原書を著者から手渡され，そこに比較哲学としての方法論的意義を認めてもいる。

　　2）　20世紀の学者マッソン＝ウルセルも，比較哲学に関して様々な本や論文を書いている。ここでは次の二つの理由で彼の『比較哲学』を選んだ。①近代において最初期に「比較哲学」という用語を使用したのは，マッソン＝ウルセルであると考えられており，比較哲学について最初の本を書いたのも彼であると見なされているからである（Corbin, 1382〔イラン

ある。

　第 3 章では，比較哲学に対するいくつかの批判について論じられる。比較哲学の領域には様々な比較方法論があるが，本章では井筒の比較方法論を検討することで，その比較哲学に焦点を絞っている。具体的には井筒の比較哲学に対する批判とその成果を論じる。すなわち，① 学問的な批判・成果（第 1 節），② 政治的・社会的な批判・成果である（第 2 節）。第 3 章は第Ⅱ部と第Ⅲ部へと接続させるための論述である。

　そして最後に第Ⅰ部の結びとして，冒頭に掲げたアンリ・コルバンの思索に戻り，その意義について論じつつ，第Ⅰ部の結論を述べる。

---

暦。以下同〕/2003 :21-22，参照）。さらに比較哲学を創始した彼の目的と動機は（後に本部の第 2 章第 2 節で論じるように）明らかに 20 世紀初頭の政治的・社会的な状態から生じている。したがって，彼のこの著作における探究は比較哲学の政治的・社会的な基本的問題構制のすべてを十分に表していると著者は考えている。② 彼が『比較哲学』で提案する方法論は現在まで比較哲学の一般的なものといえるであろう。例えばシャイガンは，『両海の一致』における中心的概念の分析のために，マッソン＝ウルセルが提案する方法論を用いている。井筒も『スーフィズムとタオイズム』において，イスラーム神秘主義と道教の主要概念を比較する際に，マッソン＝ウルセルの方法論に対応した記述を行っていると考えられる。そのため，『比較哲学』の探究は，このアプローチをほぼ十全に表現することができると考えられる。

# 第1章

## 比較哲学の目的と義務

---

　比較哲学を一般的に定義すると，次のようになるだろう。それは，二人の哲学者の意見を比較し，二つの哲学学派や二つの哲学伝統の意見の双方を「理解」し，それらの類似性と差異性の「表現」を，比較を通じて導き出すというものである。むろん，一部の比較的な研究において（本書の中心テーマである井筒の比較研究のように）比較の対象は単に二つのものに限定されるのではなく，同時に，複数の哲学者，あるいは複数の学派や伝統それぞれの意見・アプローチ（方法）・目的が比較される。これに加え，比較哲学は，しばしば，純粋哲学の領域を超え，哲学的なアプローチによって宗教，神秘主義，文化，文明，政治，社会，歴史などの領域をも含み，それらの概念を比較するゆえに，「比較思想」とも呼ばれている[1]。

　上の定義において，「理解」と「表現」は比較哲学の定義の際の鍵となる概念を形成するが，これら二つの概念はまた，比較哲学の目的をも示している。比較哲学における目的は，次のように大きく五つに分けることができる[2]。

　　①　比較哲学は，諸文化の相互関係における歴史的事実の「理解」

---

　　1)　「比較哲学」における「哲学」という単語は，「思想」より限定された意味で用いられるが，比較哲学は全くの純粋な哲学ではなく，また，社会的・政治的な諸問題とも直接的に関係するので，「比較哲学」を「比較思想」と呼ぶこともできるだろう。本書を通じて，筆者は比較哲学と比較思想を同じ意味で使用する。

　　2)　比較哲学の ①–④ の目的について，筆者は（藤田 2012：17頁）から影響を受けた。

と「表現」を提示する。例えば，われわれはトマス・アクィナス（Thomas Aquinas；1225-47）の哲学とイブン・スィーナー（Abū Alī al-Husayn ibn Abdullāh ibn Sīnā al-Bukhārī；980-1037）の哲学とを比較することで，両者の哲学への「理解」と両者の類似性と差異性の「表現」に加え，ギリシア哲学，イスラーム哲学，キリスト教哲学の歴史的な関係をも示すことができる。

② 比較哲学は，すべての思想を包括するような普遍史ないし世界思想史を叙述する。このことについてわれわれはマッソン＝ウルセルの『比較哲学』の最後にある哲学比較年表を，その具体例として挙げることができる。

③ 比較哲学は，価値観や世界観の対立に起因する現実世界の困難な諸問題を解決するための手がかりを与える。本書の目的とテーマを形成する井筒の比較哲学は，こうした解決を提示しようする試みの代表である。

④ 比較哲学は，自らの哲学を構築するための手がかりを与える。つまり，自らの哲学を他の哲学や学派と比較し，その哲学や学派を解説し批判しつつ（解説や批判もまずは「理解」がなければ成り立たないことに注意されたい），自己の哲学の特徴や特質を「表現」する。例えば，アリストテレス（Aristotélēs；BC.384-BC.322）は『形而上学』第1巻（A）の中で，四原因についての以前の哲学者たちの意見を解説し，批判しつつ，自己の哲学の位置づけを「表現」する[3]。

⑤ 比較哲学は，絶対主義の水準を超え，ある種の相対主義や多元主義に向かう。というのも，相対主義や多元主義によって様々な思想や宗教の概念を比較することができる。比較哲学の相対主義や多元主義のアプローチは，本書の第Ⅲ部で論じるように，オリエンタリズムと関係がある。

　ここにとりあげた上の五つの目的は，比較哲学の中心的目的を形成す

---

3) 確かに，『形而上学』におけるアリストテレスの目的は，比較哲学の構築ではない。とはいえ彼は，比較哲学的な方法によって，自身の哲学を位置づけ，特徴づけつつ，構築した。

第 1 章 比較哲学の目的と義務 25

るものの，哲学史や思想史の対象ともほぼ完全に対応する。すなわち，
比較哲学の二つの主要概念——比較哲学の定義と目的を形成する「理
解」と「表現」——は，哲学史や思想史の定義と目的としても見なされ
うる。哲学史家や思想史家は，まず哲学者たち，学派，哲学伝統の諸々
の意見について，明白で端的な「理解」を提示することを試みる。それ
から彼らは，それらの類似性と差異性を「表現」するのだ。確かに，哲
学史家や思想史家が，類似性と差異性を「表現」するために必要なもの
は，比較研究的な方法論である。また，様々な主題が比較されつつ叙述
された哲学史や思想史を読むことによって，しかも諸文化や諸思想の間
に存在する歴史的事実を精査しつつ，われわれは思想史の流れ（世界思
想史）から普遍的な理解を得ることができる。さらに，われわれは哲学
史や思想史を読み，歴史的・思想的な出来事を分析することで，世界の
困難な諸問題を解決するための手がかりを得ようとする。哲学史や思想
史の目的である「歴史的事実の理解と表現」，「世界思想史の描写」，「世
界の困難な諸問題のための解決」という三つの目的は，比較哲学の①，
②，③の目的とほぼ完全に対応する。

　われわれは哲学史や思想史について書かれた著作によって，哲学者同
士の影響関係を理解する。これに加え，哲学者たちの著作を読む時に
も，彼らが自分の哲学を表現し，構築するために，他の哲学者たちの意
見を批判しているのを確認できる。ここには，ある哲学者が，他の哲学
者たちに影響されているのをみることができる。他の哲学者たちに対す
る批判は，差異性の「表現」，つまり哲学者同士の論理や意見の違いを
示すとともに，彼らからの影響は，類似性の「表現」，つまり哲学者同
士の意見が共通，共有されていることを指示するものである。こうした
類似性と差異性の「表現」そのものは，その哲学者の「理解」をとおし
て得られる。つまり，哲学者たちは，他の哲学者たちと自分との類似性
や差異性を表現するが，この表現にこそ，ある哲学者が他の哲学者たち
について示すものであると同時に，ひとりの哲学者の誕生を表すもので
もありえよう。

　このことについて，すでに例として挙げたアリストテレスの『形而
上学』に加え，ヘーゲル（Georg Wilhelm Friedrich Hegel：1770-1831）
の『歴史哲学』，イスラーム哲学の分野ではモッラー・サドラー（Ṣadr

al-Dīn Muḥammad Shīrāzī（Mullā Ṣadrā）; 1572-1640) の『知性の四つの旅の超越論的哲学（*Al-Hikma al-muta'aliya fi-l-asfar al-'aqliyya al-arba'ah*)』の一部を挙げられる。ここに，ある哲学者の研究が，哲学史や比較哲学の方法論と結び付いていることが確認される。なぜならば，その哲学者は自らの哲学の特徴や特質を表現するために，哲学史や思想史のなかから，比較哲学的な方法論によって自らの哲学の基礎を導き出すからである。哲学者たちの著作における比較哲学的な研究は，比較哲学の目的である自らの哲学を構築するための手がかりを与えるということにほぼ完全に対応する。

　歴史家による哲学史や思想史における定義と目的が，哲学者たちによる比較哲学の定義と目的とほぼ対応するなら，あらゆる哲学史や思想史は比較哲学や比較思想以外のなにものでもないということになってしまうだろう。では，もしわれわれが哲学史や思想史は比較哲学や比較思想にすぎないとするなら，次の課題と直面する。つまり，比較哲学誕生の必然性は何であるのかという問いである。つまり哲学史と比較哲学の定義と目的が同じならば，比較哲学について語る必然はないであろう。この問いは，比較哲学と哲学史の差異が具体的に何であるのかを問うものである。これらの問いを，以下で議論しようと思う。筆者の立場は，哲学者による哲学史的記述と，比較哲学的考察は，それぞれ成立する必然性や意義に相違点があり，両者には微妙であるが決定的な違いがある，というものである。

## 哲学者と比較哲学

　比較哲学誕生の必然性は何であるのかに対する答えを先取りするなら，次のように言えるだろう。A文明の要素が，B文明の「中心」に入り込んで，B文明の政治的・社会的な状態を変化させると，必然的に比較哲学が誕生するということである。ここで「中心」という言葉が意図しているものは，その文明を特徴づけている思想のことである。そのような思想は，技術的に実現されるものも含むし，これから論じるように，イスラームやヒンドゥー教に見られるように，宗教・文化・政治・芸術・言語などの文脈で哲学的思考として展開されているものもある。したがって，文明の「中心」を比較哲学という問題圏で論じること

は正当であると言える。さらに，哲学的思考は政治的・社会的状況から
乖離するものではないと主張したい。たとえ高度に抽象的な思考であっ
ても，それが営まれる場所や制度的限定において状況化されている。B
文明の政治的・社会的な状態の変化は，単に B 文明にだけではなく，B
文明との共生のためには，A 文明も自らの政治的・社会的なアプロー
チを変更しなければならないという事実である。というのも，いずれの
文明も，最終的には，一つの政治的条件の下に生活しなければならない
からである。例えば，第 2 章で詳しく論じることだが，A 文明と B 文
明との関係をムガル帝国におけるイスラームとヒンドゥー教との関係で
とらえ，政治体制をムガル帝国として具体的に考えることもできる。ほ
かには，イランにおけるイスラームとゾロアスター教との関係を考えて
もよい[4]。このような関係性の中に，比較哲学の誕生の必要性と意義が
確認される。つまり，A 文明と B 文明の両者の本質を「理解」するた
めに，また異なる文明が流入してきて新しく生まれた政治的・社会的な
状態を「表現」するために，また，両文明が遭遇したことから生じた政
治的・社会的な危機を超えるために，それらの方法を発見する必要性が
認められるのだ。しかしそれにもかかわらず，比較哲学と政治性との関
係について一つの重要な点に注意しなければならない。それは，最終的
に，比較哲学という営みなり形式なりが維持されるには，民族主義と密
接に関わるある種の政治的な体系である。イデオロギー的体系や独裁政
治的な体系では決して比較哲学の存立を維持することができない。なぜ
ならば，イデオロギーや独裁政治的な体系は単に一つの思想やアプロー
チだけを中心として引き受ける。その思想やアプローチは「支配の言
説」でしかない。逆に，もし比較哲学も，「本質主義」という立場に固
執するなら，そこには「支配の言説」と同じものが見出されることにな
る。

　これに加え，比較哲学は政府の政策とも密接な関係があり，文化の
役割として政治家の意図や目的を支持することができる。そのため比

---

　4）　インドのムガル帝国や，ゾロアスター教とイスラームの間のハーモニーを目指した
イランにおける諸政治体制は，民主主義的な体系ではなく，君主制である。しかし，一部の
人々は王制になった際，思想間の「対話」や「比較」に従事するようになった。このことに
ついて本書ではダーラー・ショクーの思想を挙げることができる。

較哲学の責任として，次の微妙な点にも注意しなければならない。比較哲学的な研究とその成果は，政治的・社会的な体制と直接的に関係し，それが政治的な体制や政府によって支持されることも軽視しえないことである。これに関して，1998 年に当時のイラン大統領であった，セイイェド・モハンマド・ハータミー（Seyyed Moḥammad Khātamī；1943-）によって国際連合総会に提出された「文明の対話」という理論は顕著な例であると思われる。ハータミーの「文明の対話」論は，そもそも，サミュエル・ハンティントン（Samuel Phillips Huntington；1927-2008）の「文明の衝突」論への反論であった[5]。ハータミーの提案を受けて，国際連合は 2001 年を「文明の対話の年」と名付けた。その目的は世界的な平和に至るための諸文化間の共生と対話の安定であった。ハータミーは「文明の対話」論を拡げるために，ユネスコの協力のもと，テヘランに「文明の対話国際センター」を設立し，文明の対話や諸文化の共生について様々な比較をする研究計画を準備することができた。このセンターの運動は，特にイスラーム原理主義のうち暴力主義的な一派がアメリカ（西洋の文明）の「中心」に攻撃を加えた 2001 年 9 月 11 日の出来事とハンティントンのテーゼの復活と読み直しの後に，副次的ながら，イランとアメリカの間の政治的な緊張を緩和することに貢献した[6]。

　以上の叙述に基づいて，比較哲学や比較思想のうちに，以下の三つの

---

　5）　ハンティントンのテーゼは，冷戦が終わった現代世界においては，文明と文明との衝突が対立の主要な軸であり，特に文明と文明が接する断層線（フォルト・ライン）での紛争が激化しやすいというものである。しかし，彼はおもにイスラーム圏とロシアにおける危機について論じており，他の地域に関してはあまり詳細に論じられてはいない。彼のテーゼについて（ハンティントン，1998）参照。

　6）　ここでわれわれは，一つの重大な歴史的経緯に注意しなければならない。「文明の対話」の名で提唱された理論は，ハータミー独自の全く新しいテーゼではなく，コルバン，井筒，とくにシャイガンによる理論をハータミーが 1998 年に復興したにすぎない。ここで述べている「文明の対話」という理論は，パフラヴィー朝（イラン最後の王朝，1925-76）において初めて生じ，この理論を受けてダルユシュ・シャイガンが，ユネスコとパフラヴィー政府の支持で「イラン文化の対話研究所」を設立することで具体化されたプロジェクトとその指針を意味している。われわれは第Ⅲ部で，「文明の対話」のテーゼの基本，「イラン文化の対話研究所」と井筒の関係について詳しく論じるつもりである。「文明の対話」に関するハータミーの論文と講演は，平野次郎によって日本語へ翻訳されている。このことについて（ハータミー，2001）参照。

第1章　比較哲学の目的と義務　　29

段階を設定してみたい。

　　第一段階では，比較哲学は，諸文明や諸文化の遭遇から生じた政
　治的・社会的な危機を「理解」する試みである。
　　第二段階では，比較哲学は，生起した，あるいは生起している危
　機のために，その解決方法を発見する試みである。
　　第三段階では，比較哲学は，発見した解決方法を政治的・社会的
　に実行する。しかし，その解決方法が必然的に，政治的・社会的に
　良好な結果をもたらすとは限らない。というのも，比較哲学の構造
　とそれが提案する解決法を実践するのは権威主義を否定する主体で
　ある。このことは，本書全体を通して検討していく。

　比較哲学と哲学史の差異が具体的に何であるのかという問いに対して
は，本書全体で答えていくことになるが，ここで，簡単に暫定的に要約
しておきたい。比較哲学の定義と目的は，たしかに哲学史や思想史の定
義と目的にほぼ対応させうるものである。だが，両者の間には，微妙だ
が決定的な差異がある。哲学史や思想史は，ある哲学者の意見，哲学の
学派や伝統のアプローチを通じて，ある「理解」を提示し，それらの類
似性と差異性を「表現」する。だが，哲学史や思想史として書かれてい
る著作の対象と内容は，歴史的な事件や歴史的な物語以外のなにもので
もない。この事件や物語を歴史的に記述するだけでは，政治的・社会的
に現実的な問題や危機を超える解決方法は手に入らないだろう。刻々と
生起し続ける政治的・社会的状況や出来事を「理解」するには，歴史的
な事件と物語を政治的・社会的に分析することにより初めて，解決方
法を発見しうるのではないだろうか。それゆえ，比較哲学の構造は，哲
学の概念を分析することであり，哲学の歴史の構造は，概念の歴史を解
説することと言えよう。そしてさらには，歴史的な事件や物語と，政治
的・社会的状況との比較と分析が，比較哲学の一つの，そして決定的に
重要な責任であると言えるのである。これが，歴史的記述と比較哲学の
違いが何かという問いへの最も重要な答えであると思われる。

# 第 2 章

# 比較哲学の必然性と政治的・社会的基盤
——比較哲学の本質——

　本章では，文明や諸文化の衝突において見出される比較哲学の政治的・社会的基本構造を示すために，二つの具体例を挙げたい。またその際には，井筒の比較哲学および彼の協力者たちの思想の基本的な考え方を解説する。

## 第 1 節　前近代における比較哲学

　「比較哲学」という術語は，基本的に新しい単語であり，近代の拡大の産物である。この用語は 20 世紀初頭に生まれた，哲学の一つの分野として見なされてきた。実際に，西洋の近代文明が非近代文明（アジア・アフリカなどの文明）の「中心」に入り込んでから，また逆に，アジア・アフリカなどの文明が西洋文明に入り込んでから，世界の一体化が生ずることで，諸文明の共生と対話が以前より一層促進された。主として，この流れは，1914 年の第一次世界大戦以降のヨーロッパの不安定化をもたらした[1]。

　近代思想と比較哲学との関係については次節で詳しく論じるが，ここで一つの問いをたてるなら比較哲学が近代の現象だとすれば，それは，前近代には存在しなかったのだろうか。

　この問いに対する答えは，具体的には肯定的なものではない。確かに

---

　1)　ヨーロッパの不安定化の状況の詳細，およびヨーロッパにおける西洋文明と非西洋文明の抗争については，（トインビー，1973：146 頁以下）を参照。

近代世界の出現と西洋文明の拡大以前に，様々な文明や文化が，「互い
に遭遇し，それらの遭遇からして，全く別種の諸々の社会，つまり諸々
の高等宗教というものがこの現世へ生まれ落ちる」（トインビー，1973：
viii）状況はあった。しかしそれにもかかわらず，前近代の諸文明は「か
つてその支配力をはるかにその発祥地を超えて八方に放射したことは
あるにしても，その綱を地球の全面に張りわたしたものは一つもない」
（同上：142頁）のだ。

　イスラームの拡大と他の文化・文明との遭遇は，政治的・歴史的なプ
ロセスを通して，他の文明・文化の諸概念とイスラームの基礎的な諸概
念との比較をもたらした。例えば，ペルシア・ゾロアスター教の諸概念
およびグノーシスの諸概念と，イスラームの基礎的な諸概念の遭遇に
よって，シーア派からはシーア派哲学と称される思潮が生まれ（第II部
の中心主題の一つ），ヒンドゥー教の諸概念とイスラームの基礎的な諸概
念の遭遇によって，シク教（あるいは，シーク，スィーク，スィク）が生
じた。これに加え，イスラームに帰依したが，まだ自らの伝統の基礎を
保持していたペルシア人やインド人の思想家や哲学者たちが，イスラー
ム的な諸概念を他の宗教の諸概念と比較する試みを行っていた。

　これらのペルシア人やインド人の哲学者や思想家たちにとって，「比
較哲学」の概念は，もちろん未知のものであった。彼らは諸概念の比
較，それらの「理解」と「表現」のために，「ジャム」（jamʻ）あるいは
「マジュマ」（majmaʻ）という術語を使用していた。両者はそもそもア
ラビア語の単語であるが，ペルシア語でも十分使用されている。さらに
いずれの単語とも語根（三つの子音）はJ/M/ʻである。「ジャム」（jamʻ）
というものは様々な意味があるが，ここで注目すべき意味は，「交わる
こと」，「結びつけること」，「一致」である。「マジュマ」（majmaʻ）は
場所に関する名詞であり，「二つのもの，ないし，いくつかのものが結
び付くところ」，あるいは「交わるところ」，「一致」を意味する。ゆえ
に，ムスリムの哲学者たちや思想家たちの術語の枠組みにおいて，「ジャ
ム」あるいは「マジュマ」という単語は，諸概念の比較を指示していた
用語であり，その目的は共生や対話に至るための二つ，あるいは，複数
の宗教，文化，文明の共通の「理解」と「表現」であったということが
できる。

第2章　比較哲学の必然性と政治的・社会的基盤　　　33

　アブー・ライハーン・ビールーニー（Abū Rayḥān Muḥammad ibn
Aḥmad al-Bīrūnī：973-1048）とダーラー・ショクーなどイスラーム世
界の思想家や哲学者が，インドやペルシア，イスラームにおける基礎的
諸概念を比較し，それらの「理解」と「表現」を試みるとともに，サン
スクリット文献のペルシア語への翻訳によって，イスラーム文明とイン
ド文明の遭遇から生じた政治的・社会的な危機を超え，インド社会とイ
スラーム社会を対等にするよう試みた。さらに，彼らは自らの著作とサ
ンスクリット文献のペルシア語への翻訳によって，インドのほとんどの
基礎的概念をイスラームに導入することができた。しかし，それにもか
かわらず，彼らの努力は，われわれがすでに比較哲学のために定義した
第三段階において，すなわち，発見した解決方法を政治的・社会的に実
行することに，成功したとは言い難い。

　次に，イスラームの二つの重要な用語を解説することで，ビールー
ニーの比較の方法論とその意義と重要性について簡単に論じたい。その
上で，『両海の一致』におけるダーラー・ショクーの比較研究の内容と
意義について検討しよう。

　ヒンドゥー教もイスラームも，自らの聖典に対して絶対的な信仰をも
つ。前者の（諸）聖典の教義は多神教の下に形成され，後者の聖典の教
義は一神教の下に形成され，タウヒード（神の唯一性）という概念はイ
スラームのすべての概念と教義の基礎となった。イスラームにおけるタ
ウヒードへの信仰は，他の文化や宗教に対して，神学と法学それぞれの
観点から次の二つの問題をもたらす。

　神学の観点からは，次のような問題がもたらされる。もし誰かが
神（アッラー）のワハダ（waḥada つまり〈一に化す〉，〈一に帰す〉），あ
るいは，ワッハダ（waḥḥada つまり〈一化〉，〈帰一〉）を否定すれば，ま
た，アッラーに加え他の神々や偶像を崇拝すれば，その人は偶像崇拝者
（mushrik）である。

　Mushrik という用語は shirk（多元性）という単語から派生し，タウ
ヒードの反対の概念である。「古代アラビアの多神教は諸々の偶像，或
いは神の娘，又は単に神の仲間とよばれた多くの神々の崇拝であった。
このような偶像崇拝をさす最も普通の語は shirk であり，また偶像崇拝
者は mushrik で，これは元来，『神に仲間をつくる者』を表わす」（井筒，

34 第Ⅰ部 比較哲学の本質とそれがもたらす結果

1992, 第 4 巻, 158 頁）。それゆえに, 630 年にマディーナからメッカに
戻る, いわば「メッカを征服」の後, ムハンマドはカアバ（カアバ神殿）
にあったすべての偶像を破壊した。「偶像崇拝（shirk）」という用語に
加え, もし誰かが神の存在を否定すれば, また, イスラームから他の宗
教に帰依すれば無信仰者, あるいは, 「不信仰者（kāfir）」である[2]。ま
ず, mushrik と kāfir という用語の領域は, 古代アラビアにおけるイス
ラームの枠組み（イスラームの信仰者と不信仰者の観点から）に限定され
ていたが, イスラームは他の文明や文化や宗教の「中心」に入り込んで
拡がってから, それらの意味はさらに広くなり, 他の宗教の信仰者たち
も mushrik や kāfir と呼ばれるようになった。例えば, ヒンドゥー教や
仏教の信仰者たちは, この神学的な教義の下では mushrik や kāfir と呼
ばれている[3]。

　イスラーム法学の用語の中に, 「啓典の民（Ahl al-Kitāb）」[4]というも
のがある。「啓典の民」とは啓典を信仰する人々である。『コーラン』は
ユダヤ教, キリスト教, サービア教の信仰者を「啓典の民」とする。イ
スラーム法学者の宣告によれば, 啓典の民はイスラームの領域の中に住
むことができるし, 自分の宗教の習慣を行うことができるが, 自分の宗
教を伝道することはできない。さらに, イスラーム法学者によれば, イ
スラーム領域内でのイスラーム教徒の権利は「啓典の民」の権利より多
い。

　ここで大きな疑問が出てくる。すなわち, 「啓典の民」ではなく, 他
の宗教の信仰者とはどのようなものなのか, というものだ。人権や公民

---

　2) 不信仰者, あるいは無信仰者（kāfir）という用語には, 『コーラン』とイスラームの
他のテクストにおいて様々な意味があり, イスラーム史の中でそれらの意味は, 次第に変化
していった。ここで筆者は単にそれらのうちの一つの意味を指摘したにすぎない。この用語
の様々な意味とそれらの分析に関しては,（井筒, 1992, 第 4 巻：143-195 頁）参照。
　3) 「ここですべきは, イスラームの徹底した一神教の立場からすれば, キリスト教の三
位一体の教義及びキリストの神格化は, 多神崇拝の代表的見本となるということである」（井
筒, 同上：158 頁）。mushrik や kāfir の解釈や注釈は現代まで残り, イスラームの原理主義者
は, まだこの二つの概念の下に他の文化, 文明, 思想, 宗教などを否定し, テロなどを行っ
ている。
　4) 「啓典の民」（Ahl al-Kitāb）という用語はそもそも法学的なものであるが, アンリ・
コルバンがそれを神秘主義の意味で使用する。われわれはここで「啓典の民」の法学的な意
味のみについて論じる。コルバンによる神秘主義の意味は, 本書第Ⅱ部において検討する。

第2章　比較哲学の必然性と政治的・社会的基盤　　35

権などのような概念が未だ無い，そうした近代以前の時代において[5]，ほぼすべてのイスラーム法学者は，「啓典の民」ではなかった人々を不信仰あるいは偶像崇拝者とし，彼らとムスリムとの関係を禁止すると宣告していた。しかし，現代社会の産物のひとつである人権や公民権などのような概念が生まれてからも，一部の法学者は，以前のように，「啓典の民」ではない人々を不信仰者あるいは偶像崇拝者とし，イスラーム教徒は彼らと関係してはならないと宣告している。しかし，これに対して，今日，人権や公民権などに関心をもつ現代イランの一部の法学者とインドにおける一部の法学者は，ゾロアスター教とヒンドゥー教をも「啓典の民」の宗教とする[6]。彼らは，ゾロアスター教とヒンドゥー教は，イスラームより古い宗教なので，また『コーラン』はこれら宗教について何も言ってないので，これらを「啓典の民」と認めうるとする。

　確かに，ビールーニーやダーラー・ショクーの時代に，ヒンドゥー教徒は，イスラームの法学者によって，不信仰者や偶像崇拝者と呼ばれていた。他方では，イスラーム教徒は剣の暴力でインドを征服した侵入者であったと，ヒンドゥー教徒は主張した（Bīrūnī, 1355/1976：66 参照）。さらに，ヒンドゥー教徒にとって，宗教的にムスリムは不浄な人々であった（Bīrūnī, 1355/1976：67-68 参照）。このような状態において，イスラームとヒンドゥー教の間に共生や対話の可能性ばかりではなく，宗教的・民族的な論争ももたらされていた。このような状況で，誰がこれら二つの文明の間に橋を渡し，インド社会とイスラーム社会に共生と対話を呼びかけることができたのだろうか。確かに，ヒンドゥー教の守旧主義者とイスラームの守旧主義者は，両文明との共生や対話の可能性を準備することができなかった。この試みはそもそも，寛大な人々と「人間を愛する者たち（lovers of Humanity）」を守る者の義務でもあった（Mojtabai, 1385/2006：110），（Sen, 1956：378 参照）。それゆえに，イスラームの神秘主義者（スーフィー）とヒンドゥー教のバクティ運動の信

---

　5）　人権や公民権という用語は確かに近代的な概念である。これらの概念はイスラームの伝統的な思想と対立するが，一部のイスラームの法学者・神学者は，人権や公民権の下に伝統的な概念を読み直そうと試みている。

　6）　『コーラン』でゾロアスター教は明言されないが，マジュース（Majūs）と呼ばれるものをシーア派の法学者たちはゾロアスター教と見なしている。

奉者は，共生と対話の重大な責任を引き受けることになった。この重大な責任を自覚した先駆者は，ペルシア人の著述家，数学者，天文学者，旅行家，哲学者，薬学者，占星学者，歴史学者，言語学者として，イスラーム世界を代表する 11 世紀の知識人であったビールーニーをおいてほかにはいない。

　ビールーニーは，ガズナ朝（イスラーム王朝，955/977-1187）の第 7 王マフムード（Maḥmūd ibn Sebük Tegīn：971-1030）の時代に生きていた。マフムードは狂信的なムスリムであった。彼はヒンドゥー寺院（彼にとって shirk のところであった場所）を破壊するために，何度もインドに遠征し，不信仰者あるいは偶像崇拝者と呼ばれたヒンドゥー教徒を殺害した。彼の最も著名な遠征は，ソームナート（Somnath：マフムードによって破壊されたヒンドゥー寺院）の侵略（1024-25）である。

　ビールーニーは，マフムードとともに何度もインドに行き，マフムードによるヒンドゥー教徒殺戮およびヒンドゥー寺院の破壊を直に目にしたために，比較研究の必要性を理解したのではないだろうか。上述した比較哲学の三段階のうちの第一段階として，ビールーニーはイスラームとヒンドゥー教の遭遇から生じた政治的・社会的危機を「理解」することを試みた。第二段階として，生起した危機の解決法を発見しようとした。ビールーニーは，それらの危機の「理解」と「表現」のために，『インド誌（*Taḥqīq mā lil-Hind min maqūlah maqbūlah fī al-'aql 'aw mardhūlah*)』を書き，ヒンドゥー教の主要な概念をイスラーム社会に紹介するために，『ヨーガ・スートラ』をアラビア語へ翻訳した。

　『インド誌』は，ビールーニーの比較研究における主著であり，さらに，現代でもなお非常に有用なインド文化に関する最も包括的文献の一つであって，インド史に関する基本文献の一つとされている。彼はこの著作を通じてヒンドゥー教の基礎的概念を，ギリシアとイスラーム哲学者の考え，イスラーム神秘主義者の信仰，時には，マニ教の信仰者の考えと比較（jam'）することをも試みた。彼はこの著作の中で，部分的にヒンドゥー教の教義を批判したり肯定したりする。彼が肯定し，とりわけ興味を示しているのが，ヒンドゥー教における神の〈一化〉，〈帰一〉である。彼にとって，『ヨーガ・スートラ』と『バガヴァッド・ギーター』の教義は，イスラームにおけるタウヒード以外のなにものでもな

い（Bīrūnī, 1355/1976：70-79 参照）。事実，『ヨーガ・スートラ』と『バガヴァッド・ギーター』をイスラーム的に解釈することで，彼はヒンドゥー社会とイスラーム社会とを互いに歩み寄らせようとしたのである。それゆえ彼は，この著作においてヒンドゥー社会とイスラーム社会における諸概念や主題を比較することにより，ヒンドゥー教の基礎的概念をイスラーム化する。ビールーニーの比較方法論は，基礎的な諸概念の意味の分析に基づくものである。彼の方法論を現代の言葉で表現するなら，言語学と歴史学に基づく比較宗教学と呼ぶことができる。

　ビールーニーの意欲的なプロジェクトは，次第に，スーフィー（特にチシュティー教団とカーディリー教団の信奉者）と，インドに移住したシーア派の信仰者によって引き継がれた。彼らもまた，ビールーニーのようにサンスクリット語の文献を翻訳し，ヒンドゥー教の基礎的概念をイスラームの基礎的概念と比較して対応させている。しかし，彼らの営みにはビールーニーと比べて二つの大きな差異がある。第1に，彼らは，サンスクリット語の文献をアラビア語へ翻訳したビールーニーに対して，それらの文献をペルシア語へ翻訳したということである。というのも，この頃になると，特に16世紀初頭からは，ペルシア語がペルシアとインドの共通の言葉であったからである（インドでもペルシア語が公用語，宮廷語，文化語となり，公文書や学術書，思想書などがペルシア語で書かれた）。第2に，彼らは言語学と歴史学に基づいて形成されたビールーニーの方法論に対して，概念の解釈（taʾwīl，内面的な意味の理解のためのイスラーム神秘主義の方法論）[7]と，形而上学的な比較を方法論としてとりあげた。例えば，インドのシーア派の信仰者は，自らの内面的・グノーシス的な教義の下に，シーア派の第1代イマームであるアリー（Alī ibn Abī Tālib：661-656）をヴィシュヌ神（viṣṇu）の第10アヴァターラ（化身）として解釈して比較した（Massignion, 1954：97; Shayegan, 1382/2003：25）。

　翻訳の領域では，『ウパニシャッド』，『マハーバーラタ』，『ヨーガー

---

　7）　タアウィールとは「あるものを自らの本来のすがた（archetype）に戻す（ペルシア語で chizi-ra be-asl-e Khwod rasanidan）」と呼ばれる。コルバンと井筒は，イスラーム神秘主義における taʾwīl に，西洋哲学における解釈学（Hermeneutics）と同じ意図，意味を見出そうとしている。第Ⅱ部ではこの問題をさらに議論する。

ヴァシシュタ』などの著作がペルシア語へ翻訳された。これらのすべて
の翻訳においても，翻訳者たちはできる限り，ビールーニーのように，
インドの基礎的な概念をイスラーム化することを試みた。諸概念の解釈
と形而上学的な比較研究の領域において，彼らの方法論はそれまでにな
かったものであった。この領域における真の改革者は，ムガル帝国の王
子であるダーラー・ショクーに他ならない。

　イスラームとヒンドゥー教の比較のためのダーラー・ショクーの動
機は，完全に政治的なものである。さらに，彼の企図の敗北と，兄
弟であったアウラングゼーブ（Abū l-Muẓaffar Muḥyi al-Dīn Muḥammad
Aurangzeb：ムガル帝国の第6代君主，1658-1707）によるダーラー殺害も，
いずれも政治的な事柄であった。

　ダーラーによる比較研究の政治的な動機と内容を理解するために，わ
れわれはそれをアクバル（Abū l-Fath Jalāl al-Dīn Muḥammad Akbar：ムガル
帝国の第3代君主，1542-1605）の宗教的な融和政策の枠組みに置き直す
ことによって検討してみたい。アクバルは自分の在位の時期に，ムガル
帝国における宗教的な緊張を弱めるために，寛容な政策を選んだ。ア
クバルは自分の企図を進めるために，「神の宗教（dīn-e elāhī）」という
新宗教をも創始したとされてきた。現在の研究では「神の宗教」は否
定される傾向にあるが，「神の宗教」はイスラーム，キリスト教，ヒン
ドゥー教，ゾロアスター教，シク教の概念の折衷と比較から生まれたも
のであったと推定する史料も存在する。さらに，ダーラーは，シャー・
ジャハーン（Shihāb al-Dīn Muḥammad Shāh Jahān：ムガル帝国の第5代君主，
1592-1666）の皇太子であったので，自分の政治権力によってアクバル
の宗教的な融和政策を拡げ，それを一種の哲学的な体系の形態で成文化
しようとした。このような理由から，彼は自らの企図を推進するために
上で紹介した『両海の一致』を書き，2年間後に『ウパニッシャッド』を
ペルシア語へ翻訳したのである。

　『両海の一致』の執筆と『ウパニッシャッド』の翻訳の目的は，ヒン
ドゥー社会とイスラーム社会の間に緊張緩和をもたらそうとするもの
であったものの，ダーラー自身はその比較研究の犠牲となった。彼は
カーディリー教団の信奉者であり，この教団の教義の影響の下に，ヒン
ドゥー教とイスラームの比較（jamʿ）に向かった。しかし，権力から離

第2章　比較哲学の必然性と政治的・社会的基盤　　39

れ，世を捨てるスーフィーの伝統に反して，彼は自分の政治権力を維持するためにアウラングゼーブに対する戦争を行った。アウラングゼーブはダーラーを弱体化するために，彼の比較研究を標的にした。アウラングゼーブは，ダーラーがイスラームから離れ，他の宗教（ヒンドゥー教）に帰依した（つまり，ダーラーが kāfir になった）ということを断言した。イスラームの法学で，イスラームを棄教することは，死刑（殺害）の宣告を意味するので，アウラングゼーブはダーラーの「死刑（殺害）宣告」をインドのイスラーム法学者から引き出すことができた。最終的には，ダーラーは 1659 年にアウラングゼーブとの争いで殺された。

　テキサス大学オースティン校の教授であったインド人の学者，ラージャー・ラオー（Raja Rao：1908-2006）は，ムガル帝国時代におけるダーラーの比較研究とその政治的・社会的な結果に関して，シャイガンに次のように述べた。「あわれ！　あわれ！　ダーラー・ショクーの死はインド亜大陸の大災害である。ダーラーの殺害は，彼の守旧的な兄弟，アウラングゼーブによって，われわれの時代にインドとパキスタンの分離をもたらした」と（Shayegan 1382/2003：3）。

　『両海の一致』におけるダーラーのアプローチは完全に神秘主義的なものである。彼はすべてのイスラーム神秘主義者のように，宇宙の真理は「一」であり，その真理はすべての宗教の内面を形成するという。この真理は隠されたものであり，神秘主義者たちのみが，修行と神秘体験によってそれを理解することができると彼は考える。神秘主義者たちと異なり，一般の人々はその真理をまったく理解することができないし，それゆえ諸宗教の間に深い相違が存在すると彼は考えている。ダーラーは『両海の一致』の序論でこのことについて次のように言う。

　　　曰く，心安らかなる清貧者，ムハンマド・ダーラー・ショクーは，諸真理の中の真理の理解，スーフィーの真理の宗派の諸細部の中の秘密の究明，そしてこの大いなる贈り物への到達の後に，次のことを意図した。すなわち，インドの一神教徒たち，およびこの古き集団の真理究明者たちの性質の深淵を理解しよう，と。そして，苦行・認識・理解の極限と，神秘主義・神の理解（khodāyābī）・熟慮の極みに到達していたところのこの者〔ダーラー〕は，卓越し

た学者たち（kāmelān）の内のいくらかと繰り返し言葉を交わし，討論を行った。そして彼は，理解と知識の文字上の違いを除いて，〔そこに〕一つの相違も見出さなかった。これゆえに，彼は両派の諸々の説教を互いに比較し，真理を求める者にとってそれが不可避かつ有益であるところの諸々の説教の内のいくらかを集め，一つの論文を整えた。（その論文は）真理を知る二つの宗派の諸真理と諸知識を集めたものであったので，『両海の一致』と名付けられた。「神秘主義とは公正なり。また神秘主義とは形式的行為（takalluf）の破棄である」という偉人たちの言葉に従って。

　だからこそ，公正さを持ち，理解の人々（ahl-e edrāk）〔つまり，神秘体験がある人々〕に属する者はすべて，これらの階梯の真理究明においていかなる熟考を行うかをよく理解している。理解力の持ち主である聡明者たちはこの論文を大いに喜ぶだろうこと，そしてまた両派の愚者たちにとってはそれの諸利益から一つの分け前もないだろうことは，はっきりしている。私は〔イスラームとヒンドゥー教における〕この真理究明を，自身の霊感と熱情〔精神的体験〕に従って，自身の家の人々〔ダーラーの一族，および，彼のようにイスラーム神秘主義とヒンドゥー教の内面的な概念を理解できる人々の二つの意味をここでは含意している〕ために書いたのであり，私の著作は両派双方の民衆〔の理解〕に向けてのものである（Dārā Shokuh, 1365/1986：1-2）。

　ダーラーが比較哲学的な企図を行ったことを示すより厳密な意味での証拠となるものは，ヒンドゥー教とイスラームの基礎的概念を，形而上学的に比較する研究である。彼にとって両宗教の基礎的概念は，形而上学的には通訳不可能な概念であり，それらの関連は類似性の比例として捉えられるべきである。われわれは以下にいくつかの概念を，その具体例として挙げる。

・māyā（幻影）＝ʿeshq（愛）：マーヤーと愛は同時に創造的想像力も覆い隠せる力である。これらの力は宇宙の質料因と作用因と密

第 2 章　比較哲学の必然性と政治的・社会的基盤　　41

接に関係する。ブラフマンもアッラー（ḥaqq：真理）も[8]，宇宙の根本原理として，創造的想像力であり，宇宙の作用因でもある。言い換えれば，マーヤーはブラフマンの創造的想像力であり，愛はハック（アッラー）の創造的想像力である。宇宙はこの二つの力によって創造される。しかし，マーヤーや愛は創造されつつも，ブラフマンやハックの本体は隠されている。したがって，現実世界がマーヤー（幻影）であり，マーヤーや愛は真実の世界を覆い隠しているとされる。マーヤー，愛，そして，仏教で使う阿頼耶識という概念を中心とする形而上学の分析は，井筒の比較哲学の一つの基本であり，それを井筒は「存在一性の体系」という名称で一括する。第Ⅱ部でこの問題を井筒の比較哲学の枠組みで探究する。

・mahā-pralaya（大溶解）＝ qiyāmat（来世）：ヒンドゥー教における「大溶解」とイスラームにおける「来世」は，ダーラーにとって，宇宙の根本原理への帰還を意味する。この見方によって，すべてのものの最後の原因が，その最初の原因の手がかりになる。

・Brahmā, Viṣṇu, Śiva という三神＝ Jibrail (Gabriel), Michael, Isrāfīl という三天使：ヒンドゥー教の神々，つまり，ブラフマー，ヴィシュヌ，シヴァと，イスラームにおける天使たち，つまりガブリエル，ミカエル，イスラーフィールとを対応させる。この状態において，ブラフマー，ヴィシュヌ，シヴァはもはや偶像として認識されるのではなく，神の唯一性の体系，あるいは，存在一性の体系において解釈された天使たちと位相を同じくする。

　ダーラーは『両海の一致』を通じて，両宗教の概念を対応させ比較しつつ，『コーラン』の文章やハディースをも引用する。なぜならば，『コーラン』の「内面的な意味」は『ウパニシャッド』の教義以外のなにものでもないからである。言い換えれば，彼は『コーラン』の言葉の意味を『ウパニシャッド』の言葉の意味で解釈する。われわれはこの種の解釈の頂点を，『ウパニシャッド』のペルシア語翻訳の中に見ること

---

8)　もしいずれの概念をも哲学概念として捉えるならば，両者は「顕現されてないもの」として理解される。

ができるだろう。

『ウパニシャッド』は『コーラン』の内面と注釈であることを，ダーラーは明白に述べている（つまり，『コーラン』は「外面」であり，『ウパニシャッド』は「内面」である）。彼はこのことについて，『ウパニシャッド』のペルシア語訳の序論で「この古い本〔『ウパニシャッド』〕は，確かに天から来た最初の本〔タウヒード（神の唯一性）〕に関する探究の源泉，タウヒードの海である。〔この本は〕『コーラン』と対応するばかりでなく，『コーラン』の「注釈」〔によって現される「内面」〕」である」と述べている（Dārā Shokuh, 1340/1961：5）[9]。

自分の神秘体験によって，『コーラン』と『ウパニシャッド』の「内面的な意味」と概念を理解したダーラーが，『ウパニシャッド』は『コーラン』の「内面」であることを解説し，示すために，次のような『コーラン』第 56 章（来世事章）の 77 節から 80 節を解釈する。当該章句は次のようなものである。

　　77. 本当にこれは，非常に尊いクルアーンである。
　　78.〔それは〕秘蔵の書の中に〔書かれてあり〕
　　79. 清められた人たちのほか，触れることができない。
　　80. 生きとし生けるものの主からの啓示である。

これを，ダーラーは，以下のように解釈している。ウパニシャッドの言葉の最も正確な意味は「隠されたる秘密」である。それゆえに，彼は『ウパニシャッド』をペルシア語へ翻訳する時，「偉大な秘密（Serr-e akbar)」という書名にする。このことから，ダーラーにとって，ウパニシャッドの言葉は「隠されたる秘密」や「偉大な秘密」を意味することが理解できる。『クルアーン』の第 56 章第 78 節で「〔コーランは〕秘蔵の書の中に〔書かれている〕」と表現されているが，ここで言われている「秘蔵の啓典」，「隠された啓典（Kitabi maknūn)」という言葉は，『ウパニシャッド』を指している。この一文は『ウパニシャッド』の意

---

9)　すでにわれわれは「解釈」について少し論じた。ここでも『コーラン』の諸概念を『ウパニシャッド』の概念に解釈される。本書の第Ⅱ部と第Ⅲ部において論じるように解釈は井筒の比較哲学の中心テーマである。

第 2 章　比較哲学の必然性と政治的・社会的基盤　　43

味と概念は『コーラン』の中に隠れて，『コーラン』の「内面」を形成
すると，解釈される[10]。

　ダーラーは『ウパニッシャッド』を，ヒンドゥー社会とイスラーム社
会の共生のためにペルシア語へ翻訳したものの，彼の著作はより普遍的
なものになっていき，一部分ではあるが，西洋哲学にも影響を与えた。
1801 から 1802 年まで，イラン・インド学者，東洋学者であったアンク
ティル＝デュペロン（Anquetil-Duperron；1731-1805）は，ダーラーが
翻訳した『ウパニシャッド』をフランス語とラテン語に翻訳した。ラ
テン語の翻訳はショーペンハウアー（Arthur Schopenhauer；1788-1860）
の手にわたり，彼の哲学に影響を与えた。

　ダーラーの比較方法論は革新的なものであり，また彼の『ウパニ
シャッド』の翻訳はショーペンハウアー哲学に影響を与えたにもかかわ
らず，マッソン＝ウルセルが『比較哲学』における哲学比較年表の中
で，ダーラーの名に言及しないことは驚くべきことである（マッソン＝
ウルセルが，『比較哲学』の序論でも哲学比較年表でも，ビールーニーの名に
言及するにもかかわらず）。実際，マッソン＝ウルセルが描く哲学比較年
表の中では，15 世紀初頭以降のイスラーム世界は不在である。

　ダーラーの比較研究の重要性を，マッソン＝ウルセルの『比較哲学』
から確認することはできないが，ダーラーの企図（基本的にビールーニー
によって始まったもの）と，イスラームとヒンドゥー教の主要な概念の
比較が，井筒の比較哲学と彼の協力者たちの思想の基本になったこと
を，指摘することが可能である。それゆえ，井筒の比較哲学と彼の協力
者たちの代表者であるシャイガンやコルバンらは，自らの比較研究の推
進のために，ビールーニーの時代からダーラーの時代までに書かれた著
作を現代思想の観点から読み直した。例えば，シャイガンはコルバンの
指導の下に『両海の一致』をマッソン＝ウルセルの比較方法論によっ

---

　10)　筆者はここで井筒の翻訳ではなく澤田達一の翻訳を選んだ。なぜならば，澤田の翻
訳はダーラーの目的とペルシア語訳により近い，シーア派の解釈に基づく和訳であるからだ。
井筒の翻訳では当該箇所は次のようになっている。七六〔七七〕これこそはいとも貴きクル
アーン（『コーラン』）。七七〔七八〕守りきびしき（天の）原簿に記されてあるところ（前出
のごとく，地上に下される一切の啓示の原典の神の手元に保存されているのである）。七八
〔七九〕浄められた者しか触れてはならぬもの。七九〔八〇〕万有の主のお告げ文（井筒，
1992，第 7 巻：701 頁）。

て読み直した（この主題は本書にとっても鍵となる重要性をもつ。第Ⅱ部参照）。さらに井筒も例外ではない。彼は次のように述べている。「1984年の早春，ロンドンのイスマイール研究所に招かれ，3か月の講義を頼まれたのであったが，その時，先方の希望した講義題目は，古代インドの哲学思想がどのような形で，そうしてどの程度まで，イスラーム哲学に摂取されたかという問題を，特に『ヨーガ・スートラ』のビールーニーによるアラビア語訳をサンスクリット原典と対比することによって明らかにするということであった」（井筒，1995，第九巻：481頁以下）[11]。

## 第2節　近代における比較哲学

　ここまででわれわれは，次の二点に集中して論じてきた。一つは，二つの文明や複数の文化が互いに遭遇する際に，比較哲学や比較思想という形式での研究の必然性が求められるということである。いま一つは，この必然性から，比較哲学に政治的・社会的な性格，性質が，不可避的に与えられるということである。それゆえ，前近代においても近現代（これから論じるように）においても，比較哲学をその政治的・社会的な基盤と成果を無視して探究することはできない。そのようなことをすれば，その意義をことさらに無視することになるであろう。

　というのも，比較思想には，少なくとも以下の三点が，決定的な契機，あるいは，必須の構成要素として見出されるからである。そして，これら三点は，すべて政治的・社会的な文脈から生じるものであり，逆に言えば，問題の性格上，政治的・社会的文脈へと収斂せざるをえない事柄だからである。

　第一に，比較思想には，複数の思想・哲学の理解・解釈が含まれるが，これらの理解・解釈の行為は，当然ながら，特定の時代的，社会的

---

　11)　井筒のこの研究成果は，論文や著作として出版されていないようである。筆者はこのことについて，友人であるイスマーイール研究所の研究者 Daryoush Mohammad Poor 博士と話したところ，彼は井筒の研究を調べて，次のように語った。「現在まで数名の人が，この主題についてイスマーイール研究所に連絡してきたことがある。しかし，現在，井筒の研究について当研究所で言えることは何もない」。

な制約のもとに営まれる。すなわち，たとえ，解釈行為が時代や地域などの制約を越えた価値を目指しても，それらの制約の下で，なんらかの問題解決を目指して行われざるをえない。この意味で比較思想は，成立の経緯からして，社会的，政治的な認識関心を帯びており，またそのような制約のもとで課題とされた事象との連関性が必ず介在している。

第二に，個々の思想・哲学にある種の無限性（神，理念，イデア等々）が含まれる場合には，複数の思想・哲学を比較しても，細部まで整合化し，共通の座標軸で分析することは，一般に困難である。そのとき，比較される二つのＡ文明とＢ文明が自分自身の価値を特別なものにする（他を他者化する）ことによって，ナショナリズムになることもあれば，共存の道を探ることもある。その場合，比較思想そのものが，同時に，一つの社会的，政治的試みとなる。

第三に，個々の思想・哲学にある種の無限性が含まれており，それらが時代的，社会的制約を帯びているとき，まさに思想・哲学の内容を超歴史性，超地域性を帯びさせることで，比較思想そのものの未完性，未了性を一挙に超え出てしまおうとする試みが出現する。思想・哲学の内容を決定づけている個々の社会的，時代的，政治的制約を超え出てしまうという解釈の試みは，見かけ上の超出である。というのも，この超出という行為自体が解釈行為として，一つの社会的，政治的立場となるのだ。これによって，比較哲学には，裏返された政治性が出現する。

比較の問題や比較哲学が包括する諸対象は，前近代よりも近現代における方が，より複雑である。そもそも前近代と近現代には，二つの基礎的な差異がある。

第一の差異は世界観に関係する。前近代の世界観は「高等宗教」（higher religions）の出現，精神的な運動，神話の存在に基づくものである。この種の世界観では宇宙は二面的に認識され，その一面は聖性（神あるいは神々の領域）に属し，他の面は世俗（人間の領域）に属する。意識，認識，啓示，知識，覚悟は，人間の世界に属し，この世界で生起する。

『コーラン』とそれをめぐる認識と意識は，天からムハンマドに啓示され，彼は神（アッラー）のヴィジョンのために天空に飛翔する。仏陀やマハーヴィーラ（Mahāvīra；B.C.549-B.C.477）やイスラーム神秘主

義たちは，瞑想と修行によって，精神的な世界を発見し，それを経験していた。このような世界観において，もし諸文化や諸宗教の比較の可能性が地上（政治的・社会的・宗教的な原因で）になかったとしても，少なくとも精神的な次元，あるいは諸宗教のシンボルの段階にはあるといえる。それ故に，ある種の精神的な変貌の形で，スフラワルディー哲学においては，ゾロアスター教の天使学とプラトンのイデア論，アッラーとアフラ・マズダーが対称的に比較されている。あるいは，シーア派思想では，ゾロアスター教の12天使がシーア派の12イマームと対称的に比較されている。仏教の場合は，神道の神々と仏教の菩薩，あるいは井筒が解釈するように，真如は大日如来と対称的に比較されている。さらに，すでに挙げたように，ヴィシュヌ神の第10アヴァターラ（化身）はシーア派の第1代イマームと対称的に比較されているのを見ることもできる。

　これに対して，前近代の世界観と異なり，近現代に支配的な世界観においては，神話や宗教のシンボルは，その役割や場所を欠いている。つまり，近代は，近代化・世俗化によって，宗教を一般的な領域（つまり社会的・客観的領域）から私的な領域へと移動させた。それゆえ，少なくとも近代化以降現在まで，新たな儀式や風習が，以前の儀式や風習のような社会的意義を担う集団的行動による規範の再確認のような機能として作り出されることはもはやないと，無神論者は見なしている。他方では，近代の思想と世界観は，前近代の多くの概念を批判的に扱って，否定し，非近代的世界（第三世界）や近代化に向かっている国々に，多くの哲学的・思想的・社会的・政治的な問題をもたらしつつ，結果として地球社会を作り出したと見ることもできる。

　第二の差異は諸文明の機能と範囲に関係する。すでに指摘したように，西洋文明より以前に，いかなる文明も世界を完全に包摂することはできなかった。しかしながら，前近代の文明を形成し，諸文明や諸文化を一つの傘下に収めたのは，宗教であったと指摘することもできよう。例えば仏教は，インド，チベット，中国，日本を仏教文明という領域でまとめることができたし，あるいはキリスト教は，ローマ帝国のすべての領域を包摂することができた。

　とはいえ，今や古典文明における状況とは異なり，近現代西洋文明を

形成する要素は宗教ではなく，民主主義，技術，国際関係，人権などの近代知，近代制度（世俗制度）である。それらの保証は，神話，神の叡智，神秘主義などによってなされるのではなく，社会学，経済学，文化人類学，歴史学などのような近代科学が行う。西洋文明が代表する近代文明が，今や地球上のすべての文明と文化を包摂している。この状況にあっては，ある文明や文化は西洋文明と自らとを対応させないと，世界の様々な動向から必ず排除される。なぜならば，古典的な宗教や文明は，民主主義，技術，国際関係，人権などのような価値観に，何らかの代替の価値観を与えることも，今やできないと考えられているからである。

　ある文明を興した既存の「高等宗教」は，西洋文明の価値観に対して「精神性」という要素を提案するが，この要素が政治的・社会的な領域に入り込まないかぎりで，「高等宗教」は自らの能力と機能を保存することができるのが現状である。但し，もし「精神性」が政治的・社会的な領域に入れば——第Ⅲ部で論じるように——宗教的な概念が容易にイデオロギーの概念へと還元されてしまう。前近代の世界では，宗教はある種の精神的な変貌の下に，神や神々をめぐる神話の世界において，ある宗教的な概念を A 宗教から B 宗教に移動させることができた。しかし近現代の世界では，宇宙が脱神話化（脱宗教化，世俗化）され，宗教はそれに対して代替すべき価値観を提示できていない。それゆえ，近代知や近代制度においては，宗教的概念がイデオロギー概念に還元されやすくなった。

　西洋文明と非西洋文明の遭遇から得られた上記の二つの差異は，われわれを次の基本的な問いに直面させる。① 西洋文明と非西洋文明の間に共生と対話の可能性はどの程度あるのか。② もし共生と対話の可能性があるなら，その可能性はいかにして，いかなる水準において得られるのか。

　この二つの問いに対しては，20 世紀の比較哲学は，基本的にこのような問いに応答するために生じたと，答えることが可能である。なぜならば，本来的に，もしくは本質的に，比較哲学は政治的な危機意識に根付いた哲学であり，その責任と義務は，二つの文明や諸文化の遭遇から生じる危機の「理解」と「表現」およびその解決方法の発見以外のなに

ものでもないからである。二つの問いに答えることと，20世紀における比較哲学の誕生の必然性を，近現代世界の構造とそれに対する文明の在り方から検討するという二つの課題は不可分である。したがって，このことを念頭に置きながら，20世紀における比較哲学について簡単に論じよう。

　今道友信（1922-2012）は，井筒俊彦との対談（「東西の哲学」）で，20世紀における比較哲学の誕生に関して，その原因を以下の三つの問題系に大別する。

〔1〕　あらゆる意味における思想の相対主義というのが特に戦後盛んになっていることでしょう。というのは，いろいろな宗教，イスラームとかユダヤ教とか仏教などの位置は，これまでキリスト教が絶対のように考えられていたヨーロッパやアメリカでも，社会的に認められるようになったという意味での相対主義ですね，いろいろな宗教や思想に独自の価値があるはずだという見方です。これはまた同時に，会話を拒絶するような絶対主義が戦争の悲劇を生んでいたので，それを避けようとする心がまえと関係しているじゃないかと思います。

〔2〕　そういうふうにしてよその国の文化，宗教，哲学などに目が開けますと，いままで以上によその文化圏の古典に注目するようになりますね。ですから，従来歴史研究と言えばわりに局地的な研究ばかりでしたが，人類の思想の歴史を考えなければならないというようになってきた。これも最初，私は宗教のほうから始まったように思いますけれども，文学，哲学，思想一般にそうなってきていると思います。ですから自己の文化圏の古典に関心を持つと同時に，他の文化圏の古典に関心を持とう。

〔3〕　異なった文化間で情報の交換が便利になったことです。現実に国際会議なんかも昔に較べれば，実に簡単にできるようになって，これは非常に周辺的なことですけども，比較研究にずいぶん大きな影響を与えているのじゃないかと思います。（井筒，1993，別巻：59頁以下。番号は筆者による）

第2章　比較哲学の必然性と政治的・社会的基盤　　49

　今道から引用した上記の三つの問題を注意深く考察すれば，それらを
取り上げる理由には，政治的・社会的・歴史的な次元と方向があること
が理解されよう。しかし，それらの理由のうちで一番目の理由が，20
世紀における比較哲学の最も中心的なものであろう。比較哲学の出現の
原因と本質に関する著作においては，絶対主義の批判と西洋文明の相
対化が，比較哲学の出現の理由と本質として認められている。例えば，
マッソン＝ウルセルの『比較哲学』の日本人の翻訳者たちは，次のよ
うに言う。

　　　現代流行の比較哲学または比較思想は，従来の欧米文化一辺倒に対
　　する反省から起きたものであるが，それはかつて絶対の真理が信じ
　　られていた近代西欧の思想・文化がつぎつぎに破綻を示し，その強
　　固な信念が動揺しはじめたからである。西欧ないし欧米の思想・文
　　化が絶対的なものでないとするならば，今まで蔑視されてきた非西
　　洋的な諸々の思想・文化も発言権を持っているはずだという想念が
　　生ずるのは自然の勢いであり，ここに比較哲学・比較思想の試み
　　が不可避的に発生するわけである（マッソン＝ウルセル，1997：201
　　頁）。

　上述した三つの問題それぞれの理由と定義は，比較哲学や比較思想の
政治的・社会的な本質を明らかにすることに加え，比較哲学・比較思想
の両面的な機能をも表わしている。すなわち比較哲学の目的は，西洋と
非西洋の間を平等化することだが，西洋における比較哲学の働きは，非
西洋文明における比較哲学の働きとは全く異なっている。次にこのこと
について論じよう。

## (1)　西洋文明に対する非西洋文明

　啓蒙時代以降，西洋の文明と文化は，全地球を段階的に様々な水準で
支配下におさめていった。思想や，文化，経済，技術，産業の観点から
も，そして最終的には軍事的にも，すべて西洋に主導権を握られ，非西
洋の世界は，風に草木が靡くように，西洋の圧倒的な影響下に置かれ
た。例えばヘーゲルは『歴史哲学』において，非西洋文明に対する西洋

文明の優位について述べており，西洋の白人文化だけが世界史の目的を実現する特権を持つのであり，アフリカやアジアの諸文化はそのための準備をするだけの役割しか担えないのだ，と主張している[12]。しかし19世紀末頃から，西洋優越観に対する反省が始まった。これらの反省は，直接的反省と間接的反省に分けられると考えられる。

　直接的反省とは，ニーチェ（Friedrich Wilhelm Nietzsche：1844-1900）や，マルクス（Karl Marx：1818-83），シュペングラー（Oswald Spengler：1880-1936），ユンガー（Ernst Jünger：1895-1998）などのような西洋の哲学者や思想家が，西洋文明あるいは近現代を内側から批判ないし否定したものである。この種の反省においては，西洋文明と近現代の本質が中心問題であり，それに対する批判や否定も西洋的なものである。言い換えれば，この種の反省においては，西洋文明や近現代の批判や否定にとって，非西洋文明の歴史，文化，経験などが重要な位置を占めることはない。他方，こうした反省に対して，間接的反省がある。

　間接的反省とは，マッソン＝ウルセル，ヨアヒム・ワッハ（Joachim Wach：1898-1955），本書のテーマと関わるコルバン，クリスチャン・ジャムベ（Christian Jambet：1949-），ジルベール・デュラン（Gilbert Durand：1921-2012）などのような西洋の哲学者や思想家が，非西洋文明の「理解」と「表現」によって，西洋文明を批判し，または否定するものである。この間接的反省は，まさに比較哲学の西洋的な機能である。

## （2）　マッソン＝ウルセルの比較哲学

　比較哲学における西洋的な主要な関心は，近代的西洋文化への自信の喪失を省察して，西洋ならびに非西洋の，したがって人類全体の諸々の文化について正確で公正な見解を得ることにある。そしてそのためには，自己の属する西洋の文化を非西洋の文化と比較対比して，両者の異同・長所と短所を識別することが必要である（マッソン＝ウルセル，

---

　12）　例えばヘーゲルはインド文明について次のことを言う。「イギリス人が，というより，東インド会社が，この国〔＝インド〕の主人です。ヨーロッパ人に服従するというのがアジア諸国ののがれられぬ運命であり，中国もいずれはそうした運命にしたがうことになるはず」である。（ヘーゲル，1994，下：234-235）

第 2 章　比較哲学の必然性と政治的・社会的基盤　　51

1997：203 頁参照）。したがって，マッソン＝ウルセルは『比較哲学』の
「はじめに」で，比較哲学の目的を次のように定義する。

　　自分が帰属している文化圏の思想とは異なる思想についての情報に
　　よって自分の知識を正確にしようとする欲求が，異なる諸地域で見
　　られるようになってきている。自分が帰属している文化圏では充分
　　に展開させることのできなかった思索の諸傾向を補うものを，異な
　　る文化圏の諸々の学説のうちに求めるようになったのである（マッ
　　ソン＝ウルセル，同上：3 頁）。

　マッソン＝ウルセルが述べるように，この要請を満たすことが比較
哲学の根本的な目的である。しかしなぜ，マッソン＝ウルセルなどの
西洋の哲学者や思想家は，自己の属する文化を反省するために，異文化
との比較が必要なのか。自己の文明や文化への直接的な自己反省を行う
だけで十分ではないのか。マッソン＝ウルセルの答えは次のようなも
のである。「精神とはそれ自身で把握できるものではなく，その現れの
諸状態によって把握する場合にだけ客観的に知りうるものである」（マッ
ソン＝ウルセル，同上：12 頁）。
　マッソン＝ウルセルの比較哲学の基礎は主にオーギュスト・コント
（Auguste Comte；1798-1857）の「実証的態度」（l' attitude positive），
または「実証的精神」（l' esprit positif）によって構築されている。コン
トによれば，人間の精神は，神学（想像的）と，形而上学あるいは哲学
（理性的・論理的）という段階を超えて，科学（観察，実証的）の段階へ
と展開する。この科学の段階に至って，実証哲学において必然かつ重
要であるのが，客観的な現象の理解と表現である。マッソン＝ウルセ
ルはコントの実証哲学に従って，「文化を創造する人間精神（または生）
は自己反省によって直観的に認識されるものではなく，その創造作用の
成果たる文化諸現象によって認識されるものである。したがって当時流
行した「内観」（l'introspection）のごとき方法は主観的な恣意に陥るも
のであって，精神の（または生の）認識には何の役にも立たない」と主
張される（マッソン＝ウルセル，1997：204 頁）。それゆえに，マッソン＝
ウルセルは内観という方法を厳しく批判して否定し，内観の主張者たち

は政治的・社会的・歴史的な問題を見るものの，客観的な現象に対して解決を与えることができないと主張する。さらに，客観的な現象に対して解決を与えるのは実証哲学である，とも述べる。マッソン＝ウルセルはこのことについて次のように述べている。

　　内観という営みは，ただ問題だけを見る方法なのであって，解決を与えるものではないのである。自然についての諸科学の間に実り豊かな類比関係を見るならば，客観的な資料を扱うことによってはじめて問題とその解決とを見出すことができるので，そのようにすれば，不当に作られた問題に出遇うこともほとんどなく，またかかる設問に関して臆測するための虚妄の解答に出遇うことも稀になると期待してよいのである。その上，その客観的な資料を現状とは別のものに変える権限は誰にもないのであるから，研究者の役割は，創作したり変形したりすることではなくて，〔客観的資料を〕認識することにあると期待してよいであろう。（マッソン＝ウルセル，同上：12頁）

　マッソン＝ウルセルが解説するように，「内観という営み」，あるいは内観のごとき方法は，比較哲学の領域において二つの基本的な問題と直面する。つまり内観という方法では，① 個人の恣意に陥って厳密公正な認識に達しえないのであり，また，② 客観的な現象に対して解決を与えることができないのだ。したがって，マッソン＝ウルセルは，比較哲学は基本的に地理的・歴史的な状況と密接に関係するにもかかわらず，「内観という営み」，あるいは内観のごとき方法は，空間的・時間的特殊性（客観的な現象）を無視し，あるいは否定するので，それは比較哲学の真正な方法にはなりえないと考えている。彼はこのことについて次のように述べている。

　　精神的秩序的に属する諸事実は，他のすべての事件に劣らず，同時に地理的，歴史的な状況と関わりあっている。〔したがって実証的な哲学は人類の精神または思考活動を特定の地域における特定の歴史的伝統の文化現象として扱うのであって，この空間的・時間的特

殊性を無視した抽象的普遍的主張は〕抽象的な論議のうちに浮遊させてしまう危険を冒す主観的な恣意であって，真正の〔比較〕哲学とは言えないのである。（マッソン＝ウルセル，1997：355頁，〔 〕は訳者の挿入）

マッソン＝ウルセルにとって，比較哲学は，地域的・歴史的な客観性と与件に基づくものであることが，この一文によって明確に主張されている。したがって，彼は比較哲学に至るために二つの基本的態度が必要であると主張する。第一は，「歴史のなかに，歴史的資料を介して，哲学的認識を行うことである」。すなわち，「真に実証的な哲学の基本原理は，歴史のなかに，それもただ歴史のなかにのみ，哲学的な事実を捉えようという確固とした決意でなければならない」（マッソン＝ウルセル，同上：11頁）。つまり，哲学とは哲学史であるという態度である。第二には，「実証哲学は諸地域のそれぞれ特殊な文化の内に発生した思想を扱うのであるから，それらを並置して眺観する必要がある。この並置して眺観するのが『比較（la comparison）』である。したがって実証哲学は『比較哲学』とならねばならない」（前掲書：206頁）。彼が「実証哲学は比較哲学である」（前掲書：17頁）とも述べているのは，このような実証研究，歴史学的実証主義が念頭にあるからである。しかし，史料を実証的に研究することが，思想や思考と言われる運動を「理解」することになるのであろうか。

### （3）　井筒の比較哲学

井筒の比較哲学と彼の協力者の方法論は，直観と「歴史を超える対話」に基づくものである。井筒の比較哲学と彼の協力者の方法論が，マッソン＝ウルセルの比較哲学の基礎と基本的な差異があることは明らかである。第Ⅱ部で論じるように，井筒の比較哲学は，1977年以降にマッソン＝ウルセルの比較哲学から完全に離れ，彼の比較哲学を厳しく批判して否定する立場を提唱することになる。

本節で論じてきたように，20世紀における比較哲学の誕生は，啓蒙時代からはじまり，19世紀末から徐々に相対化されてきた西洋文明一辺倒に対する政治的・社会的な反省に由来した。とはいえ，比較哲学は

西洋で生まれたとは言え，同時にそれは近現代に対する応答でもあったので，非西洋文明圏の思想家は比較哲学をその最初期から注目し用いていた。彼らは比較哲学や比較思想によって，最初に西洋文明に対して自らのアイデンティティーと伝統を復興しようとし，最終的には西洋文明の批判を行った。したがって，比較哲学や比較思想は，非西洋文明（主に東洋の諸文明）において，早くから哲学的な新しい潮流になってきたのである。例えば，井筒は今道友信との対談の中で，日本で流布した比較哲学について次のように述べている。

> 比較哲学というのが，いま非常に盛んになって，一種の流行現象みたいになってきている。ぼくは 1962 年以来，外国にずっと生活していまして夏休みだけ帰ってくるんですが，いつも帰ってくると日本の思想界というか，哲学界の動向が著しい変化をしていることが多いんですね。それで数年前に気づいたことは，急に道元に対する関心が非常に高くなっていたということ。これには驚いちゃったんですよ。〔中略〕それから特にこの 2，3 年，帰ってくるといつも目につくことは，タントラとか密教に対する関心が非常に高まっている。（井筒，1993，別巻：58 頁以下）

　1974 年には，中村元（1912-99）によって日本比較思想学会が設立された。日本に加え，インドでも，ラーダークリシュナン（Sarvepalli Radhakrishnan；1888-1975）などのインド哲学者が，比較を用いた方法論によって，西洋文明の支配に対してインドの哲学と伝統を復興し，それらを西洋文化に対するオルタナティヴとして使用することを試み始めた。現代イランにおいても，本書の主題である井筒の比較哲学と彼の協力者は，比較を用いた方法論によってイスラーム・シーア派の伝統を復興し，西洋文明の本質を批判的に超克することを試みた。
　以上のように比較哲学は，基礎的にも，機能的にも，そして目的の観点からも，形而上学のような純粋な哲学とは確かに言えない。つまり比較哲学・比較思想は，歴史学，社会学，政治学，言語学，宗教学などの諸科学をも含み比較哲学は，結果として，政治的・社会的な貢献を果たすことも明らかである。

次章では，比較哲学の成果や問題点の一部を指摘する。マッソン＝ウルセルが「比較哲学」という用語を使って以来，比較哲学・比較思想の領域で様々な方法論が生まれるとともに，それぞれ特徴や特質をもっている。しかし，そのすべての方法論による成果を示すことはできない。次章では具体例として，井筒や彼に関わる幾人かの思想家に対する批判を指摘することにする。

# 第 3 章

## 比較哲学に対する批判
──比較哲学のもたらす結果──

───────

　われわれは本章において比較哲学・比較思想に対する批判を，二つに
分ける。第一は学問的な批判であり，第 1 節がこれにあてられる。第
二は政治的・社会的な批判であり，第 2 節がこれにあてられる。ここ
で政治的・社会的な批判と言うのは，比較哲学の政治的・社会的な実質
的な側面を指している。

## 第 1 節　学問的な批判

　ここで学問的な批判と呼ぶのは，おもに，アカデミズムにおける方法
論的な批判であり，比較哲学・比較思想が対象となる。以下，それらの
うち本書全体に関わる二つの重要な点について論じる。

### （1）　研究者の問題

　まずは比較哲学・思想に関わる研究者の問題である。それは，比較哲
学を越えた一般的な批判形式をとり，比較哲学を使う研究者すべての方
法論を対象にする。比較哲学の研究者に対しては二種類の批判がある。
　第一は，比較哲学の対象に関係する。比較哲学は純粋な哲学ではな
く，様々な科学と密接に関係している。比較哲学の研究結果は，他の学
問領域から批判される可能性がある。本章第 2 節で論じるように，比
較哲学の研究結果は，社会学や政治学の観点からは良い結果と見なされ
ない可能性がある。あるいは，研究者自身の研究において政治的・社会

的側面に関心を持たない場合もある。

第二の批判は，研究者の能力に関わる。研究者は複数の対象を比較する時，それらの対象に関わる卓越した言語能力と知識，あるいは深い認識論的理解を持たなければならない。例えば，イスラームと仏教の概念を比較する人は，イスラームの場合は，アラビア語やペルシア語，トルコ語などの諸言語を習得する必要があり，仏教の場合はサンスクリットやパーリ語，チベット語や中国語，日本語などの諸言語に知悉しているべきである。研究者が原語の代わりに翻訳を使用する場合，テクスト解釈によっては誤読の可能性は多くなる[1]。さらに，比較哲学の方法論は，諸々の専門家によって常に批判にさらされる。なぜならば，専門家にとって比較哲学研究は，恣意的に抽出された類似性の比較に過ぎないからである。したがって各分野の専門家は，比較哲学の方法論を一つの学問的な方法論とは認めず，その研究実績も否定してしまうからである。

### (2) 本質主義

次に，比較哲学・思想に対する主要な批判として，本質主義の傾向があげられる。比較哲学における本質主義は，「永遠の哲学」への傾向とも言える。その本質主義は基本的には二つの形で定義できる。

第一に，本質主義には，歴史や社会的・地域的差異と事実の背後に，永遠で絶対不変の諸概念が存在するという主張がみられる。これらの諸概念は，歴史的な断絶と社会的・地域的な差異を超え，人間の普遍な概念を形成すると考えられている。正義や権利のような概念は，通常，普遍的概念として理解されるものである。

第二は，第一の本質主義の考えを受け入れるが，ここでの本質主義は，宗教や形而上学の体系と密接に関係する。すべての宗教や形而上学の体系は，歴史的・社会的な概念や事実を，不変の本体や絶対的な本体に還元するということである。第Ⅱ部で論じるように，井筒や彼の協力者たちの比較哲学は，すべての現象を一つの絶対者に還元する。それゆえ本質主義がもたらすものは，歴史の実態の否定であり，その結果は，社会的・政治的事実を分析しないことになる。

---

1) 確かに言語の問題は，井筒への正しい批判にはならない。言語の問題は比較哲学の一般的な問題なので，ここではそれを指摘するに留める。

## 第2節　政治的・社会的な批判

　われわれがここで政治的・社会的な批判と言うのは，比較哲学・思想の実践に基づいた結果である。以下にそれらの三つの主要な点を指摘する。

### （1）　ナショナリズムの波及

　第Ⅰ部第1章でわれわれは，比較哲学の四つの目的を定義した。そこでは第四の目的として，哲学者自らの哲学を構築するための手がかりを得ること，と述べられていた。だが，政治的・社会的な定義のもとで，第四の目的を他の形でも提示できよう。すなわち，比較哲学・思想は，民族のアイデンティティーや宗教や宗派のアイデンティティーを構築する手がかりを与えるというものである。この手がかりは，強調されて，早い段階である種のナショナリズムの出現に手を貸しうる。われわれは第Ⅲ部で，いかにして井筒や彼の協力者たちの比較哲学が，現代イランである種のナショナリズムをイスラーム哲学として波及させたかを示そうと思う。

### （2）　他者化

　前章冒頭で論じたように，A文明がB文明の「中心」に入り込む時，比較哲学・思想が必然的に誕生する。というのも，両文明間で生じた問題を「理解」して「表現」することを試みるからである。それらの問題の解決方法がいかにして獲得されるのかについて議論したい。

　比較哲学・思想が提示する解決方法は，必ずしも良好な結果をもたらさないことに注意せねばならない。なぜならば，比較哲学・思想は自らの目的とは反対の結果になることもありうるからである。そうした結果の一つが，「他者化」である。第Ⅱ部と第Ⅲ部で，井筒や協力者の比較方法論が西洋文明に対して解決方法を与えるものの，また同時にそれとは逆の言説（「反対のオリエンタリズム」という言説。これは，のちに詳しく論じる。「反対」は「裏返し」「逆向き」と捉えても良い）によって，「非

精神的西洋」を「精神的東洋」に対して他者として対立させてしまうことを示す。

### （3）　社会的・政治的な事実の分析における無能力

すでに述べたように，井筒や協力者の比較方法論は，歴史的実態や現象を否定し不変的・絶対的なものとして解釈し還元する。そのため，政治的・社会的な諸概念と事実が，相対的なものにされる。すなわち，相対的なものが歴史の領域であり，絶対的なものが超歴史（メタヒストリー）の領域とされる。

井筒や協力者の比較方法論は，すべての現象を絶対と超歴史の事柄に還元して解釈するので，歴史的に生起する社会的・政治的な事実を分析できない。第Ⅲ部では，井筒や協力者の比較方法論が，彼ら自身の哲学のゆえに，イラン革命以降の出来事や，イスマーイール派[2]が建国したファーティマ朝の出現などを分析することができないことを示したい。

---

　2）　別名7イマーム派は8世紀に起こったイスラーム・シーア派の一派である。第Ⅱ部で論じるように，グノーシス的な神秘主義的教説を特徴とする。

## 第Ⅰ部の結び

　第Ⅰ部の冒頭でアンリ・コルバンの『イラン哲学と比較哲学
(*Philosophie Iranienne et Philosophie Comparée*)』から一つの文章を引
用した。その文章は比較哲学・比較思想の実在的な本質を表現する一方
で，井筒や彼の協力者たちの比較哲学の根幹が政治的・社会的な諸問題
と諸状態と完全に結びつくことを示すものでもあった。コルバンはその
文章の中で，比較哲学・比較思想の二つの基本的な責任と義務——つま
り諸問題の「理解」とそれらの問題に対する解決方法——を明確に表現
し，それらの問題を超克する道を探求する。

　井筒や協力者にとっては，西洋文明と非西洋文明の遭遇によって世界
の社会的状況は大きな危機に直面することになる。その危機とは，世界
の世俗化と精神的な基盤の否定である。したがって彼らにとって，比較
哲学・思想の責任と義務は，喪失された精神性を復興し，世俗主義を超
える道を発見することである。比較哲学・思想は，歴史の中にある多く
の精神的潮流に見られる概念の比較と読み直しをすることによって，世
俗主義という危機を克服できると考えていたのだ。

　このような意味で，超歴史における超越性が理解されねばならない。
また，この超越性が聖性とも言いうる。後述するように，聖性は，前近
代に見られる宗教を単に意味するものではない。問題は，この聖性が，
世俗主義を克服するために，再制度化という意味での再宗教化を必然と
していることである。これが，コルバンや，井筒や協力者が，避けよう
とした実体化に他ならないのである。

# 第 II 部

## 井筒比較哲学の意義
——神的なものをめぐって——

この責任は，どんな人間が引き受けるのだろうか？　この国
〔イラン〕には伝統文化の精華であった人間の類型がある。
それは「オラファ」（orafā）とされる神秘主義的神智学者で
あり，彼らの中で高度な知は高度な精神性と高度な道徳性と
切り離すことができない。〔中略〕ただこうした者たち〔オ
ラファ〕のみが，世俗世界の脱聖性化〔宗教とは無関係の世
界が神聖さを失うこと〕の結果に立ち向かうことができるの
だろう。　──アンリ・コルバン『イラン哲学と比較哲学』47 頁

64 第Ⅱ部 井筒比較哲学の意義

　本部は，複雑な主題と取り組まねばならない。そこで，ここでの問題を，大きく二つに分けて示しておきたい。

## (1)　言葉と述語

　第一の問題は言葉と述語という問題である。井筒の比較哲学は，その大部分がイスラーム神秘主義から影響を受けており，さらにそれに対するアンリ・コルバンの独自な解釈にも影響されている。それゆえに，井筒の比較哲学の意義を分析し，その基礎と結果を提示するためには，自ずとイスラーム神秘主義とそれについてのコルバンの解釈を論じなければならない。そのためにはイスラーム哲学とイスラーム神秘主義における様々な術語，すなわちアラビア語とペルシア語の術語の解釈に取り組む必要がある。

　さらに，もう一つの大きな問題がある。井筒もコルバンも，自らの比較哲学を構築するために，イスラーム哲学やイスラーム神秘主義に関わる術語と概念をその主要な文脈を軽視して，他の学派や宗教の術語や概念と比較していることである。井筒の比較哲学（東洋哲学）の中心主題であり，また，本書の中心主題でもある〈東洋〉という術語とその派生語は，イスラーム哲学やイスラーム神秘主義の中心的な術語である。〈東洋〉（sharq）という術語はスフラワルディーの黎明の叡智の中心概念であり，第Ⅲ部で扱うオリエンタリズムと反オリエンタリズムのテーゼに密接に関係する。そこでまず，アラビア語とペルシア語における「東洋」とその派生語の文字通りの意味，および井筒とコルバンの比較哲学における特殊な意味を簡単に説明しておく。

　アラビア語とペルシア語に「イスティシュラーク」（istishrāq）という単語がある。現代アラビア語では西洋の東洋学のこと，あるいは，オリエンタリズムを意味する。この単語から「ムスタシュリク」（mustashriq）という単語が派生し，東洋学者やオリエンタリストを意味する。いずれの単語とも語根（三つの子音）は，SH/R/Q（sharq）「シャルク」であり，この語根は，「東方」，「東洋」，「東」をその意味の中核とする広汎な語彙群を形成する。すなわち，SH/R/Q（sharq）「シャルク」の派生語として，同一語根から，例えば，イスティシュラーク，ムスタシュリク，イシュラーク（ishrāq：黎明，照明，東洋に至ること，悟ること），マシュ

リック（mashriq：黎明の光の場所，東方）のような関連語群が派生する。シャルクの派生語が指示するすべての意味が本部と第Ⅲ部の中心的テーマをなす。

　しかし，「イスティシュラーク」と「ムスタシュリク」という単語の意味を古典アラビア語の文脈（特にイスラーム神秘主義のテクスト）で詳細に検討するならば，現代アラビア語とは異なる意味が見出される。古典アラビア語で「イスティシュラーク」は「〈東洋〉の探求」を，「ムスタシュリク」は「〈東洋〉を探求する人」を意味する。もちろん，現代アラビア語でもイスティシュラークとムスタシュリクは，「東洋の探求」と「東洋を探求する人」を意味することも可能だが，現代アラビア語での東洋の概念は，イスラーム神秘主義で用いられる古典アラビア語での〈東洋〉の概念とは異なる。

　現代アラビア語で「ムスタシュリク」は，西洋にとっての「他者」としての東洋（地理の東の方にある国々で，ヨーロッパやアメリカの領域にない国々）に関して探求（イスティシュラーク）する人を意味する。このシャルク（東洋）は，現代トルコと現代ギリシアの間の想像上の線によって西洋から区別される地理的な領域を示す。しかし，いわゆるイスラーム神秘主義における古典アラビア語で〈東洋〉は地理的な領域ではなく，形而上学的な空間と根拠を示す。ムスタシュリクはこの形而上学的な根拠を探求（イスティシュラーク）し，さらに精神的東洋を体験する人である。すなわち，ムスタシュリクとはある種の神秘主義者である。だからこそ，古典アラビア語での〈東洋〉は，西洋の「他者」ではなく，神秘主義者が自分の精神的体験によって精神的東洋に至る形而上学的・超越的な立場を意味している。すなわち〈東洋〉は，すべての概念がそこにおいて解釈（ta'wīl）されているまさに非質料的存在次元である。しかしそれにもかかわらず，第Ⅰ部で論じたように，〈東洋〉の形而上学的な意味は，イラン革命として具体化された出来事と緊密に結び付けられているように，政治的・社会的な位相と不可分なのである。

　そこで，第6章では以下のことが詳論される。井筒とコルバンの比較哲学の枠組みにおいて，〈東洋〉という術語の意味が内包するものは，イスラームの領域を超えている。井筒もコルバンも，イスラーム哲学やイスラーム神秘主義を，一方では，ハイデガー（Martin Heidegger；

1889-1976）の存在論（第Ⅲ部で論じるように，この主題は政治的・社会的な意味も有する）と，他方では仏教，ヒンドゥー教，道教，ユダヤ教，キリスト教，新プラトン主義などの形而上学的な構造と対応させ，比較する。

　これらの諸伝統・諸領域へと展開されて概念が拡大されることによって，われわれは様々な認識論的問題と直面せざるをえない。筆者は認識論的な問題を超克するために，まず井筒とコルバンの比較哲学を方向づける主要な概念と術語を，それらが本来の文脈——つまりイスラーム哲学とイスラーム神秘主義の文脈——において有していた意味へ立ち戻り，そこから説き起こすことを試みる。それに続いて，井筒とコルバンの比較哲学そのものの意義を分析しつつ，彼らの比較哲学における。イスラーム哲学とイスラーム神秘主義の諸概念と諸術語と，ハイデガーの存在論と諸宗教の形而上学の構造，これら両者の論理的関係を示したい。

### （2）　比較哲学の新しい定義

　第二の問題として取り上げたいのは，井筒とコルバンの比較哲学が提示する新しい定義と「理解」についてである。事実，彼らの比較哲学は——その本質とアプローチが超歴史（meta-history）であるために——人文科学では一般的なアプローチや哲学的な解釈に，必ずしも従わない。ここで人文科学の一般的なアプローチとは，歴史学や社会学などに基づく研究である。しかし，彼らの比較哲学は人文科学のアプローチとは異なる。彼らは自らの比較哲学を神的な叡智，神秘主義，神秘体験，神話学，詩，道徳性などのような規範的な分野で構築する。コルバンは井筒よりも，さらに，一般的な解釈や定義から離れていく。彼は歴史学や社会学などのような人文科学の誕生は，世俗主義やニヒリズムが支配的となったことが主要な原因であると主張する。例えば，彼は「ニヒリズムに対する解毒剤としての否定神学（De la theologie apophatique comme antidote du nihilism）」という論文の中で，われわれの時代に，社会学と社会的なもの（social）は神学と神的なもの（théos）の代わりとなり，その結果は世俗主義とニヒリズムそのものになったとはっきり述べている（Corbin, 1979：36-37, 参照）。言い換えれば，歴史学，社会学

などのような人文科学は，強力な好敵手である神学（神について論じる学問）を否定し，それによって人間は自らの神的な方向（〈東洋〉の方向）を喪失して，世俗主義とニヒリズムの陥穽に落ちていったとコルバンは主張する（Corbin, 1971：14, 参照）。

　井筒とコルバンは，人文科学的アプローチを避けるため，自ずとして，彼らの比較哲学は独自の哲学になった。例えば，現象学に関するコルバンの見解は，一般的な見解からは大きくかけ離れている。その原因は，コルバンが現象学の理念をシーア派思想のそれと関連づけていることにある。その結果，彼は現象学の理念に関して，シーア派的な解釈を提示するのである。このように，井筒とコルバンの比較哲学は独自の思惟を示すので，その独自性を理解するために，批判的なアプローチをとる必要がある。そのために彼らの比較哲学の独自性の基礎を検討することから着手する。彼らの比較哲学の基礎を明確にすることで，そこにある矛盾とその結果がはじめて示されうるであろう。

# 第 4 章

# 「歴史を超える対話」への根拠

　先に明らかにしたように二つの基本的な問題を指摘し，その問題を超克するために，一つの解決方法を示した。しかし，この方法は単にそれらの問題を解決するためのものであり，第Ⅱ部のすべての問題を解決するものではない。

　そこで，この二つの問題とさらなる問題を解決するとともに，井筒の比較哲学の意義を明らかにするために，一つの普遍的な枠組みを設定する。それは，井筒の比較哲学を全面的に分析しうるものであるべきだ。筆者はこの普遍的な枠組みを，以下の三つの根拠から，「歴史を超える対話」と名付けることにする。

## 第 1 節　第一の根拠

　「歴史を超える対話」とは井筒とコルバンの比較哲学において，神秘主義あるいはグノーシスの思惟と同じ意味がある。彼らにとって，神秘主義あるいはグノーシスは，ある種の普遍性を持つ「世界宗教」（Weltreligion）である（Corbin, 2010：193）。ここでコルバンが「世界宗教」と呼ぶものは，歴史的な意味での一宗教ではなく，文字通り普遍宗教そのものと考えられる。このような歴史的文脈を超える普遍性を彼らは神秘主義やグノーシスに見出して，それを前提にする。すなわち，彼らにとって神秘主義は，準備された大きな枠組みであり，それによって，すべての宗教を読み直し比較することができるものなのである。

第Ⅱ部　井筒比較哲学の意義

　さらに，井筒とコルバンは，比較哲学の超歴史性に基づく解釈がもたらす神秘主義および諸宗教と様々な神秘的な学派の間に目に見えないネットワークを作り出していることを提示する。すなわち，歴史学と歴史的な研究は史料と研究方法の面で様々な制限を受けているので，諸宗教と神秘的な学派の関係について十分な歴史的考察をすることができない。しかし，歴史的な研究に対して，「神秘的解釈」は歴史的な制限を超え，目に見えないネットワークで——つまり，超歴史の領域で——すべての宗教や様々な学派の間をつなげることができるとする。もちろん，この架橋操作による成果は，すべての宗教間の対話，あるいは比較哲学の出現を意味する。井筒は「普遍的宗教」としてのグノーシスに関して，また，目に見えないネットワークとしての神秘主義やスフラワルディーの黎明の叡智の影響について，さらに〈東洋〉の意味について，今道友信との対談で次のように述べている。

　　現に西洋哲学史ということはすぐ考えられる。だけど東洋哲学史ということはちょっと考えられないんですね，非常にバラバラでね，統一がないんです。それじゃ，東洋比較哲学をやると称しながら，東洋をいったいどう考えているのかということは当然，問題になって，質問されるんですがね，ロクな答えはできないんです。なぜできないかというと，ぼくの考えている東洋というがいまでは地理的な東洋じゃなくなってきているんです。根源的に精神的といいますか，形而上的といいますか，ともかくそういう東洋なんです。それはやっぱりぼくがペルシア思想なんかやった影響じゃないかとおもいますが，つまりスフラワルディー的考え方なんです。十二世紀ペルシアの哲学者スフラワルディーが「東洋哲学」ということを考えていた。東洋哲学，その「東洋」ということはアラビア語で「マシュリック」Mashriq というんですが，「マ」とは「場所」ということで，「シュリック」というのは「黎明の光」という，暁の光がさしそめるその場所ですね。結局，スフラワルディーは自分の哲学そのものの根源的あり方を「東洋」の探究という形で構想しているんです。つまり，哲学とはイシュティシュラーク Ishtishrāq〔原

第 4 章　「歴史を超える対話」への根拠　　　71

文ママ〕ということ[1]。イシュティシュラーク〔原文ママ〕は，おか
しなことに，いまのアラビア語では西洋の東洋学のことを意味する
ようになってしまった。スフラワルディー的にいえば，これは非常
に堕落した考え方ということになるでしょうね。本当は，哲学とは
精神の「東洋」を探求することでなければならない。いったいどう
いうことかというと，結局は，スフラワルディーに密着していえ
ば，ヘルメス的な，グノーシス的な「光」の探究とそれに基づいた
理性的思惟なんですね。そういう「光」に照らし出された文化とい
いますか，思想伝統といいますか，とにかくそういう「光」の中で
哲学する，思考が行われる，そんな哲学伝統というものを「東洋」
の探究と考えるわけなんです。ヘルメス的な，グノーシス的な歴史
的伝統を離れて，それをもっと類型化して考えますと，スフラワル
ディーが探究したような「東洋」，精神の黎明の場所，というのは
結局は意識を鍛錬して，常識的な，日常的な，経験的な，生まれた
ままの状態においておかないで，徹底的に訓練して，それで意識の
深層を開いて，そういう開かれた深い意識の層の鏡に映ってくるよ
うな実在の状態，そのあり方を探求していく。意識の深層の解明と
いいますか，開示といいますか，そういう意識に開かれてくる実在
の構造を研究する。研究するといったら客観的になってしまいます
が，そうではなくて，むしろ主体的にそれのなかへとけ込んで，そ
れのなかで生きていく，そういうことを許すような哲学伝統という
ものをぼくは考えているんです。それがぼくにとっての「東洋」な
んです。（井筒，1993 年，別巻：65-67 頁）

　上に長く引用した文章の中で，井筒は〈東洋〉という術語，自分の比
較哲学の意義，スフラワルディーのグノーシス，「普遍的宗教」として
のグノーシス，これらを定義することに加えて方法論について重要な指
摘をしている。上の引用箇所で言われるように，彼の比較哲学（東洋哲
学）はスフラワルディーの黎明の叡智から影響を受けたものであり，黎
明の叡智そのものをもヘルメス主義とグノーシスの思想の下に再構築し

---

　1)　ここでは，「イシュティシュラーク Ishtishrāq」と書かれているが，正しくは「イス
ティシュラーク（istishrāq）」である。

たものである。そのようにして，スフラワルディー哲学におけるヘルメス主義とグノーシス主義の中心的概念は歴史的伝統を離れる（超歴史）ことになる。とはいえ，井筒による黎明の叡智についての解釈は，コルバンの解釈に基づいている。さらに，井筒が〈東洋〉と呼ぶのは，彼の比較哲学の中で非常にあいまいな意味があり，〈東洋〉に関するコルバンの解釈と密接に関係している。井筒の比較哲学における「東洋」は，(1) 地理的・文化的な東洋，(2) 共時的東洋，(3) 精神的東洋に大きく三つに分けることができる[2]。

### (1) 地理的・文化的な東洋

地理的東洋は一般にアジアの広大な領域を含むと考えられている。この広大な領域は極東，中東，近東を含んでおり，インドの諸宗教，仏教，道教，ゾロアスター教，マニ教，キリスト教，ユダヤ教，イスラームなどのような大規模な宗教の誕生の地である。地理的東洋はそこで様々な文明をもたらした宗教が生まれて来たところであり，これらの宗教はアジアの中核的な文明を形成してきた。井筒が自身の比較哲学において，古代ギリシアと南スペイン（グラナダとジブラルタル海峡の間の領域）をも「東洋」としていることに注目すべきである。

(A) ギリシア　　ギリシアについて，井筒が着目する四点をあげる。
(a) ヘレニズム時代
つまりギリシア文化はギリシア以東の文化と混ざり，その結果としてギリシアより東方の地域に芸術，建築，思想における変革をもたらした。
(b) 『華厳経』
井筒は，「事事無礙，理理無礙」という論文の中で，ギリシア思想（具体的には，プロティノス〔Plotinus：205?-270〕の思想）と『華厳経』の関係について論じている。この論文で，井筒は中村元（1911-99）の意見と同じく，プロティノスの思想に『華厳経』の影響が深く流れ込んでい

---

2)　筆者はこの点について若松英輔の研究から多くのものを得た。しかし，筆者と若松のアプローチとは非常に異なっている。若松の研究については（若松，2013：21 – 23）を参照。

るが，両者の間の歴史的な交渉は定かではないとする。

　しかし，それにもかかわらず，井筒はギリシア思想と『華厳経』の相互に影響を与えた可能性を認めるものの，中村の見解を超え，『華厳経』の形成におけるゾロアスター教の要素とペルシア文化の役割が持つ重要性をも指摘している。井筒が取り上げるのは，「光」という理念が思想の中で主要な働きを示すことである。ゾロアスター教における「光」が示すのは，アフラ・マズダー神の顕現であり，同じく「光」の理念は『華厳経』においてもその形而上学の構造すべてを包摂する。現在残っている『華厳経』の主要な部分はコータン（Khotan）（ゾロアスター教徒と密接な関係のある人々が住んでいたと考えられる領域）で書かれたとされる。しかも，華厳宗を大成した思想家で，第三祖である法蔵（643-712）の祖父はソグド人であったので，ペルシアの文化と華厳の思想との相互関係があったのではないかと井筒は推察している（井筒，1995：126-129頁，参照）。

　一方では『華厳経』と古代ギリシア文化，他方では『華厳経』と古代ペルシア文化，これらの相互関係に関して明白な史料が存在しないように思われ，ましてやそれらの思想的な類似性を示す史料も存在しないようである。東方イスラーム世界（西方イスラーム世界はスペインを中心とする）には，古代ギリシア思想の要素（特に新プラトン主義）や古代ペルシア思想の要素（具体的に「光」の要素）が顕著である。その両方を受容していることは文献上も明確であり，その形而上学的構造が『華厳経』に極めて似ている哲学の学派を，井筒は見出したのだ。本書のテーマを形成するその学派は，スフラワルディーの『黎明の叡智』に始まる。『華厳経』と『黎明の叡智』の間の歴史的交渉に関する史料は存在しない。だが，『華厳経』と『黎明の叡智』の構造的な類似性，及び両者に共通するギリシア的要素が，井筒に古代ギリシア文明を東洋の一部として認めさせたと思われる（『華厳経』と『黎明の叡智』の形而上学の構造に関しては，以下の（c）で略述する）。

（c）　空海の真言密教

　ギリシアの思想と空海（774-835）の思想との関連について歴史的・文献的に実証されていないようであるが，井筒は司馬遼太郎（1923-96）との対談で，両者の間に歴史的な交渉がありえたはずであると推察して

いる。「空海の真言密教とプラトニズムとの間には思想構造上のメトニミィ関係が成立するだけじゃなくって，実際に歴史的にギリシア思想の影響もあるじゃないか」（司馬，2004：320頁）と井筒は考えている。

これに加え，空海の真言密教には，ゾロアスター教とネストリウス派キリスト教の要素もあるはずであると井筒は推測する。空海の真言密教，ギリシア思想（特に新プラトン主義の思想），ゾロアスター教思想，キリスト教思想の要素について，井筒は次のように述べている。

> 空海の真言密教ね，仏教があそこまで行ったことは，実は絶対者〔プロティノスの哲学で一者〕というものを大日如来という形に構想しなおして，それに基づいて宇宙全体を組織しなおした〔中略〕ということがあるでしょう。すくなくとも大乗仏教では普通は絶対者は真如，つまり「空」と同定され，「縁起」と同定されるようないわば抽象的なメタフィジカルな絶対的実在原理である。それが，空海においてはメタフィジカルなままで大日如来（永遠の光の如来）という特異な姿をとって現れてくる（同上303頁以下）。

真言密教で「光」の化身である大日如来が真如と結びついたことと反対のプロセスが，イスラームでは起こったと井筒は主張する。すなわち，スフラワルディーにおけるアラビア語の原語では「真理」（ḥaqq）という言葉が，井筒によって仏教の「真如」と同定される。つまり，真如によって井筒は絶対者を表象する。井筒がさらに主張するのは，スフラワルディーによって「光」という形で絶対者が表象されていることである。スフラワルディーは全存在世界を光の世界として，また，神を宇宙的光の太源としての「光の光」（nūr al-anwār）として語る。この象徴的思考が『華厳経』のそれと，そして空海のそれとも本質的に共通するものであると，井筒は考えている。

さらに，スフラワルディーは，自分の哲学の構想の中で，プラトンのイデアをゾロアスター教の天使学と関連づけている。形而上学的光源（「光の光」，絶対者，新プラトン主義での一者）の顕現は天使界を作り出す。これは，形而上学的光源から四方八方に存在としての光が発出してくることを意味する。井筒は，スフラワルディー哲学について次のように述

べている。

> 近ごろ密教がはやってきたでしょう，そうすると曼陀羅なんか，あ
> れは仏様であって天使じゃないけれども，やはり整然たる数百の仏
> 陀，仏様の姿で出て来る。それはもう実によく似ている。まんなか
> にあるのは大日如来でしょう，偉大なる光の仏陀ですね。「光の光」
> ですね，スフラワルディーがいう（井筒，1993，別巻：77 頁）。

　諸仏の曼荼羅的な顕現を井筒は，スフラワルディーにおける「光」
と，そして天使の顕現と対応させている。存在としての「光」が，仏教
では数百の仏陀として，イスラームでは無数の天使として，四方八方に
整然と顕現することが象徴的に語られている。この象徴的思考の意義
は，哲学の言葉で「一は多になる」という形而上学の構造において解釈
されている。この形而上学の構造は，古代ギリシア，仏教，イスラーム
の思想に普遍的なものである。それゆえ，井筒は古代ギリシアをも「東
洋」として認めるのである。したがって，井筒が探究する「東洋」は，
地理的意味に加え，同時に，超歴史的意味もあることに注意しなければ
ならない（このことについて後に論じる）。

　(d)　イスラーム哲学

　イスラーム哲学とその内部における古代ギリシア思想との関係性は，
大きく二つの時代で異なる意義が井筒によって与えられている。このこ
とは，井筒の比較哲学に対して重要な意味を持っている。

　第一の時代は，初期翻訳者たちの活躍時代から西暦 12 世紀までで
ある。この時代の最後の哲学者はイブン・ルシュド（ʾAbū l-Walīd
Muḥammad ibn Aḥmad ibn Rushd：1126-98）である。井筒にとって，イ
ブン・ルシュド以前の「イスラーム哲学」は，むしろギリシア哲学の
イスラーム文化への移植であり，イスラーム化の過程にすぎない。歴史
の観点から，この「イスラーム哲学」の時代は，ギリシア哲学の一部で
あり，19 世紀のヨーロッパのオリエンタリストたちにとって，西洋哲
学史の一時代に組み込まれた，いわゆる「アラビア哲学」の時代であ
る。コルバンの詳細な研究以前においては，オリエンタリストたちはイ
ブン・ルシュドの死とともに「アラビア哲学」も終焉したと見なしてい

た。

　第二の時代は，イブン・ルシュド以降に始まる時代である。スフラワルディーとイブン・アラビーはこの時代の始祖と見なされている。スフラワルディー哲学やイブン・アラビー思想に新プラトン主義の要素もみられる。しかし，それ以上に画期的な変化は，イスラーム哲学における神秘哲学の出現である。スフラワルディーによる古代ペルシア思想の復興に加え，それとは別に，イスラームと古代ペルシア思想が結びついて形成されたシーア思想，さらに，従来よりイスラームの中に存在していたグノーシスや新プラトン主義の思想などが，イブン・ルシュド以前とは異なる真にイスラーム的な独特の哲学を生み出した。コルバンと井筒はこの時代を「イスラーム哲学」，あるいは，「イラン・イスラーム哲学」，「ヒクマ」（シーア派哲学の術語で，théo-sophie あるいは théo-sophia に対応する）と呼んでいる[3]。井筒がギリシアと仏教（『華厳経』と空海）との関係で地理的東洋を定義したように，この時代をこのように理解することは，イスラームとギリシアの関係を通してもう一つの地理的東洋を定義することに他ならない。

　（B）　南スペイン　　井筒は今道友信との対談で，次のように南スペイン（グラナダとジブラルタル海峡の間の領域）をも地理的東洋の領域として定義している。

　　西はスペインのグラナダまで行ってしまうんですね。それどころか
　　グラナダから，悪くすればジブラルタル海峡をこえてもっと向うへ
　　もいきかねない。それからいわゆるアラブ国家，アラブ文化圏とイ

---

　3）　コルバンはすべての著作の中で，ヒクマを théosophie と訳している。彼は théosophie という用語を文字通りの意味——つまり神的な叡智——で使う。さらにコルバンの目的はイブン・ルシュド以後のイラン・シーア派思想の解釈である。しかし，théosophie という用語には曖昧な意味がある。特にこの単語は西洋思想史における「神智学」（theosophy）を想起させる。クリスチャン・ジャンベは théosophie という用語の曖昧な意味を避けるために，コルバンの著作集を編集して出版した時，théosophie の代わりに sagesse という用語を採用した。このことについて（Landolt, 1382/2003：111-112）参照。井筒も「サブザワーリー形而上学の基礎構造（The fundamental structure of Sabzawārī's metaphysics）」の中で，イブン・ルシュド以後のイラン・シーア派思想の解釈のために，コルバンが提案する，téo-sophie あるいは téo-sophia という用語を用いている（Izutsu, 1971：59, 参照）。

ンド，トルコ，ユダヤ，それからペルシア，そして中国，チベット，日本などが全部一つになって，それが精神の黎明の場所みたいな感じにぼくの心には映ってくる（井筒，1993，別巻：66頁以下）。

## （2）　共時的東洋

「共時的東洋」（「共時的思考の次元」），あるいは，「共時的構造化」という用語が『意識と本質──精神的東洋を索めて』の中に出てくる。しかし，井筒以前にコルバンは，これに類する用語（l'ordre du simultané）を『比較哲学とイラン哲学』（Corbin，1382/2003：16）の中で用いている。コルバンや井筒がこのような表現で意図するのは，次のような事柄である。「東洋哲学の諸伝統を，時間軸からはずし，〔中略〕構造的に包み込む一つの思想連関的空間を，人為的に創り出そうとする」（井筒，2010：411頁）。井筒とコルバンの比較哲学において，時間性は空間性に変換されている。すなわち，すべての東洋の諸伝統は歴史的・時間的な脈絡からはずされ，「時間なき時間」（つまり「過去」「現在」「未来」が一体になる時間），あるいは，人為的（精神的）空間において，それらは読み直され，比較される。この人為的（精神的）空間が〈東洋〉であり，意識の在り方と関係する。

## （3）　精神的東洋

「精神的東洋」という用語も『意識と本質』の中で初めて出てくる。これは，スフラワルディーの『黎明の叡智』の形而上学的構造と直接に関係する。

　　スフラワルディーが「光の天使たち」について語る時，彼はたんなる天使の心象について語っているのではない。彼にとって，天使たちは実在する。天使は，我々の世界にではないが，存在の異次元，彼のいわゆる「東洋」，「黎明の光の国」に実在するのだ（井筒，2010：204頁）。

　筆者は本部で，「共時的東洋」と「精神的東洋」の意味を明らかにしていこうと思う。そして，〈東洋〉の意味を「理解」することは，われ

78　　　　　　　第Ⅱ部　井筒比較哲学の意義

われが「歴史を超える対話」の意味を「理解」することにもなるだろう。


## 第2節　第二の根拠

　井筒とコルバンの比較哲学の中心的な枠組みである「歴史を超える対話」を形成するものは，シーア派哲学と言えよう。シーア派哲学という言葉は，彼らの比較哲学の中では意味が非常に曖昧である。この曖昧な意味を哲学的な意味と政治的・社会的な意味に分けて，明確にできると考えられる。本節で，「歴史を超える対話」の第二の根拠として，その哲学的な意味について論じ，次節では第三の根拠として政治的・社会的な意味を説明する。シーア派哲学は井筒とコルバンの比較哲学において，以下の二つの哲学的な事柄と不可分に関係している。


### (1)　第一の意味

　イブン・ルシュド以降の哲学は，のちにイラン固有の哲学とされるシーア派哲学に代表されると言えよう。井筒とコルバンによってイラン独自の哲学としてシーア派哲学が紹介されたことは，歴史的な重要性と哲学的な重要性がある。以下にこの二つの重要性を区別して解説する。

　まずシーア派哲学の歴史的な重要性から述べよう。井筒とコルバンの比較哲学とイスラーム哲学史の読み直しに見られるように，12世紀からイスラーム哲学と西洋哲学とは分かれていく。この分岐は，イブン・ルシュド（1126-98）の死，および，スペインから東洋[4]へのイブン・

――――――――――

　4)　ここで東洋という単語は非常に象徴的な意味をもつ。イブン・アラビーは，1200年頃スペインを去り，中東の方（つまり，イスラーム世界の東方）に移住した。この移動は，イブン・アラビー自身の次のような神秘体験に由来する。ある時，イブン・アラビーが鳥を幻視した。その鳥はイブン・アラビーに東洋（つまり，イスラーム世界の東方）に向かうよう命令した。コルバンはイブン・アラビーの神秘体験について，次の三つの解釈を提示している。① イブン・アラビーの神秘体験は「想像界」の必要性を証明する。② イブン・アラビーが見た鳥は，同伴者であり，天空の案内役としての天使である。このような天使はゾロアスター教とスフラワルディーの黎明の叡智の天使学，および，シーア派のイマーム論にも現れる。すなわち，イマームあるいは案内者の天使が人間を〈東洋〉の方に導く。③ イブン・アラビーの移動は，イスラーム哲学と西洋哲学の運命が分かれることを象徴するもので

第4章 「歴史を超える対話」への根拠　　79

アラビーの移住，イランにおけるスフラワルディーの『黎明の叡智』の
出現と密接に関係がある。しかし12世紀まで，イスラーム哲学と西洋
の中世スコラ哲学の間には直接的な関係があった。井筒は，イスラー
ム哲学とスコラ哲学の関係，12世紀以降のイスラーム哲学と西洋哲学
の異なる運命，イラン独特の哲学であるシーア派哲学，これらについ
て，モッラー・サドラーの『存在認識の道──存在と本質について（al-
Masha'ir)』の「解説」の中で次のように述べている。

　　確かに，ある意味ではイスラーム哲学の生命はアヴェロイス〔＝
　イブン・ルシュド〕の死と共に終った。ある意味では，というの
　は，西欧の中世スコラ哲学にとっては，ということである。周知の
　ように，中世キリスト教のスコラ哲学はイスラーム哲学の絶大な影
　響の下に発展して，トマス・アクウィナスにおいて頂点に達する。
　西方に対するこの影響はアヴェロイスと共に終る。その意味で，そ
　してその意味においてのみ，イスラーム哲学の生きた形成力はア
　ヴェロイスの死と共に死ぬ。だが，それはいささかもイスラーム哲
　学自体の終焉を意味しない。ただ，西欧における哲学的思惟の発展
　とイスラーム内部におけるそれとは，アヴェロイス以後，全然，無
　関係になってしまうというだけのことである。
　　皮肉なことに，イスラーム自身の立場から言えば，逆にアヴェロ
　イス以降の時代においてこそ，真にイスラーム的な，イスラーム独
　特な哲学が生まれるのである。アヴェロイス以前は，むしろギリシ
　アのイスラーム文化への移植であり，イスラーム化の過程にすぎな
　い。〔中略〕アヴェロイス以後のイスラーム哲学はこれとは全く違
　う。一方，ギリシア思想のスコラ的伝統は，アヴィセンナとアヴェ
　ロイスにおいて発展の極点に到達している。他方，宗教としてのイ
　スラームは，初期神秘主義の歴史を通じて精神的体験の深淵を極
　め，次第に幽玄の境地に自己を深化する。この二つの潮流が一つに
　合して新しい哲学が形成されてゆく。これがアヴェロイス以後，す

───────────

ある（Corbin, 1997：50-51, 参照）。20世紀までこの二つの哲学が関わることがなかったよう
である。③の解釈は哲学的な解釈に加え，政治的・社会的な解釈にも展開し，オリエンタリ
ズムとも密接に関係する（これは第Ⅲ部の主題である）。

なわち蒙古侵入以後のイスラーム哲学である。〔中略〕蒙古侵入以後の約四世紀，サファウィー朝をめぐって著しくペルシア化されシーア派化された形で発展したイスラーム哲学の最も大きな特徴は，それまで二つの別々な伝統として相対立してきたスコラ的・理性的哲学と修道的・実践的神秘主義とが急速に融合一体化への傾向を辿り始めたことである。その結果，スーフィズムは従来のいわゆる「酔言」の段階を超えて理性的・形而上学的基礎の上に堂々たる理論体系を確立することになったし，他方哲学は従来のような概念操作を主とする段階を超えて，実在体験の深みを得ることになった。実在体験のこのような裏打ちを受けた哲学をペルシアの思想伝統ではヒクマット（ḥikmat）と呼ぶ。文字通りには「叡智」の意である。ここで「叡智」とは，絶対実在の照射ないし流出を蒙ることによって精神的に深化され，昇華された知恵の謂いに他ならない。さて，この「叡智」的哲学形成の大事業は，〔中略〕サファウィー朝の出現に先立つこと二世紀半以上も以前に現れて，全イスラーム思想界を震撼させた二人の魁偉な神秘主義的哲学者にその端を発した。一人はアンダルシア出身の純アラブ人，イブン・アラビー Ibn ʿArabī（1165-1240），他はスフラワルド出身の純ペルシア人，スフラワルディー Suhrawardī（1153-91）。この二人の思想家が広大なイスラーム世界，世にいわゆるサラセン帝国の西端と東端とから出現して，共にシリアを終焉の地としたことを人は奇しき因縁とみるであろうか。イブン・アラビーはダマスカスの都に，スフラワルディーはアレッポの都に死んだ。だがこの二人の後世に残した思想的遺産はアラブの地においてではなく，ペルシアにおいて結実したのだった。すなわち，スフラワルディーの思想は「照明学」（Ishrāqīyah）的叡智として，イブン・アラビーのそれは「存在の唯一性」（waḥdat al-wujūd）的叡智として共にヒクマット哲学の形でペルシア哲学の根幹的伝統となり，今日まで脈々たる生命を保ってきた[5]（モッラー・サドラー 1968：206-209）[6]。

---

5）スフラワルディーとイブン・アラビーの思想的遺産とその重要性について，井筒の意見に加え，（Corbin, 1997：18-35）を参照。

6）この著作に加え，井筒の思想におけるイブン・ルシュド前後のイスラーム哲学，イ

第4章　「歴史を超える対話」への根拠　　81

　上に引用した井筒の文章には，イブン・ルシュド以後のイスラーム哲学の重要性が明らかにされている。他方で，この引用文には神秘主義とシーア派哲学（コルバンのいわゆる「イラン哲学」。井筒も概ねこれに従うと言える）の下に形成された，井筒の比較哲学の基礎が表現されている。イスラーム思想史の歴史的転換点を強調する井筒とコルバンの主張は，両者の比較哲学におけるシーア派哲学の重要性とシーア派哲学の第二の意味を明らかにするものであると考えられる。以下ではこの第一の意味の哲学的な重要性について論じてから，第二の意味について検討する。

## （2）　シーア派哲学の重要性

　コルバンと井筒がイブン・ルシュド以後，スフラワルディー哲学を中心に形成されたとしたシーア派哲学は，西洋哲学史と何らの相互関係をもたなかったとされている。さらに彼らによって西洋哲学史とシーア派哲学史の没交渉には，次の可能性が示唆されている。

　この二つの哲学史が交渉しあったならば，西洋文明における世俗主義が支配的にならずに，ニヒリズムが蔓延することもなかったかもしれない。というのも，コルバンによれば，シーア派哲学は，人格から聖性を排除しなかったからである。逆に，シーア派哲学が世俗化の道をとった可能性もあった。

　井筒とコルバンの比較哲学は世俗主義を克服するために，一つの歴史的空白を埋めようとした。それは，西洋で知られていたイスラームは主にスンニー派であり，神学的で法学的なイスラームであった。また西洋にとってのイスラーム世界は主にアラブ世界であり，彼らにとってイスラーム哲学とはイブン・ルシュドまでの哲学であった。

　しかし西洋は，シーア派イスラーム（具体的には，12 イマーム派），グノーシス的なイスラーム，イラン的世界，そして，イブン・ルシュド以後の哲学についてほとんど何の知識もなかった。西洋は，自己の近代性を表象する時に，つねに，主としてスンニー派・イスラーム，アラブ世界，神学的・法学的なイスラームを対象としており，シーア派・イスラーム，グノーシス的なイスラーム，イランにおけるイスラームは，ほ

─────────
ラン哲学とシーア派哲学などについては，（Izutsu, 1971：58-59），（井筒，1993，別巻：384）を参照。

ぼ無視されていた。

　この歴史的空白は，シーア派イスラームやイブン・ルシュド以後の
シーア派哲学について西洋が無知であったことを意味している[7]。だが，
井筒とコルバンによるシーア派哲学の読み直しによって，イスラーム哲
学史の空白が埋められ，シーア派哲学はイラン国内のみならず現代の
西洋においても本来の姿に復活した。さらに彼らは，シーア派哲学と他
の宗教の諸概念を比較することで，世俗主義を批判し，人々が喪失し
た〈東洋〉を復興しようとした。井筒とコルバンにとって世俗主義の克
服と失われた〈東洋〉の復興は，イスラーム・グノーシスの読み直しに
よって達成できると見なされていた。イスラーム・グノーシスの意味を
理解すれば，シーア派哲学の第二の意味も理解することができる。

（3）　シーア派哲学の第二の意味

　シーア派哲学は，事実上，グノーシス（神秘主義）の思想に基づくと
言えるだろう。シーア派研究の第一人者ハームは，「イスラームにおけ
るグノーシスは〔そもそも〕シーア派的な現象である」と述べている
（Halm, 1393/2014：28）。

　井筒とコルバンにとって，シーア派におけるグノーシスの思想とそ
の「聖なる教え」（talīm）は，イスラーム神秘主義の基礎であり内面で
ある[8]。そして，シーア派哲学がグノーシスの哲学化として現実化する

---

　　7）　シーア派（特に 12 イマーム派）の思想に関する西洋の学術的な研究は 1968 年か
ら始まった。1968 年 5 月 6 日〜 8 日にロバート・ブランシュビッグ（Robert Brunschvig：
1901-90）とタウフィーク・ファハド（Tawfīq Fahad：?-?）の主催で，「イマーム・シーア派」
（ストラスブール大学）というシンポジウムが催されたのを切っかけに本格的な研究が始まっ
た。このことについて，（Mohammad Ali Amir-Moezzi, Meirm, 2009：7-8）を参照。
　　8）　このことについて井筒は次のように述べている。
　「スーフィーたちも，シーア派に劣らず『コーラン』の内的解釈を重んじますが，スー
フィーの内的解釈は，特にシーア派に属する，そしてシーア派的意識の強いスーフィー
の場合は別としまして，大抵は自分独特の，つまり自分自身の直観や霊感に基づいた深
層解釈です。この種の『コーラン』の自由解釈は，それがいかに深みのある解釈であっ
ても，そのままではシーア派の考えるような内的解釈ではないのです。本当の内的解釈，
本当のタアウィールとは，特に権威ある一群の人々，シーア的霊性の最高権威者たちの
考えによってその正しさが保証された解釈でなければならないのであります。シーア的
霊性の最高権威者をイマームともうします」（井筒俊彦，2008：190 頁）。
　コルバンもこのことに関し以下のように述べる。
　「スーフィーたちの神秘的体験は，その極限においてカラームの神学者たち，ならびにた

のは，「文化的なイランの領域」である[9]。その領域とは，シーア派哲学において，自分の姿をイスマーイール派，イマーム派（つまり 12 イマーム派），シャイヒー派（12 イマーム派に分類される）[10]のようなシーア派の分派の形で示される。そしてこの概念は，シーア派の神秘主義の立場から見るなら，おもにスフラワルディーの『黎明の叡智』の哲学思想，イブン・アラビーの神秘主義（特に彼のイラン人の注釈者たち），モッラー・サドラーの超越論的神智学の哲学を指すことになる。

　20 世紀初頭以来，イスラーム学の研究者たちは「イスラーム的なグノーシス」，あるいは「イスラームにおけるグノーシス」という用語を使用してきた。しかし，この二つの用語の意味は曖昧であり，研究者によって異なる。しかし，それにもかかわらず，彼らはある種の新プラトン主義思想をイスラーム的なグノーシスの基本と見る点で共通している。1930 年には『ウンム・アル・キターブ（Umm al-Kitāb）』（直訳するなら「すべての本の母」）という著作が，ロシア人の研究者たちによってヒンドゥークシュ山脈で発見され，「イスラーム的なグノーシス」の用語に新しい次元が与えられた。Umm al-Kitāb はペルシア語で書かれたテクストである。その内容はシーア派の第 5 代イマームであるイマーム・ムハンマド・バーキル（Imām Muḥammad al-Bāqir；676-732）と，ジャービル・アンサーリー（Jābir Ansārī；?-?）という人物の会話である。

---

んなる哲学者たちの弁証法とは異質の形而上学と関わりをもつことになる。〔中略〕イスラームの中にはなお形而上学の他の形態があり，それなしではスーフィズムがいかにして始まり，発展したかを説明しえない，ということを理解する一助となるであろう。この他の形態とは，本質的に歴代イマームたちのもとにまで辿りうるシーア派グノーシス説なのである」（コルバン，2006：123 頁）。

　9）　ここで筆者は意識的に「文化的なイランの領域」という表現を使用した。「文化的なイランの領域」の意味は，現代イランの領域よりも広汎な領域を指す。「文化的なイランの領域」は，地理的な領域とはほとんど関係なく，むしろ精神的・文化的な領域を意味する。コルバンはこの精神的・文化的に広汎な領域を次のように定義している。

　「イランの世界は，アラブの世界でもなく，イスラームの世界でもなく，インドの世界でもない。それは一つの媒介の世界であり，一つの中間の世界である。さらにこの世界は我々西洋人に近い。そのゆえに，私のような研究者の観点では，イランの精神的世界は，選び抜かれた霊魂の国へと転換されたものである」（Corbin, 1382/2003：155）。

　10）　特にコルバンの著作の中でシャイヒー派は重要な立場を占めている。井筒の著作におけるシャイヒー派への言及は非常に少ない。

84 第Ⅱ部 井筒比較哲学の意義

イマーム・ムハンマド・バーキルが一遍もヒンドゥークシュ山脈に
行ったことがないことは明らかであるし，ペルシア語を話した史実はな
い。さらに，この著作の中心人物は，ムハンマドのイラン人信徒であっ
た，サルマーン・ファールスィー（Salmān-e Fārsī；?-656）である。こ
の本の中では，イマーム・バーキルは彼の立場についてジャービルと会
話している。Umm al-Kitāb はいわゆる「偽書」であり，シーア派信徒
が自分たちのアイデンティティーを確立する目的で作り出したと言うこ
とができる。

Umm al-Kitāb のような創作物はシーア派の伝統に多い。比較哲学の
観点から見れば，このような著作群には明白な意義がある。それは，
シーア派が，様々な思想をイスラーム思想と比較する際に，ゾロアス
ター教，マニ教，ユダヤ教，キリスト教，マンダ教などの思想と比較す
る上で，主要な役割を果たしたのである。それは，異宗教がイスラーム
に入る窓口の役割をシーア派が果たしているといえる。シーア派思想は
他宗教の諸概念との比較を通して，ある種の共生をイスラーム社会の中
に準備することができた。

ロシア人のシーア派（イスマーイール派）研究者であったウラジー
ミル・イワノフ（Vladimir Ivanov；1886-1970）はこの著作を，初め
て編集して出版した[11]。またコルバンが師事したマシニョン（Louis
Massignon；1883-1962）は Umm al-Kitāb について詳しく研究し，古代
のグノーシスの諸学派がイスラーム神秘主義とシーア派思想に大きな影
響を与えたことを実証した。

コルバンは Umm al-Kitāb に関する研究によって，マシニョンが用い
た「イスラーム的なグノーシス」という用語の意味をさらに拡張させ
た。彼はすでに論じたように「イスラーム的なグノーシス」と「グノー
シス」を「普遍的宗教」と呼んだ。そして古い時期からのイスラーム
におけるグノーシスの影響を，イブン・アラビーやスフラワルディー
の『黎明の叡智』まで下って探求する。マシニョンとコルバンは「イス
ラーム的なグノーシス」の意味を明確にしたが，同時に，スンニー派と
は異なる思惟の在り方として特徴付けた（Halm, 1393/2014：25, 参照）。

---

11) イワノフが出版した Umm al-Kitāb のコピーを筆者に提供してくれた，ロンドンの
イスマーイール研究所の Daryoush Mohammad Poor 博士に記して謝意を表する。

簡単に言えば，グノーシスは古代後期の思潮と言えよう。この思潮では，顕現しないもの（「一」，「一者」）が自己顕現によって多になることが思惟される。このような思惟は一つの形而上学的構造として普遍的に見いだされる。われわれはそれを新プラトン主義の形而上学の構造において見ることができる。コルバンの解釈では，この普遍的な構造は，スフラワルディーの黎明の叡智，イブン・アラビー学派，モッラー・サドラーの超越論的神智学の哲学，その他のイスラーム神秘主義の思惟に歴史的に影響を与えたというより，むしろ体験的な事実と関連している。井筒も，この構造の下に自分の東洋哲学（比較哲学）を構築する。このことを以下第6章で，様々な角度から論じていこうと思う。

## 第3節　第三の根拠

第Ⅰ部の冒頭で，コルバンから第Ⅰ部の中心的テーマを示す一つの文章を引用した。コルバンはその文章で比較哲学の重大な責任について言及する。その責任とは，今日の状況を理解し，それを回避することに他ならない。コルバンにとって「今日の状況」の理解と回避は，世俗主義の理解と回避を意味するものである。コルバンは，その後ですぐに，「この責任は，どんな人間が引き受けるのだろうか？」と問う。これは，第Ⅱ部で引用した文章の冒頭である。この問いに対する彼の答えは，「歴史を超える対話」としてのイスラーム神秘主義（イスラーム・グノーシス）の復興と「イランの伝統文化の精華」，つまり神秘主義者へ着目することである。だが，コルバンと彼の思想を支持する井筒にとって，神秘主義（グノーシス）は世俗主義と西洋思想史の拡大に対するいわば「解毒剤」である。もしグノーシスに対する井筒とコルバンの見方を正確に分析できれば，井筒の比較哲学の政治的・社会的な本質を理解できるのではないかと思われる。井筒とコルバンは世俗主義を克服するために，〈東洋〉へ向かうことを提案したのではないだろうか。

本章に基づいて，第Ⅱ部では三つの主題を検討する。井筒の業績には三つの方法論が存在する。それらの方法論は井筒の研究の経緯と密接に

関係していると考えられる。その方法論とは，① 歴史的な方法論，つまり，『コーラン』とイスラーム思想史についてのもの，② マッソン＝ウルセルの比較哲学のモデル（類比による比較）に基づく方法論，そして ③ アンリ・コルバンの比較哲学のモデル（「歴史を超える対話」による比較）に基づく方法論である。

　以下，第 5 章では，比較哲学以前の方法論である歴史的方法論として，『コーラン』に関する方法論について論じる。第 6 章でマッソン＝ウルセルのモデルに基づく方法論について論じる。第 7 章で，コルバンのモデルについて論じつつ，〈東洋〉の意味と「歴史を超える対話」の意味を明らかにする。

# 第5章

## 井筒の歴史的方法論

————————

　方法論の観点から井筒の著作を三つのグループに分けることができる。第一のグループは，おもに，1935-66年の期間に井筒が書いた著作である。これらの著作の主題と内容は，言語に関する研究とイスラーム思想史，イスラーム神学，『コーラン』の和訳，および，『コーラン』の諸概念と意味に関する研究，近代ロシア文学史，古代ギリシア思想史である。

　第二のグループは，おもに，1966-79年の間に書かれた著作である。1966年から井筒は，コルバンの影響の下に，『スーフィズムとタオイズム（*Sufism and Taoism*）』を書くことによって，本格的に比較哲学にとりかかり始めた。その後，彼は具体的に自身の東洋哲学（比較哲学）の構造と基本について考えていく。ところで，井筒の比較哲学の方法論は二種類に分けられる。井筒は『スーフィズムとタオイズム』の中で，コルバンから受けた影響について言及する。だが，コルバンは，『イラン哲学と比較哲学』（1979年）まで自己の方法論と比較哲学について明言しておらず，井筒もまた同様である。1979年まで彼らが採用した方法論は，マッソン゠ウルセルが『比較哲学』の中で提案した方法論であると考えられる。

　コルバンは1975-76年，テヘラン大学，タブリーズ大学，イラン王立哲学アカデミーで，合わせて4回，比較哲学の本質・意味・定義・方法論について講演した。これらすべての講演は『イラン哲学と比較哲学』という題のもと一冊の本として1979年に出版された。コルバンは『イラン哲学と比較哲学』の冒頭論文の「比較哲学の意味は何であるの

か（Comment concevoir la philosophie comparée?）」（テヘラン大学の講演，1974年）の中で比較哲学の意味と本質について問い，マッソン＝ウルセルの比較方法論を厳しく批判する。

　コルバンは，マッソン＝ウルセルの比較哲学は歴史学的研究，すなわち「年代的継起と歴史的因果性に支配された哲学の歴史という唯一の視点」（Corbin, 1382/2003, 22）に過ぎず，厳密な意味で比較哲学と呼ぶことはできないと批判した。コルバンにとって真の比較哲学は現象学に基づくものであり，人間の「無媒介的な理解」（直観的な理解，コルバンの言うフッサール哲学における「本質直観」）と直接に関係する。コルバンのこの著作からは，コルバンとマッソン＝ウルセルの比較方法論には大きな差異が見られる。マッソン＝ウルセルにとって，比較哲学は哲学の歴史であった。

　しかしコルバンは，歴史学的研究に見られる人文科学の方法論を根本から否定し，超歴史的な方法論を選択するので，マッソン＝ウルセルの比較哲学を認めることができない。コルバンは比較哲学に関する歴史的「理解」の代わりに，現象学に基づく内在的記述，いわばある種の「無媒介的な理解」あるいは「精神的体験に基づく理解」を提案する。マッソン＝ウルセルにとって比較哲学は歴史的史料によって得られるものであるが，コルバンにおいて比較哲学は，現象学的な「理解」として哲学化された神秘主義的記述，あるいは内観に基づく「理解」によって得られるものであると主張される。だが，実証主義的なマッソン＝ウルセルは，内在的記述，いわゆる「内観的な研究」あるいは「主観的な研究」を全面的に否定している。なぜならば，主観的方法は個人の恣意に陥るからである。主観的方法に対して，客観的な方法では，文献や習俗や遺跡のように，個人の恣意的改変ができないとマッソン＝ウルセルは考える。彼のこの意見に対して，歴史的な研究と客観的な方法は世俗主義支配を生み出す要因であり，精神的〈東洋〉の喪失をもたらしたとコルバンは主張する。彼は歴史的な研究と客観的な方法を厳しく批判し，「主観的な方法論」を堅持する。さらにコルバンにとって，現象学的な方法によって得られる内観的な「理解」こそが，「無媒介的な理解」であるので最も正確な「理解」である。つまり，彼にとって，現象学は比較哲学の本質と基礎そのものである。

第5章　井筒の歴史的方法論　　89

　しかしそれにもかかわらず，コルバンは『イラン哲学と比較哲学』において自分の比較哲学とその方法論——つまり，現象学に基づく比較哲学——を明確には展開できなかった。その探求は，本書においては，予備的な表現に止まった。コルバンは1978年にこの世を去ったので，彼はこの目的を完成できなかった。コルバンの遺志を完成させたのが，まさに井筒その人である。

　1979年は歴史的にも重要な時期である。その年にイラン革命が起こり，シーア派の政治神学はホメイニー師（Āyatollāh Rūḥollāh Khomeinī；1902-89）によって読み直され，イスラームの歴史の内にシーア派は初めて独立の神権政治を設立した。井筒は同年にイランを去り，日本に戻って来た[1]。彼は日本で『意識と本質——精神的東洋を索めて』と『意識の形而上学——『大乗起信論』の哲学』を書くことによって，コルバンの計画を完成させ，「歴史を超える対話」（"meta-historical dialogue"；"meta-philosophy oriental"）について明白なモデルを提示することができた。

　井筒によって完成された比較哲学は，簡単に言えば，精神的東洋（シャルク）を探求（イスティシュラーク）し，その基礎を第二次世界大戦の出来事以後の精神性あるいは人間が喪失した世界（第二次世界大戦の後にその復興が必要となった精神的世界）の現代化におく。「比較哲学の意味は何であるのか」（テヘラン大学の講演，1974年）以降に，井筒は，マッソン＝ウルセルの比較哲学の方法論から離れ，コルバンの比較哲学のモデルのもとに，自分の東洋哲学（比較哲学）を構築した。1979年以降に書かれた井筒の著作が第三のグループ東洋哲学（比較哲学）を形成する。


## 第1節　初期の『コーラン』研究

　井筒の第一グループの著作の主題と内容は，方法論の観点からは，言語研究とイスラーム思想史，イスラーム神学，『コーラン』の和訳，お

---

1)　第Ⅲ部では，井筒の比較哲学とイラン革命との関係について詳しく論じる。

よび，『コーラン』の概念と意味に関する研究，近代ロシア文学史，古代ギリシア思想史である。神秘主義の思惟（特にイスラームの神秘主義）についての研究は，1943年（井筒，29歳）までほとんどなかったと言える。井筒は1943年に「回教神秘主義哲学者　イブヌ・ル・アラビーの存在論」という論文によって，イスラーム神秘主義の研究を始めたことが分かる。1943年まで井筒は8つの論文と1冊の本を出版した。これらの論文のテーマは言語学，アラビア文化，アラビア語，イスラーム神学と法学である。そして1冊の本は『アラビア思想史』と題され，1941年に出版された。

『アラビア思想史』は井筒の処女作であり，イスラーム思想に関する歴史的叙述である。ここでの筆者の目的は『アラビア思想史』の内容分析ではなく，「アラビア思想史」という書名が第Ⅲ部で論じるオリエンタリズムと密接に関係することだけを指摘することである。

井筒は1966年までに，様々な論文と本を出版したが，本部の主題と関係するのは次の3冊である。

① 『コーランにおける倫理概念の構造 ―― 意味論研究（*The Structure of the Ethical Terms in the Koran: A Study in Semantics*）』（以下，『意味の構造』と略称）。この英語の本は1959年に慶應義塾大学語学研究所によって出版された。井筒はカナダのマギル大学イスラーム研究所に勤務していた時，その所長であったチャールズ・アダムズ（Charles J. Adams：1927-2011）の提案により，この著作を改訂した。改訂版の英語の題は *Etico-Religious Concepts in the Qur'ān* であり，1966年に出版された。井筒の弟子であり，『コーラン』の世界観について詳しく研究した牧野信也（1930-2014）はこの著作を英語から和訳（『意味の構造 ―― コーランにおける宗教道徳概念の分析』新泉社，1972）し，のちに井筒俊彦著作集の第4巻（中央公論社，1992）としても出版された。

② 『コーランにおける神と人間（*God and Man in the koran : Semantics of the Koranic Weltanschauung*）』。井筒は1962年の春にマギル大学の学長であったウィルフレッド・スミス（Wilfred Cantwell Smith：1916-2000）の提案により，『コーラン』の構造と概念についていくつかの講演を行った。この著作はその講演の産物

であり，1964 年に出版された。

③　『イスラーム神学における信仰の概念（*The Concept of Belief in Islamic Theology: A semantic Analysis of IMĀN and ISLĀM*）』。この著作は井筒が 1964 年にアダムズの提案により講演したもので，1965 年に出版された。

　これら三つの著作の内容・目的・対象は『コーラン』とイスラーム神学の意味論に関する研究である。それぞれの著作の方法論は共通しており，井筒は『コーラン』とイスラーム神学に関する言語学的な解釈を提示する。その中から，次節では『意味の構造』を選択し，それにおける井筒の方法論について論じる。なお，これら著作を選ぶのは以下の理由による。

　第一の理由としては，『意味の構造』が比較哲学に関する井筒の最初の著作である『スーフィズムとタオイズム』に先行するものだからである。それゆえこの本における井筒の方法論を提示し，後続する著作との差異や変更を明らかにすることが必須である。

　第二の理由としては，これら 3 冊の著作の中で，『意味の構造』のみが日本語へ翻訳されたものであり[2]，しかも，この和訳は，井筒の了承のもと，*The Structure of the Ethical Terms in the Koran: A Study in Semantics* と *Etico-Religious Concepts in the Qur'ān* とが適宜取捨選択されているからである。そして，1992 年に著作集に収められたものは，序章が晩年の井筒本人によって再度書き直されている。それゆえ，ここではこの版に基づいて論述する。


## 第 2 節　『意味の構造』の方法論


　それではここで，『意味の構造』における井筒の方法論を次の 3 つの主題で分析したい。

---

　2)　筆者が本書を準備しているときには，井筒の英文著作がまだ日本語へ翻訳されていなかった。現在，井筒の英文著作は「井筒俊彦英文著作翻訳コレクション」として慶應義塾大学出版会によって出版されている。

（1）『コーラン』による『コーラン』の解説

　『意味の構造』における井筒の目的は『コーラン』の意味分析であり，客観的な方法を目指している。彼は自分の目的について次のように述べている。

　　『コーラン』はひとつの自立的な全体統合体，つまり無数の向内的クロッス・レフェランスの全体的統一体系として分析される。より簡単化して言うなら，『コーラン』の諸概念を，ひたすら『コーラン』自身によって，他のいかなるテクストにも依処〔ママ〕することなく，解釈するということ。いわば『コーラン』を構成する鍵概念を，『コーラン』自身に解き明かさせる，ということなのである。この種の意味分析的操作の方法論的効力は，本書の論述の進行とともに，次第に明らかになっていくであろう（井筒，1992，第4巻：11頁）。

　井筒が『コーラン』の「意味論的分析」と呼ぶものは，イスラームの伝統では必ずしも新しいものではない。昔からムスリムの『コーラン』の解釈者たちはそれを行ってきた。この方法論を彼らは，「『コーラン』による『コーラン』の解釈」（ペルシア語で tafsīr-e Qur'ān ba Qur'ān）と呼んでいる[3]。このような『コーラン』解釈の伝統を井筒が意識しなかったはずのないことは，引用された注釈書からもあきらかである。井筒は，しかし，そのような伝統を指摘することなく，「『コーラン』のことばを『コーラン』自体から学びとろう」（井筒，1992，第4巻：26頁）と述べている。

　ただし，井筒のアプローチとムスリムの解釈者のアプローチとの間には大きな差異がある。ムスリムの解釈者はイスラームの伝統的な枠組みで『コーラン』を解釈するが，彼らの方法に対して，井筒は『コーラン』の解釈とその「意味論的分析」のために，言語学者（具体的に西洋の言語学者）の言語論と言語哲学に基づく哲学的な分析を使用する。井

---

3）　このことについて，（タバータバーイー，2007：92頁）を参照。

筒は，伝統的な『コーラン』解釈学をいわば近代化したともいえる。井
筒のこのアプローチは，ムスリムの解釈者にとって新しいものであっ
た。それゆえに，これら3冊の著作がペルシア語へ翻訳され出版され
た時，一部のイラン人の『コーラン』研究者は，すぐに，それらの著作
の方法論を受容し，使用した[4]。

　井筒は『意味の構造』の序章で，自分の理論を詳しく解説している。
そのうちの一つの点が，第Ⅱ部で追究する目的と密接に関係する。それ
は，「人間生活の具体的現実」と「歴史的相対論」として井筒によって
表現された事柄である。この課題は，井筒が比較哲学の研究を始めて
から変化する。彼は序章で「歴史的相対論」とそれに関する自分の意見
について，「私は極端な歴史的相対論者ではないのだ」（井筒，1992，第
4巻，14頁）と述べている。そして，世界共通である「道徳律における
原理の主要な点」に関して，ノーウエル・スミス（P. H. Nowell-Smith；
1914-2006）の意見を引用して，次のように述べる。

　　彼のこの意見は確かに正しいと私は思う。具体的事実に由来する考
　　え方の相違を離れて，抽象的原理としての道徳律を問題にするかぎ
　　り，彼に反論する余地はないだろう。このような高度の抽象的思惟
　　の段階においては，おそらく人間性は世界中，どこでも同一であろ
　　うし，私もこういう全ての人間の共通な，普遍的な幾つかの道徳の
　　原理が立てられるであろうことを否定はしない（井筒，1992，第4
　　巻：15頁）。

そして井筒は自分の方法論とアプローチを次のように定義する。

　　しかし先にも一言したとおり，問題は，このような抽象的道徳律
　　の次元に達する以前に，我々は，まず，もっと濃密な言語文化的パ
　　ラダイムの領野を通過しなければならないというところにある。そ

---

　4）　われわれはこのことについて一つの重要な点に注意しなければならない。井筒が提
案する方法論はイランの一部の研究者によって賛同を得使用された。しかし，井筒の方法
論は，イスラームのシーア派伝統の中核であるイランのマドラサ（神学校）に受容された形
跡はほとんどみられない。第Ⅲ部でこのことについて論じる。

してそのような領野においてこそ，道徳の真に基礎的な思想が展開されなければならないのである。

　言い換えるなら，言語コミュニティごとの人間生活の具体的現実の只中においてこそ，個々の理論的また道徳的キータームの意味は形成される，ということだ。もし善をなすということの具体的意味が，言語コミュニティごとに違うとすれば，「善」という語の意味構造そのものが，それぞれの場合で，どうしても異らなければならない。

　無論，例えば英語において最も曖昧かつ漠然たる語のひとつであるgoodに，意味の上でもまた用法の上でも多小なりとも対応する語がどの言語にもあるのではないかということが推測される。だが英語以外，例えば我々の母国語の意味構造上の特性を，英語の語彙の意味内容に投影させることを避けるためには，このような確実な推定はしない方がよい，ということになるのである。

　いずれにしても，言語文化的パラダイムの存在を重要視する私としては，何が善であり何が悪であるか，また何が正しく何が不正かということについて，人間の考えは時間により，また場所によって異なるのであって，一元的な人類文化の発展の段階における程度の差として抽象的に説明されるようなものではないと考える。そこに見られる差違は，個々の言語習慣に深く根ざした，より根源的な文化パラダイム的相違として説明されなければならない，という多元説を，私は強く支持する（井筒, 1992, 第4巻：15頁以下）。

　上述の箇所から，井筒の意見をわれわれは次のようにまとめることができる。井筒は，人間の社会における普遍的な道徳律の存在を否定しない。しかし，これらの全般的な道徳律は，単に「抽象的思惟の段階」において得られるものであると彼は考える。彼は自分の客観的アプローチに基づいて，「人間生活の具体的現実」を注視する。すなわち，特定の社会における言語的現実と，「人間生活の具体的現実」の間の論理的な関係を描きだす。

　井筒は，それぞれの道徳体系をその体系が属する社会の言語において理解するべきだと考える。ゆえに，井筒は『コーラン』の諸概念の分析

第 5 章　井筒の歴史的方法論　　95

のために，『意味の構造』においても『コーランにおける神と人間』に
おいても，『コーラン』の諸概念の枠組みの中で，つまり，それらの概
念が形成されたアラビア半島の言語状況に方法論的に留まる。では次
に，井筒のこの立場を分析しよう。

（2）　言語と「歴史的相対論」

　「人間生活の具体的現実」と言語学的な社会の関係に関する井筒の意
見を，次のようにまとめることができる。あらゆる人間は自分自身の言
葉の枠組みの内に捕えられている。それぞれの文化の領域だけでなく，
自然的・地理的な領域すらも言語的な独立の構造に従っている。つま
り，自分を取り巻く文化を言語的に独自に構造化している概念枠によっ
て，言語的意識が規定されている。井筒はこのことについて次のように
言う。

　　　意味分別的秩序は，このように意味分割される以前の，いわば生
　　のままの体系世界と，人間の精神との間に立つスクリーンのような
　　働きをする。生のまま実在世界は，このスクリーンの分割組織を通
　　して変化を受け，歪められて我々のこころに達する。
　　　この中間の意味分別的スクリーンの存在に，我々は馴れきってい
　　るので，我々は，普通，それがそこにあることに気づかない。いわ
　　ばこのスクリーンは透明なのだ。だから我々は，なんの仲介域も通
　　さずに客観的世界を直接あるがままの形で経験しているものと思い
　　こんでいる。これが，いわゆる常識的，日常生活の実在界，自然界
　　のあり方である。
　　　こうして自然的世界は，始めから，さまざまな事物事象の秩序と
　　して純客観的に人間の面前に存立しており，我々はすでに組織され
　　た形で世界を経験しているわけである。〔中略〕ここで最も注意す
　　べきは，〔中略〕それぞれのコミューニティの言語文化パラダイム
　　ごとに異なるということである。意味分節の仕方と分節単位の組織
　　化は，各言語ごとに別々になされる。言い換えれば，各言語の語彙
　　構成はそれぞれに異なる。前掲のベンジャミン・ウォーフの言葉を
　　借りて言うなら，各言語は自然をそれぞれ違う仕方で切り分けてゆ

くのである（井筒，1992，第 4 巻：21 頁以下）。

　すでに引用したように，井筒は「極端な歴史的相対論者」ではないと
言うが，『意味の構造』において定義する方法論には，緩やかな「歴史
的相対論」が表現されている。「歴史的相対論」の理論によれば，各言
語は特定の地理，地域，自然，文化，時代に関わるものであって，あら
ゆる言語と道徳体系の間に普遍的な「判断」を下すことができない。こ
のことに基づいて井筒は諸言語と道徳体系の間の普遍的な「判断」を疑
問視し，言語的テクストをそのテクストが形成された具体的環境という
枠組みに置きなおす。彼はこのことを次のように述べている。

　　どの言語で表現されようと全く同一であると称される「文の内
　容」そのものというようなものが存在するのかどうかが大いに疑わ
　しい。そのことは，これまで私が述べてきた意味論の原理から一
　見してあきらかであろう。R・ブラウンも指摘するように，フラン
　ス語の mère と英語の mother のごとくごくありきたりの語ですら
　厳密には同じ内容ではなく，またフランス語の amie はドイツ語の
　Freundin や英語の ladyfriend のそれぞれと重要な相違を示すとすれ
　ば，ある言語で道徳的判断を表す「文」が他の言語の「文」にその
　ままの「内容」で正確に移し得るなどとは到底考えられない。
　　言語学者サピアは，単純な知覚行為ですら意味の社会的な型に
　よって根本的に規制されており，従ってその言語の属する文化パ
　ターンと深い関連がある，と繰り返し述べている。もしそうである
　とすれば，人間の性格や行為の価値判断については，より一層この
　ことは真であろう（井筒，1992，第 4 巻：24 頁）。

## （3）「科学的」研究

　井筒が「歴史的相対論」を主張することの論理的帰結は，『コーラン』
と神学をめぐる彼の研究と見解を，言語的観点からアラビア語に，地理
の観点からアラビア半島に限定する。彼は自分の「科学的」研究につい
て次のように述べている。

第5章　井筒の歴史的方法論　　　97

　それぞれのコミューニティには理論的・道徳的価値判断の伝統的
なパターンがあって，それが言語的に理論的キータームのシステム
として存在している。

　キータームのシステムは，その言語を使う人にとっては，道徳上
の事象を判別する規準となる。つまり人は，己れの属するコミュー
ニティのことばの提供する意味的価値規準のシステムを用いて，あ
らゆる人間の性格，行為を分析し，評価し，また報告することがで
きるのである。

　意味なるものがおよそ上述のごときものであるとしたら，我々は
我々の目指す『コーラン』の理論的キータームを，どうしたら科
学的に分析することができるであろうか。あえて私は科学的にと言
う。ここで「科学的」とは，何よりも先ず経験的・帰納的，という
こと。つまり，アリストテレスだとかカントだとか既成の倫理学思
想体系の立場に依拠することなく，与えられたテクストに現れてい
るままの姿でじかに分析することである。

　そのための最良の方法は与えられたキータームを，それが実際に
使われている具体的コンテクストにおいて考察することでなくては
ならない。例えば「悪い」という語が，誰によって，誰あるいは
何に対して，どんな状況下で，どんな目的で発言されているかを，
一々の場合について綿密に分析考案していくこと。すなわち，「悪」
が一定の事柄を指示するために正しく用いられるには，およそどの
ような条件ないし状況が必要であるか，を知ることから分析が始ま
るのでなければならない。

　このような分析的考案の過程は，考えてみれば，幼児の母語修
得の過程と全く同じではないだろうか。この種の研究のためには，
我々は，片言を話し始めた幼児，あるいは全く未知の言語ドキュメ
ントと取組む言語学者のごとき立場を人為に取る必要があるのだ
（井筒，1992，第4巻：24頁以下）。

## 第3節　井筒の方法論重要性

　ここまで，『意味の構造』における彼の方法論とアプローチを要約した。これは，彼が『コーラン』について書いた著作すべてに共通の方法論である。井筒は歴史的な方法論とアプローチによって『コーラン』の構造を分析していると言える。井筒のこの方法論の発展において2つの重要な点があると思われる。

### （1）『コーラン』研究に与えた影響

　『意味の構造』や『コーランにおける人間と神』における井筒の方法論は革新的であったことはすでに言及した。それは『コーラン』の研究分野で新たな可能性を準備するものの，神学（特にイスラームの伝統的な神学）の観点から，次の重要な結果をもたらす。

　「人間生活の具体的現実」と「歴史的相対論」という表現で代表される井筒の歴史的なアプローチは，言語もその言語意識（人間）も，様々な脈絡に条件づけられているという認識によって成立している。したがって，井筒はアラビア半島という空間とアラビア語の枠組みに基づいて『コーラン』とその諸概念を探究している。これが意味するのは，井筒はこの方法論とアプローチによって『コーラン』とその概念を，西洋イスラーム学が往々にして行ってきたように，キリスト教神学との論争にひきつけて理解しようとしていないことである。こうした方法は，外的な枠組みを持ち込んで解釈する行為である。だが，井筒は，内的な枠組みを導き出し，それを解釈の基準に据える。これは，彼が言ったように，「『コーラン』の諸概念を，ひたすら『コーラン』自身によって」解釈する行為である。

　しかし，井筒はこのアプローチによって，『コーラン』を啓示的なテクストあるいは超歴史的なテクストから，人間的なテクストあるいは歴史的なテクストに変換する。すなわち，井筒の方法論的観点においては，『コーラン』は本体的に歴史的なテクストであり，単にアラビア語の枠組みにおいて意義が示されるものとなる。その結果，イスラームを

世界的な，普遍的宗教として提示する『コーラン』は，地理的な，特殊なテクストに変換される。さらに，このアプローチによって，ムハンマドの役割と立場は，神から啓示を聴き伝える媒介者という神学的位置づけから，ひとつの歴史的テクストのいわば原著者という立場になる。これは，神学的にみた神の役割と立場が交代するかのごとくである。すなわち，『コーラン』という啓示は，ムハンマドの言語と生という歴史的現実と状態に従属するという前提が，このアプローチには伏在している。したがって，この解釈の結果，『コーラン』は人間的・歴史的なテクストに変換される。

　このような結果は明らかにイスラームの伝統的神学の見解と対立する。イスラームの伝統的神学の見解の下では，『コーラン』はあくまで超歴史的・啓示的なテクストであり，イスラームを世界的，普遍的な宗教として提示する『コーラン』の「聖なる教え」（talīm）と，井筒の解釈に伏在する前提は対立しあう。筆者が知る限りで，井筒は自分でこの対立について何も述べてないし，井筒の『コーラン』の研究に関して批評した研究者たちもこの対立について何も言っていない。しかし，この点は本書のテーマに関係しないので，これ以上，立ち入ることはしない[5]。

## （2）　比較哲学の方法論への変化

　井筒が『意味の構造』で使用する方法論は，のちに彼が比較哲学に関して書いた著作の方法論とは非常に異なる。『意味の構造』と『コーラン』に関する井筒の他の著作は，方法の観点から，言語学の理論と歴史的相対論に基づいて書かれたものである。しかし，井筒が書いた著作のうち比較哲学に属するものは，言語学の理論に依然として従うものの，

---

　5）　イラン革命以後から宗教的な知識人のグループは，イスラームの伝統的神学から離れ，現代思想の下に『コーラン』の構造，啓示の本質，ムハンマドと啓示の関係などについて新しい見解を提出した。例えば，現在アメリカ在住のイラン人哲学者・神学者で，宗教的インテリを代表するアブドルカリーム・ソルーシュ（Abdolkarim Soroush；1945-）は，『コーラン』を「ムハンマドの言葉」と呼ぶ。彼は，啓示は基本的にムハンマドの生と言葉に基づくとする。イランの宗教的知識人に加え，エジプトやシリアの一部の知識人も，『コーラン』の構造，啓示の本質について新しい意見を発表している。しかし，これらすべては現在のところ研究計画の表明に留まる。このことについて（Soroush, 1385/2006）を参照。

それらの著作はコルバンの現象学的な解釈とイスラーム・グノーシスと密接に関係している。井筒は比較哲学における自分の方法論をコルバンのテーゼの下に，「歴史を超える対話」あるいは「超歴史の対話」と呼んでいる。井筒は『意味の構造』で，人間を地理，自然，言語，時代，歴史などの状況や脈絡によって限定されるとの前提の上で，普遍的「判断」の無批判な措定を行わない。ところが，『スーフィズムとタオイズム』に代表される比較哲学の著作においては，井筒は歴史の領域を超え，すべての人間社会とすべての人間の言語の間に共通のコトバ，共通の「判断」，共通の「理解」を探求している。すでに述べたように彼はこの共通の「コトバ」，共通の「判断」，共通の「理解」に至ることを「イスティシュラーク」と呼ぶ。この思惟はある種の本質主義を生み出す。

# 第6章
## マッソン＝ウルセルの比較哲学と井筒の方法論

———————

井筒は，1960年からカナダ，マギル大学イスラーム研究所で研究を開始した。1961年12月から翌年6月まで特別講義を行った。すでに述べたように，彼が行った講義は『コーラン』とイスラーム神学についての2冊の本（改訂本をふくめれば3冊）として出版された。

## 第1節　マギル大学での出会い

1961年から二つの出来事が，井筒の研究生活を大きく変化させ，彼の研究はイラン哲学，比較哲学，イブン・ルシュド以後のイスラーム哲学と結び付いた。

第一の出来事は61年1月，もしくは2月に起きたと思われる。ホセイン・ナスルは次のように述べている。

私は61年1月か2月か，講義のためにマギル大学へ招待され，モッラー・サドラーの哲学について講演した。井筒はその講演会の参加者の一人であった。私の講演が終わるとすぐ，井筒は私のもとに来て，次のように言った。モッラー・サドラーの哲学は大変面白く，重要な哲学だと思う。これから私は純粋な言語学的研究をやめて，モッラー・サドラーの哲学を研究したい（2015年4月，筆者とナスルの対談）。

102　　第Ⅱ部　井筒比較哲学の意義

　第二の出来事は 1962 年に起きた。その年，メヘディー・モハッゲグはマギル大学へ客員教授として赴任した。モハッゲグはイスラーム哲学を学生たちに教えるために，19 世紀のイスラーム・スコラ哲学者，サブザワーリー（Hājj Mūllā Hādī Sabzavārī；1797-1873）の『哲学詩注釈（*Sharḥ al-manẓuma*)』を採用した。井筒もモハッゲグのゼミに参加していた。モハッゲグは次のように述べている。

　　かつて私はゼミでサブザワーリーの詩のひとつを読んだ。ゼミが終わってから井筒が私の方に来て，次のように言った。「あなたたちイラン人はサブザワーリーのような卓越した哲学者を持ちますが，残念ながら世界でまだだれも彼らを知らない。なぜ誰も彼の著作を翻訳してないのだろう」と。そして私はすぐサブザワーリーの『哲学詩注釈』を井筒に手渡し，この本を読んでください，もしそれを気に入ったら，それを二人で翻訳しましょうと言った。数日後，井筒は私のもとに来ると，その本の翻訳の提案を引き受けた（Mohaghegh, 1379/2000：78-79)。

　井筒もモハッゲグの影響について，自分のイラン人の弟子，ナスロッラー・プールジャヴァーディー（現代テヘラン大学の名誉教授）との対談で，次のように述べている。

　　〔井筒が〕1961 年にカナダへ行き，メヘディー・モハッゲグ博士と知り合いになった時だ。僕〔井筒〕はモハッゲグ氏と随分話をした。彼と話しているうちに唯，言語学（フィロロジー）という小さな窓から問題を見ているだけではイスラームやイスラーム思想の理解には十分ではないのだと気が付いた。そこでしばらく考えて，一つの結論を得た。それはイスラームを思想の現在的状況と引き比べて考えること，イスラーム思想を最新の知の光りの中で研究することが必要だと。そうでなくて，純然たる歴史的テーマを取り扱うというのでは，ただ過去に関わるというだけのもので，そんなものは博物館の役にしか立たないだろう。モハッゲグ氏はこの点について僕と同意見だった。当時，彼はイラン・イスラームの文化的遺産

第 6 章　マッソン＝ウルセルの比較哲学と井筒の方法論　　　103

の価値を甦らせることを考えていた。僕がこうした側面からのイスラーム研究に関心を持っているのを見てとると彼は喜んだ（プールジャヴァーディー，1993，井筒俊彦著作集，別巻，付録：10 頁）。

　62 年から 68 年まで，井筒はモハッゲグと共にサブザワーリーの『哲学詩注釈』を英語へ翻訳し，井筒は「サブザワーリー形而上学の基礎構造」という論文を『哲学詩注釈』英訳の序論として書いた。さらに井筒とモハッゲグはテヘランでマギル大学＝テヘラン大学イスラーム研究所を設立し，『イラン的知識集成（Selsele dānesh-e irani)』という雑誌も企画した。これに加え，井筒はモハッゲグと共に，『哲学詩注釈』のアラビア語のテクストおよびミール・ダーマード（Mīr Dāmād：-1631)の『カバサート（Qabasāt)』も編集した。さらに，モハッゲグが言うように，『哲学詩注釈』のために，彼と井筒は，毎晩，イブン・ルシュド以後の哲学者の著作を一緒に読み共同研究を重ねた。このことは，井筒にイブン・ルシュド以後のイスラーム哲学に関する深い知識をもたらした。『哲学詩注釈』の英訳は 69 年に出版された。この翻訳はコルバンによって行われたモッラー・サドラーの『存在認識の道』のフランス語訳と共に，イブン・ルシュド以後のイスラーム哲学のテクストの西洋言語への最初の翻訳であった。すなわち，イスラーム哲学は，西暦 8 世紀以降，初めて，シーア派哲学の形で西洋に紹介されたのだ[1]。
　ナスルとモハッゲグに加え，62 年に井筒はヘルマン・ランドルト（Hermann Albert Landolt；1935-)にマギル大学で出会った。ランドルトはコルバンの弟子であり，マギル大学イスラーム研究所の教授として働いていた。さらに筆者が知る限りで，ランドルトは初めて井筒をコルバンに紹介した。ナスルが述べるように，「マギル大学におけるランドルトの存在により，コルバンの様々なプロジェクトがマギルで継続され，コルバンの見解やプロジェクトについて様々な論文が書かれた。したがって，コルバンと彼の思想は，間接的にマギル大学のイスラーム学に影響を与えた」（Nasr, 1382/2003：53)。

---

　1)　筆者が松本耿郎教授から直接聞いたところによると，『存在認識の道』からのコルバンのフランス語訳は井筒の和訳に非常に影響を与えている。事実，『存在認識の道』に関する井筒の解説はコルバンの解説に類似しているように思われる。

井筒はナスル，モハッゲグ，ランドルト，さらにコルバンの思想の影響下に，次第に，純粋な言語学の研究から離れ，コルバンと共にイブン・ルシュド以後のイスラーム哲学の再評価を行い，そして比較哲学を組織化することを試みることとなった。


## 第2節 『スーフィズムとタオイズム』の論点


井筒は1966年にマギル大学イスラーム研究所で働きつつ，『スーフィズムとタオイズム（*A Comparative Study of the Key Philosophical Concepts in Sufism and Taoism*）』を出版した。この著作はイブン・アラビーの「存在の唯一性」（waḥdat al-wujūd）と老子と荘子の道教思想をめぐる比較研究である。『スーフィズムとタオイズム』は3部に分かれている。第1部ではイブン・アラビー思想の中心的概念を詳しく説明する。第2部では道教の中心的概念を説明する。第3部で，両者の概念と思想体系が比較される。この第3部で主に比較されるのは，「存在」（wujūd）の概念と「道」（tao）の概念である。

この著作で次の点に注意しよう。本書の副題である。副題には「A Comparative Study of the Key Philosophical Concepts」とある。これが示しているのは，井筒がイブン・アラビーの思想と道教の思想のキータームによって両者を比較するつもりである，ということだ。井筒の方法論はそもそも「類比」による構造的な比較である。すなわち，イブン・アラビーにおけるAは道教におけるCと類比関係がある。それゆえに，井筒にとってイブン・アラビー思想における「存在」は道教における「道」と類比関係がある，といった形式の比較である。これから詳しく論じるように井筒のこの比較の方法論はマッソン＝ウルセルの方法論に基づいていることは明らかだ。


## 第3節 イスラーム哲学における「存在」の分別


ここでイスラーム哲学における「存在」の分別に関して論じる。だ

第6章　マッソン＝ウルセルの比較哲学と井筒の方法論　　105

が，まず，「存在」の分割に関して論じておく必要がある。イスラーム哲学者にとって，「存在」は知性的・論理的な分析の下に，実在と概念の二つの水準あるいは次元に分別される。

　「存在」の実在の水準あるいは次元とは，実在界に存在するものを意味し，すべての存在者である。実在に対して，「存在」の概念の水準あるいは次元があり，知的・精神的にとらえられるものである。

　「存在」の実在は明白な事柄である。われわれは日常生活のうちに様々なもの（存在者）と直面し，直接にそれらの「存在」を理解する。つまり，「存在」の概念はすべての概念の基礎である。われわれは存在の概念によって，他のすべての概念を理解できる。さらに，「存在」の実在は，概念的には合成的な事柄として理解される。すなわち，それは知性的・論理的な分析の下に，「存在」と「本質」（māhiyah）に分割されるものである。問題は，「存在」の概念は純粋な概念であり，これ以上は分割されないことである。

　　「本質」（māhiyah）とは「これはなんであるか」という問いの答えとして知性が存在から取り出したもの。そしてそれのみを説明し，思考をめぐらせ，その後でそれを存在によって形容する。従ってそれは啓示されたものの意味に他ならず，従って存在は本質そのものでなく，その部分でもない。存在の関連で言えば，存在こそ優先的で，本質はそれを説明するものである（タバータバーイー，2010：14頁）。

　上の定義から二つの結果が得られる。第一の結果はすべての本質——例えば，花，石，本——の概念，つまり存在者の概念を「存在」の概念に還元することができるが，「存在」の概念を他の概念に還元することはできない。だからこそ，「存在」の概念は純粋な概念だということである。第二の結果は「存在」の概念はすべての概念の基礎であり，すべての概念を開示するということである。すなわち，もし「存在」の概念がなければ，他の概念もない。すべての概念の中で，「存在」の概念は最も本源的な概念であり，最も明白な概念である。言語的・論理的な観点からも，「存在」という単語は，他の名詞とちがって定義を受け入れ

ない。「概念」は定義可能な単語もしくは名詞である。ゆえに「存在」の概念という表現は矛盾を含むものとなる。「存在」の概念という表現はもっと別の形で表現すべきであろう。

イスラーム哲学における「存在の概念と実在」と「存在と本質」という主題は，井筒の比較哲学に大きな影響を与えた。この二つの対象は井筒の著作の中で「サブザワーリー形而上学の基礎構造」という論文以降に出てきて，彼の比較哲学の基本になって行った。さらに，「存在の概念と実在」という主題は，井筒の1冊の著作の書名にもなった。この著作の内容については，後で論じるつもりである。

「存在」の概念は，イスラームの形而上学の構造において，神（アッラー）あるいはハック「ḥaqq」（真理，真実在）という概念に対応する。したがって，イスラームの形而上学においては，「ハック」は「純粋な存在」（井筒の言葉で「絶対無分節」（井筒，2010，11頁）であり，「ハック」以外のものは複合的存在である。すべての存在者の「存在」を「ハック」の「存在」に還元することはできるが，「ハック」の「存在」を他のものに還元することはできない。後で論じるように，「ハック」の存在はイスラーム哲学において必然的なもの（wājib）の存在と同義である。

井筒は『スーフィズムとタオイズム』において，イスラーム哲学における存在の概念を取り上げ，それを道教における「tao」の概念と対応させ，比較する。すなわち，「tao」という概念はイスラーム哲学における「wujūd」の概念のように，同じ形而上学を形成することが示される。したがって，井筒は本書の第3部において，自分の方法論を説明しつつ，イブン・アラビー学派の概念と道教の概念を存在の概念の下に比較する。


## 第4節　『スーフィズムとタオイズム』執筆の動機

井筒がイラン哲学アカデミーの教授になってから，ナスルは彼に『スーフィズムとタオイズム』の再出版版を提案し，契約を結んだ（本書巻末の資料1）。しかし，イラン革命が発生すると井筒は日本に帰国した。

第6章　マッソン＝ウルセルの比較哲学と井筒の方法論　　107

それで，この著作は 1981 年に日本で出版されることとなった。

　それに先立つ 1971 年に井筒は『存在の概念と実在性（The Concept and Reality of Exsistence）』を出版した。この著作はそもそも井筒がそれまでに英語で書いた論文をまとめたものである。この著作の中でわれわれは，二つの点に注意しなければならない。それは ① この著作の思想の基礎にはイラン哲学（イブン・ルシュド以後の哲学）があり，② 比較哲学に関する井筒の方法論がほぼ形を整えたということである。

　井筒は『スーフィズムとタオイズム』を書いた動機を，二つ提示する。① 1961 年以後，次第に，新たな思想的課題を感じて，東洋哲学（比較哲学）を構築することを決心した（Izutsu, 1984：Ⅱ，参照）。②コルバンの思想の影響を受け，彼が「歴史を超える対話」と呼ぶ思惟の下に，イブン・アラビー学派と道教を超歴史的観点から比較することを試みた（Izutsu, 1984：469 参照）。井筒はこの二つの動機を本書を書く理由として挙げるものの，これらの動機には，明らかに，政治的・社会的な動機も存在する。その動機は諸文化と諸文明の間の対話と「理解」の必要性である。井筒はこのことについて次のように述べている。

　　　私は，アンリ・コルバン教授の言う「歴史を超える対話」（un dialogue dans la métahistorie）が昨今の世界情勢において切に必要とされているものであるという認識からこの研究を始めた。人類の歴史において，われわれが現在生きている時代より，世界中の国家間での相互理解の必要性がこれほどまでに感じられる時代はない。「相互理解」は，多くの生活の異なるレベルにおいて，実現可能である，あるいは少なくとも感じ取ることができるだろう。哲学的なレベルもそのうちの一つであり，おそらく最も根本的なものであろう。そして，多かれ少なかれ現実の状況や世界の目に見える状況とつながりのある他の人間の関心レベルと異なり，哲学レベルにおける相互理解の特徴は，まさに今提起している「歴史を超える対話」により生み出される「相互理解」を可能にすることである。そして「歴史を超える対話」は，仮にそれが実行されるならば，真の意味での「philosophia perennis」〔永遠の哲学〕に結実されるだろうと，私は信じている。というのも，人間の内心にある哲学的な欲求は，

年齢・場所・国に関係なく，究極的にそして原理的に同じであるからである（Izutsu, 1984：469）。

## 第5節　イスラーム哲学における「存在」の概念

筆者は，第Ⅲ部で詳しく，井筒とコルバンの政治的・社会的な動機について論じるが，ここでは，『スーフィズムとタオイズム』と『存在の概念と実在性』の比較哲学の方法論と「歴史を超える対話」について検討したい。

いずれの著作においても，井筒の比較哲学の方法論の基礎を形成するのは，存在の形而上学の構造分析である。すなわち，井筒は，東洋の諸伝統から共通の「理解」を提示することを新プラトン主義の視点から試みている。ここでは井筒の比較哲学の方法論における分析方法を得るために，イスラーム哲学における「存在」の概念について考察しようと思う。

「存在」（wujūd）という概念は『コーラン』の術語ではない。イスラームの伝統においてすべての術語は『コーラン』の術語と非『コーラン』の術語に分けられる。例えば，「アッラー」，「来世（'ākhirah)」などのような言葉は『コーラン』の術語と見なされる。これらの術語は『コーラン』の中で宗教的・神学的・法学的な意味がある。これに対するものは，非『コーラン』の術語である。イスラーム哲学におけるほぼすべての概念は非『コーラン』の術語である。「存在」，「本質」，「偶性（'araḍ)」などのような術語は，古代ギリシア哲学のテクストのアラビア語訳によってイスラームの文明に流入してきた。

ギリシア哲学の術語と概念がイスラームに入ってから，イスラームの哲学者（初めはファーラービー）はそれらの概念を『コーラン』の概念と対応させた。例えば，彼らは「存在」を，必然的なもの（wājib）の存在と可能的なもの（mumkin）の存在へと分割した。必然的なものの存在はまさに「アッラー」（神，創造主）であり，「アッラー」以外のものは可能的なものの存在である。ハイデガーの約10世紀前に，イスラーム哲学者たちは，必然的なものの存在と可能的なものの存在に分

けることにより，「存在」という概念を「存在」と「存在者」に分割した。しかし，当然ながら，存在をめぐるイスラーム哲学者の理解はハイデガーの理解とは大きく違う。イスラーム哲学者たちによる存在の分割と理解は彼らの神学的体系と密接に関係する。彼らは存在の分割と理解によって，宗教の諸概念と神の存在の必要性を確認しようとした。それらの宗教概念にとって重要なものは，死後の問題である。イスラーム哲学者たちは，自分の神学的体系や形而上学の構造を，死後の在り方を探求することと哲学的に，結びつけた。しかし彼らのアプローチと目的とは異なり，ハイデガーは形而上学の神学化を否定し，現存在（Da-sein）の存在は死と共に終わる。

　コルバンはその様々な著作の中で，イスラーム哲学とハイデガー哲学における「存在」の概念の差異について詳しく論じている。コルバンにとって，イスラーム哲学における存在論は，ハイデガーの存在論とは根本から異なる。なぜならば，現存在はハイデガー哲学において，「Das Sein zum Tode」（死への存在）であるが，ある種の「現前の形而上学」[2]であるイスラーム哲学は死を超え，現存在を「Sein zum Jenseits des Todes」（死の彼方への存在）として定義するからである（Nemo, 1979：251-252，参照）。コルバンによれば，ハイデガー哲学は人間の生の永遠のために何らの可能性も与えることができない。しかし，それに対して，コルバンの関心からは，イスラーム哲学，とくにスフラワルディー，イブン・アラビー，モッラー・サドラー哲学は人間の生に永遠で深い意味を与える。

　イスラーム哲学における「存在」と「存在者」の意味と概念に戻ろう。「存在」と「存在者」の分割に基づけば，神（アッラー）は宗教的には創造主であり，哲学的には「絶対者」，「絶対存在」，「純粋存在」，「絶対無分節」である。神以外のものは「存在者」である。神，「絶対者」，「絶対存在」，「純粋存在」，「絶対無分節」の存在は自立自存であり，「存在者」の存在は依存的である。すなわち，もし神の存在がなければ，「被造物」は存在できないという意味で「無」である。

　本質とは存在者のアイデンティティーである。例えば，われわれ

---

　2）「現前の形而上学」は人間が存在を超越的に超え，神と合一することを意味する。

は「花」や「リンゴ」という場合,「花」や「リンゴ」のアイデンティティーの本質を指している。アイデンティティーの問題を否定的にいえば,われわれはあるものを「花」と呼ぶ時,それは同時に「リンゴ」ではないことをも意味している。

「存在」と「本質」への存在者の分割は,イスラーム哲学で大きな問題をもたらした。この問題は論理的な命題の分析によって明らかになる。「花が赤い」という命題文を例として取り上げて,このことを検討してみよう。

この命題において「赤」は偶性（ʿaraḍ）として花に述語されている。この命題では,われわれはすでに「花」の存在を認めており,それに「赤」を述語づけたのである。しかし,「花が存在する」という命題において,「存在」は「赤」のような偶性ではなく,いわば特殊な偶性である。この場合は,われわれは,「花が赤い」の命題のように「花」の存在をもとから認めているのではなく,「花が存在する」という命題において「存在」が述語として「花」に存在を付与している。

この特殊な偶性を初めて提示したのが,イブン・スィーナーである。この特殊な偶性は「赤」のような偶性と差異があるので,それを「述語外の偶性」（ʿaraḍ khārij al-maḥmūl）と呼んだ。すなわち,これは,述語が本来は主語であるべき状態を示している。井筒とイスラーム哲学者にとって,「花が赤い」と「花が存在する」のいずれの命題も,言語学の観点からは,共通の構造をもつ。「花」は主語,「赤い」や「存在」は述語である。しかし,哲学と存在論の観点からは,この二つの命題は完全に違う。「花が存在する」という命題においては,実在体験としては,命題の主語は「花」ではなく,「存在」である。すなわち,「存在」に「本質」（花）が付加されることで,本質が「存在者」として外的に（つまり,存在者の知性的分析ではなく,存在者の外的存在として）確認される。このことを井筒は,哲学の観点から,「花が存在する」という命題は「存在が花する」という命題で表現されなければならないと述べる。イスラーム哲学の基礎の下にこの分析から得られるものは,「存在の優先性」（ʾaṣālat al-wujūd）と「本質の仮構性」（iʿtibārīyat al-māhīyah）で

ある[3]。

## 第6節　神秘哲学における「存在」

　さて，「必然的なものの存在」と「可能的なものの存在」への存在分割，また「存在」と「存在者」への存在分割を，純粋哲学ではなく，神秘哲学がどのように理解するか検討していこう。ここで神秘哲学と呼ぶのは，新プラトン主義に基づくイスラーム形而上学であり，井筒はこの形而上学の下に東洋の諸伝統を読み直し，比較することを試みた。

　井筒は，新プラトン主義の体系を次のように定義する。

　　プロティノスの「一者」という名もまた然り。「一者」(to hen) という仮名が，純然たる仮名にすぎないことを，プロティノス自身が次のように明言している (Enn. Ⅳ)。曰く，自分が「一者」という名で意味しようとしているものは，本当は一者でもない。それは「有るの彼方 (epekeina ontos)」「実在性の彼方 (epekeina ousiās)」「思考力の彼方 (epekeina noû)」なるもの，つまり言詮の彼方なる絶対窮極者なのであって，それにピタリと適合する仮名などあるはずがない。しかし，そんなことを言っていては話にならないので，「強いて何とか仮りの名を付けるために，止むを得ず，一者と呼んでおく」。またそれに言及する必要がある場合「かのもの (ekeīno)」という漠然として無限定的な語を使ったりもするが，「実は，厳密に言えば，かのものともこのものとも言ってはならないのである。どんな言葉を使ってみても，我々はいわばそれの外側を，むなしく駈け廻っているだけのことだ」(Enn. Ⅵ, 9)（井筒，2006：23頁以下）。

　さらにプロティノス自身が述べるように，万物（存在者）は無限の存在である「一者」から流出したヌース（知性）の働きによるものである

---

　3）　このことについて，(Izutsu, 1971：38-39) を参照。

（流出説）。一者は有限の存在である万物とは別の存在で，一者自身は流出によって何ら変化・増減することはない。われわれはこの体系をイスラームの神秘主義の構造において見ることができる。すなわち，「絶対者」，「必然的なものの存在」，「純粋存在」，「絶対存在」，「絶対無分節」，イスラームの宗教の術語でハックが「自己顕現」（tajallī）する段階が，階層構造として提示される。絶対者は，一者，神，創造主として顕現する。そして，半ば霊的にして半ば物理的な現象となり，最終的に感覚世界として自らを顕現する。存在するすべての事物，事象すなわち「存在者」は「存在」に帰属するばかりではなく，「存在」の自己展開，「存在」の限定的自己顕現に他ならない。イブン・アラビーや彼に従うイスラーム神秘主義における「存在」の一元論的な思想は，「存在一性論」と呼ばれており，仏教の術語である「一心」と対応する。

　この形而上学の構造は，イブン・アラビーの「存在一性論」の下に，「一から生じるものはただ一のみ」という新プラトン主義の思想が理解される。このような見解はわれわれを大きな問いに直面させる。もし「一から生じるものはただ一のみ」であれば，如何にしてこの世にいる諸々の存在者の存在を引き受けることができるのか。この問いに対して，イスラーム神秘主義とイブン・アラビー学派は次のように答える。「存在」はすべての存在者の共通の要素であり，あくまで「一」である。しかし，本質は「多」の源泉であり，仮構（i‘tibārī）にすぎない。すなわち，もし「存在」が「本質」に付加されなければ，「本質」は「無」的なものにすぎない。したがって，「存在」は存在者の本質に付加されるという観点から，「多」であり，「存在」は存在者の本質の内包であるという観点から，「一」である。イブン・アラビーの「存在一性論」に基づき井筒はこのことを次のように公式化する。「一即多・多即一」。すなわち，現象界は無尽の存在者で埋め尽くされている。何一つとして同じものはない。存在者は，今この瞬間も増え続けている。しかし，神秘主義者の眼を通じて見れば，世界の多様性は収斂され，むしろ「一」に映る。すべての存在者は，「一」が自己顕現したものである。イブン・アラビーにとって，「一」は「存在」──つまり優先者──と同義である。精確に言えば，「存在」が始原的に自己展開した姿が「一」である。「一」は無尽の「多」を内包する。「一」がなければ「多」はありえない

第6章　マッソン＝ウルセルの比較哲学と井筒の方法論　　113

図1　モーシールモスクの壁（筆者撮影）

（図2）。
　さて，もしわれわれがこの神秘哲学的な解釈を宗教の概念に移すなら，次の結果が得られよう。それは，神はまさにその「一」であり，創造物はまさにその「多」である。そして「神」がなければ「創造物」はありえない。つまり，すべての人間を含むすべての存在者は神の顕現の姿であるというものである。
　スフラワルディー哲学のうちにも，次のような形而上学的な構造が明らかに認められるが，スフラワルディーは「存在」の代わりに「光」という概念を使う。すなわち，「絶対者」,「純粋存在」,「ハック」などは「光の光」に言い換えられる。「光の光」の顕現によって宇宙が創造される。スフラワルディーのこの見解の具体化をわれわれは，イラン・イスラームの建築において見ることができる。例えば，シーラーズにあるモーシールモスクの一つの壁は多色のガラスから作られている。太陽がそれらのガラスに輝く時，太陽の純粋光がそれらのガラスを通る時，ガラスの色を受け取る。すなわち，太陽の透明な光の色は，赤い色，青い色，緑色などに変更される。この例では，太陽の純粋光，つまり「光の光」（「一」）であり（これを井筒はスフラワルディーやシーア派哲学の表現

にならい，「内面」とする），ガラスを通過する光は「多」（本質）の光である（同様に，知解可能なものとしての現実態であるこれは「外面」とされる）。もし，太陽の純粋光がなければガラスを通過した光もない。

この形而上学的な構造と分析から，以下の4つの結果が出て来る。

① 全存在界，ないしは宇宙は，モデルとして，両面的形態あるいは両面の領域（井筒の言葉で「双面的思惟形態」（井筒，2006：14頁））に分割される。一方の面の領域は「形而上」，「非現象」，「無分別」（以下，A領域と呼ぶ），他方の面の領域は「形而下」，「現象」，「分別」の領域である（以下，B領域と呼ぶ）。「一」・「無分節存在」・「純粋な存在」はA領域からB領域に動き，本質を創造する。反対に存在は，B領域からA領域に動き，その動きによってすべての本質は人間の意識で消滅される。AからBへ，BからAへの動きは一つの一円を描いている。当然ながら，これらの面，あるいは領域は，それぞれ独立して存在するのではなく，観点によってこのような局面を提示するのだが，説明の便宜上，モデルとして区分するにすぎない。

② 上に論じたように「絶対者」，「純粋存在」，「ハック」などの空間はA領域であり，本質（存在者）の空間はB領域である。したがって，もしA領域がなければB領域もない。この思想から出て来るのは，B領域は——つまりわれわれがそこに住んでいる世界——は仮構（i‘tibārī）の世界にすぎず，本来的な世界はA領域であるということだ。筆者は井筒とコルバンの比較哲学の批判のために，第Ⅱ部の結びにおいてこの主題に言及する。

③ 井筒が述べるように，純粋存在の「理解」のためにわれわれは，普通の意識の水準（表層意識）から深層意識の水準に移動しなければならない。深層意識の水準に至る道は，修行と神秘的体験のみである（Izutsu, 1971：3-6, 参照）。この考えと方法論が主観的・内観的な立場であり，井筒が「人間生活の具体的現実」と「歴史的相対論」と呼ぶアプローチとは完全に異なることはあきらかである。

④ この両面的形態は存在論的・認識論的な分析に分けられる。存

在論的な観点からA領域はB領域と同じ（A＝B）である。存在は「権力の中心」として完全にB領域を支配する。先に示した太陽とガラスの例でも，A領域の光とB領域の

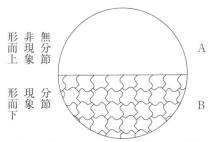

図2　A領域「一」とB領域「多」の形態

光は同じである。しかし認識論的な観点からA領域はB領域と同じではない（A≠B）。B領域は「万物」であり，権力の観点からA領域より弱い。

## 第7節　井筒の比較哲学とマッソン＝ウルセル

　井筒にとって「存在一性論」は単にイラン・イスラーム的な思想に留まらない。その理論的な立場は，イラン・イスラームに加え，東洋のすべての伝統——道教，仏教，ヴェーダーンタ，朱子学——をも包摂する。したがって，「存在一性論」は比較哲学の方法論のために一つのモデルを提供する（Izutsu, 1971：36-37, 参照）。すでに述べたように，井筒はコルバンの哲学の下に，このモデルを「歴史を超える対話」と呼んだ。しかし，筆者が理解した限りでは，「歴史を超える対話」という概念は『スーフィズムとタオイズム』と『意識と本質』では，意味が違うと言わざるをえない。
　筆者は「井筒俊彦の東洋哲学における〈歴史〉の意義——アンリ・コルバンの哲学が井筒に与えた影響について」（『比較思想研究』第42号，2015年）で，『スーフィズムとタオイズム』と『意識と本質』の両著作における「歴史を超える対話」を同じ意味で理解していた。だが，本書を通して，筆者はそこに差異を見出すこととなった。この差異は，マッソン＝ウルセルが提案するモデルとコルバンが提案するモデルに関係があるように思われる。さらに井筒は『スーフィズムとタオイズム』に

おいて，二つの学派の間の非歴史的な関係を「歴史を超える対話」と呼ぶ。これは井筒が『スーフィズムとタオイズム』において「歴史を超える対話」について語るものの，まだ彼は「歴史を超える対話」に関して明白な理解を提示してはいない。しかし，キータームの比較によってイブン・アラビー学派と道教の諸概念とに橋渡ししようとしていた。こうした方法論とアプローチはマッソン＝ウルセルが提案する方法論と変わることはない。

　しかし，井筒が『意識と本質』の中で提示しているモデルと方法論は，「歴史を超える対話」のモデルであるといえるだろう。

　井筒は『スーフィズムとタオイズム』の中で「歴史を超える対話」を次のように定義する。

　　①　二人の哲学者や思想家のうちに共通の言語，文化，歴史（伝統）がある。例えば，プラトン哲学とアリストテレス哲学を比較することがこれにあたる。

　　②　二人の哲学者や思想家のうちに共通の歴史・伝統・文化があるが，言語と哲学の観点から彼らの間に異なるものがある。例えば，アリストテレス哲学とカント哲学を比較する。この段階では言語は違うが，アリストテレスとカントは西洋哲学の伝統の中で考えられている。

　　③　二人の哲学者や思想家のうちに共通の言語と文化はないが，彼らの間に共通の哲学的基礎がある。例えば，イブン・スィーナー哲学とアクィナス哲学を比較することだ。この段階では，共通の言語・共通の文化に関して問題があるが，彼らの哲学の基礎は共通である。いずれもスコラ哲学の伝統に属し，古代ギリシア哲学を基礎とする。西洋思想史の歴史家がイスラーム哲学をスコラ哲学の基礎と見做している事実からも，このことは明らかである。

　　④　二人の哲学者や思想家の間に共通の言語，歴史・文化・基礎がない。例えば，井筒俊彦の研究のように，イブン・アラビー思想と老子・荘子思想を比較することがこれにあたる。この段階で，我々は比較の問題の頂点に至る。

　　イブン・アラビーはイスラームの伝統に属し，アラビア語で書

き，イスラーム世界の西方に生きた。しかし彼とは異なり，老子と荘子は中国の伝統に属し，中国語で書き，東アジアに生きた。通常は，彼らのうちに共通の歴史・言語・基礎はないと考えることができる。(Izutsu, 1984：191)

『スーフィズムとタオイズム』において井筒が「歴史を超える対話」と呼ぶのは，④の定義である。すなわち，歴史的に関係のない二つの伝統の間に，キータームあるいは鍵概念の観点から，対応，照応，類比の関係が提示される。筆者の理解では，「歴史を超える対話」の提示する定義には，超歴史的な性格は全くない。これから論じるように，井筒の定義はマッソン＝ウルセルが提案する方法論に過ぎない。今まで比較哲学の領域で様々な研究者が歴史的に関係のない二つの伝統を比較してきたが，彼らは自分の比較哲学の営みを「歴史を超える対話」と呼んでいない。例えば，今まで日本比較思想学会で様々な研究者や学者は，ベルクソン（Henri-Louis Bergson：1859-1941）の哲学と西田幾多郎(1870-1945)の哲学あるいは仏教哲学を比較したが，彼らは自分の研究を「歴史を超える対話」とは呼ばずに，ベルクソン哲学，西田哲学，仏教哲学などの間に対応を導き出している。

　二つの伝統や学派の間に類比関係を表すことは，そもそもマッソン＝ウルセルが提案する方法論である。続いて，筆者はマッソン＝ウルセルが提案する方法論を説明してから，井筒は『スーフィズムとタオイズム』の中でマッソン＝ウルセルの方法論を超えていないことを明らかにしたい。ただし，井筒は本書の中でマッソン＝ウルセルの名前には言及していない。それゆえに，マッソン＝ウルセルの方法論と井筒の研究との関係は，筆者の見解である。マッソン＝ウルセルは自分の比較哲学の方法論を次のように説明している。

　　比較という方法に固有な知解の図式は同一性にあるのでもなく，差異性にあるのでもない。前者の場合には諸事実の多様性を通して同じような法則を導入することになる。後者の場合には諸々の体験的所与の一々について，他には還元できない独自性を明示することになる。前者は科学に到達し，後者は歴史に到達するであろう。比較

118　　　　　　　第Ⅱ部　井筒比較哲学の意義

哲学は実証的ではあるが，上記のいずれでもない。比較哲学が従う原則は類比である。それは数学で言う比例に従って推理することであり，すなわち，ＡのＢに対する関係は，ＹのＺに対する関係に等しいという比の等式である。この等値関係は，上記のＡとＹならびにＢとＺの間にどのように大きい異質性を想定しようとも充分に成立する。この等値関係を明瞭にさせるのに，それら４項の各々について，その全内容を明示的に述べる必要はない。それら４項についての概略の知識さえあれば，それで充分である（マッソン＝ウルセル，1996：27頁）。

　マッソン＝ウルセルが提案する方法論は，比較哲学とよばれる研究領域で最も使用されるものである。この方法論では，二つの概念やキータームが等しい水準におかれ，いずれの間にも対比の等式が成立しうるように操作される。例えば，ベルクソンにおける西洋哲学の純粋体験は西田における日本哲学の純粋体験と等しいという対比の等式を成立させる。

$$\frac{\text{ベルクソン（A）}}{\text{西洋哲学の純粋体験（B）}} = \frac{\text{西田（Y）}}{\text{日本哲学の純粋体験（Z）}}$$

　二つの学派や伝統の間に歴史的な関係があるか否かという問題に関係なく，このモデルは成立しうることは明白である。マッソン＝ウルセルが提案するモデルによって，われわれは様々な哲学学派や伝統の概念やキータームを比較し，図式化することができる。例えば，第Ⅰ部で述べたように，シャイガンはマッソン＝ウルセルが提案するモデルの下に，『両海の一致（*Majma' al-Baḥrain*）』の注釈（つまり，イスラーム神秘主義の諸概念とヒンドゥー教の諸概念の比較）のためにマッソン＝ウルセルが提案するモデルを使用する。シャイガンは歴史的に関係のない二つの伝統を比較するが，自分の研究を「歴史を超える対話」と呼ぶことはなく，それは比例を表すとする[4]。シャイガンが『両海の一致』から

--------------------------------

　4）　ここで次の二つの点に注意しなければならない。

　①　『両海の一致』の注釈はシャイガンの博士論文の対象であり，彼の指導教授はコルバ

第6章　マッソン＝ウルセルの比較哲学と井筒の方法論　　　119

提示するモデルは，マッソン＝ウルセルの方法論の下，次のように表現することができる。

$$\frac{イスラーム（A）}{{}^{\backprime}eshq（愛）（B）} = \frac{ヒンドゥー教（Y）}{māyā（幻影）（Z）}$$

$$\frac{イスラーム（A）}{qiyāmat（来世）（B）} = \frac{ヒンドゥー教（Y）}{mahā\text{-}pralaya（大溶解）（Z）}$$

　井筒は『スーフィズムとタオイズム』の中で，イブン・アラビー学派のキータームと道教のキータームを，それらの形而上学の構造の下に比較することを試みる。すでに述べたように，彼は『スーフィズムとタオイズム』の第3部で両者の学派のキータームを比較する。彼が同箇所で描くモデルは，完全にマッソン＝ウルセルのモデルと対応する。以下ではまず，井筒自身が描いたモデルを提示し，それから，そのモデルがマッソン＝ウルセルのモデルと対応可能であることを示そう。

　井筒の比較研究の基本は述べたように，新プラトン主義の体系に基づく形而上学の体系である。すなわち，「一」の顕現によって「多」が創造される。井筒はこのことを以下の形で示す。

tajallī

ḥaqq　→ mumkināt

shéng

tao　→wan wu

　われわれはこのモデルを完全にウルセルのモデルと対応することができる。

─────────

ンであった。

　②　コルバンは1975年以降にマッソン＝ウルセルの方法論を批判し，新しい方法論を定義することを試みたこと。1975年まで，コルバンと「黎明の叡智の流れ」に属する思想家たちは，マッソン＝ウルセルの比較哲学のモデルに従っていた。ゆえに，「歴史を超える対話」はその時までまだ明白な意味をもたなかったといえる。

$$\frac{\text{Ibn 'Arabī (A)}}{\text{ḥaqq (一) (B)}} = \frac{\text{Taoism (Y)}}{\text{tao (一) (Z)}}$$

$$\frac{\text{Ibn 'Arabī (A)}}{\text{tajallī (自己顕現) (B)}} = \frac{\text{Taoism (Y)}}{\text{shéng (自己顕現) (Z)}}$$

$$\frac{\text{Ibn 'Arabī (A)}}{\text{mumkināt (多) (B)}} = \frac{\text{Taoism (Y)}}{\text{wan wu (多) (Z)}}$$

イブン・アラビー学派の体系には，ḥaqq の段階から mumkināt の段階まで五つの段階がある。すなわち，ḥaqq はそれらの段階を渡ることによって「多」になる。井筒はそれらの段階を以下のように道教の段階と比較する（Izutsu, 1984, 480）。

　　イブン・アラビー学派における五つの段階
　　　　(1) The stage of the Essence (the absolute Mystery , abysmal
　　　　　　Darkness)
　　　　(2) The stage of the Divine Attributes and Names (the stage of
　　　　　　Divinity)
　　　　(3) The stage of the Divine Actions (the stage of Lordship)
　　　　(4) The stage of Images and Similitudes
　　　　(5) The sensible world

　　道教との形而上学の五つの段階の比較
　　　　(1) Mystery of Mysteries
　　　　(2) Non-Being (Nothing, or Nameless)
　　　　(3) One
　　　　(4) Being (Heaven and Earth)
　　　　(5) The ten thousand things

　井筒が比較する段階は，そもそも「存在」の顕現の段階である。われわれはこれらの段階をもマッソン＝ウルセルのモデルと対応させるこ

第6章　マッソン＝ウルセルの比較哲学と井筒の方法論　　　121

とができる。イブン・アラビー（A）は道教（Y）との比例関係を表し，それぞれの段階，つまり B/Z は，キータームの間に比例関係をもつ。

　以上の叙述に基づいて，井筒は『スーフィズムとタオイズム』と『存在の概念と実在性』の中で，『コーラン』に関する言語学の方法論を離れ，コルバンの哲学の下に，東洋の諸伝統の概念を超歴史的に比較することを試みた。しかし，ここまで論じたように，『スーフィズムとタオイズム』と『存在の概念と実在性』における井筒の方法論は全く超歴史的な方法論ではなく，キータームの比較であった。井筒の真の超歴史的な方法論は『意識と本質』の中で形成されると筆者は考えている。『意識と本質』と『意識の形而上学』における本来の意味での超歴史的な方法論は，歴史に関するコルバンの問題意識とスフラワルディー，シーア派，〈東洋〉の概念（イスラームのグノーシス），意識論の立場から，コルバンの解釈と密接に関係があると思われる。続いて第7章でコルバンの比較哲学のモデルについて論じる。

# 第7章

## 「歴史を超える対話」とは何か
──アンリ・コルバンの比較哲学と井筒の方法論──

　イラン革命の発生によって，井筒はイランを去り，日本に戻ってきた。彼は日本でイスラーム文化，シーア派思想に関するいくつかの講演に加え，自分の東洋哲学（比較哲学）を日本語で表現することを始めた。彼の東洋哲学に関する中心的著作は『意識と本質──精神的東洋を索めて』と『意識の形而上学──『大乗起信論』の哲学』であろう。本章ではこの2冊に基づいて分析する。ここでは，この2冊の著作における井筒の方法論が，スフラワルディー哲学とそれについてのコルバンの解釈からいかなる影響を受けたかを明らかにする。さらに，「歴史を超える対話」とその立場に関しても詳しく論じる。

　井筒俊彦は『意識と本質』の序論で，自身の東洋哲学（比較哲学）に関して次のように述べている。「極東，中東，近東と普通呼び慣わされている広大なアジア文化圏に古来展開された哲学的思惟の様々な伝統を東洋哲学という名で一括して通観する（中略），その諸伝統にまつわる複雑な歴史的聯関から引き離して，共時的思考の次元に移し，そこで新しく構造化しなおしてみたい」（井筒，2010：7頁）。

　「共時的思考の次元」，あるいは，「共時的構造化」という用語が，『意識と本質』における方法論のキータームといえよう。「共時的思考の次元」と「共時的構造化」という用語は，「次元」・「共時」・「構造」という三つの概念から形成されている。「次元」の概念は，以下で論じるように，A領域を指す。すなわち，井筒の比較哲学はすべての現象を存在の隠された次元──つまりA領域へと還元する。時間の観点から，「共時」という概念もA領域を指す。B領域は「世俗の時間」と歴史の領

域である。B 領域において，時間は「過去」「現在」「未来」に分割され，「過去」から「未来」へ時間が推移することで歴史が作り出される。そして，歴史はすべての現象を歴史的な現象に変換する。つまり，すべての現象は独自の空間と時間に属する。

しかし，すべての現象が A 領域──つまり存在が無分節の段階にあるところ──に移動されて還元されるなら，すべての現象は非時間的なものに，あるいは共時的なものに変換される。井筒はすべての現象を時間の観点から，A 領域に移動して還元する。「構造」という用語は，形而上学の諸段階あるいは存在の自己顕現の諸段階としてモデル化される構造に対応する。これらの段階は A から B へ，B から A への運動の局面を段階として提示する。

井筒はこの方法論とモデルによって，東洋の諸伝統の構造を比較し，読み直し，できる限りそれらを現代の思想に取り入れることを試みる（井筒，1995，第 9 巻，117 頁参照）。しかし，第Ⅲ部で論じるように，彼の目的と動機は完全に政治的・社会的なものとして理解可能である。

すでに述べたように，井筒は『スーフィズムとタオイズム』と『存在の概念と実在性』で，「共時的思考の次元」，あるいは，「共時的構造化」という用語の代わりに，"meta-historical dialogue"，あるいは，"meta-philosophy oriental" という表現を用いている。これに加え，彼はこの著作や東洋哲学に関する他の著作の中で，東洋の諸伝統の間に共通の言語，あるいは，「東洋的なメタ・ランゲージの世界」を作ることを試みている。著者の理解によれば，「メタ・ランゲージの世界」や「メタ・ランゲージの領域」は「コトバ」の「沈黙」以外のものに他ならない。すでに，論じたように，すべての単語（本質）は「存在」の顕現であり，その権力によって存在化される（存在者になる）。しかし，すべての単語は「存在」に還元され，解釈される際に，言葉もなくなって，「沈黙」に向かっていく。言語と「沈黙」という問題はすべての神秘体験に関わるものであり，井筒は『意識の形而上学』で法蔵（643-712）に従い，メタ・ランゲージの世界を「沈黙」のコトバ（本質の解体）と対応させる（井筒，2006，21-22 参照）。

これから「歴史を超える対話」について論じつつ，超歴史的な次元

第7章　「歴史を超える対話」とは何か　　125

は，定義，立場，意味の観点からみると，井筒が『スーフィズムとタオイズム』の中で提示するものとは大きく異なることを示したい。

## 第1節　スフラワルディー哲学と「歴史を超える対話」

　井筒が用いる "meta-historical dialogue"，あるいは，"meta-philosophy oriental" という言葉は，すでに述べたように，そもそもコルバンが初めて使った術語である。この術語に加え，コルバンは「歴史叡智学」（historiosophie）と「神聖史」（hiéro-historie）という術語も用いる。コルバンによって比較哲学の分野で使われるこの三つの術語は，非歴史的な意味，つまり超歴史的な意味を持つ。

　「歴史を超える対話」の意味を理解するために，まず『意識と本質』のサブタイトル「精神的東洋を索めて」に注目しよう。その「精神的東洋」はどこにあるのだろうか。また歴史といかにして関係するのだろうか。井筒もコルバンもなぜこの「精神的東洋」を探求するのか。両者の哲学から見ると，これらの質問に対する答えは比較哲学（シャルク）に至る道（イスティシュラーク）であるといえるだろう。これから論じるように「シャルク」と「イスティシュラーク」という用語はスフラワルディー哲学にその根本がある。

### （1）　スフラワルディー哲学の構造

　スフラワルディー（Shahāb ad-Dīn Yahya ibn Habash Suhrawardī；1154-91）が描くすべての形而上学の構造は，光の自己顕現に基づくものである。彼の哲学体系は「光の光」である神，あるいは「一」という，この唯一最高の光源からすべての高位知性が光となって照出し，最下の闇黒界に至るほど光は不純になり希薄になって行くというものである。光はまさに精神・善・「東洋」・純粋な意識であり，闇は物質・悪・「西洋」・非純粋な意識であり，それぞれが形而上学的世界の最高層と最下層とを象徴する。形而上的な頂点である「光の光」は，一段一段と弱くなり，形而下的な質料の段階へすすみ，最後には完全な闇である物質だけの段階へ至る。

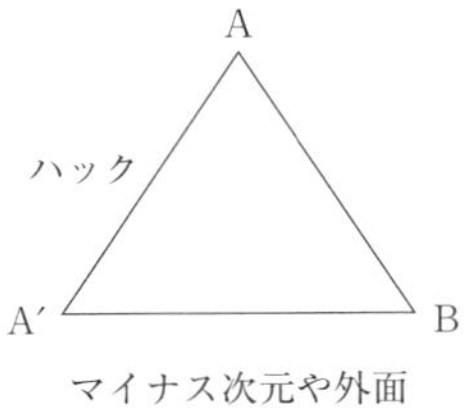

プラスの次元や内面

A

ハック

A′       B

マイナス次元や外面

図3　ハックの次元

形而上学的世界の最高層から最下層に至るまで，様々な存在者が様々な存在次元を現成する。スフラワルディーの形而上学の世界を離在（すでに述べた A 領域）と物質（既述の B 領域）の二つの領域に分けることができる。

最高の段階は「光の光」の立場である。この領域は純粋な光の領域，あるいは無分節存在の領域である。この段階において，「光の光」・「純粋な光」・「無分節存在」，井筒の術語で「存在のゼロ・ポイント」は，知性的分析のもとに，二つの次元あるいは側面として示される。それらは ① プラスの次元や内面と，② マイナス次元や外面である。

プラスの次元や内面とは「ハック」あるいは「光の光」であり，これは自分の本体を顕現させていない次元である。すなわち，分析的思惟は，全く「光の光」の本体を「理解」することができない。プラスの次元や内面に対して「マイナスの次元や外面」がある。後者の次元で，「光の光」は存在者の創造の方に働き，自己顕現によってすべての存在者を創造する。「光の光」は自己顕現する時，無分節存在の段階から出て来て，分節存在（本質あるいは存在者）を創造する。「光の光」の自己顕現の前段階が「A 領域」である。

図3にハックのプラスの次元や内面とマイナスの次元や外面を一つの三角形で示そう。この三角形で A──つまり三角の上の角──はハックのプラスの次元や内面である。このレベルでは，ハックそのもの（本体）が自己理解するのみであり，誰かがこれを何かとして理解するような対象化は成立していない。したがって，ハックのプラスの次元や内面はイスラーム哲学の用語でいわゆる「存在の本体」（dhāt al-wujūd）と呼ばれている[1]。しかし，A′/B の辺はハックのマイナスの次元や外面である。これは，創造のためのハックの働きを示す。A′/B の辺において，ハッ

---

1)　「存在の本体」という術語はスフラワルディー哲学の術語ではなく，イブン・アラビーの解釈者によって作り出されたものである。アハディーヤとワーヒディーヤという2つの術語はイブン・アラビーが自分で使ったものである。後で解説する通りに井筒はこの2つの段階を東洋のすべての伝統の形而上学の段階と比較する（井筒，2017：74-79）。

第 7 章 「歴史を超える対話」とは何か　　127

クはプラスの次元からマイナスの次元に移動し，エネルギー源のように，流出して存在者を創造する。ゆえに，筆者は A'/B を底辺に据えた。A' はハックのプラスの次元よりハックのマイナスの次元を示す。B は分節存在への無分節存在の働きを示す。ゆえに，A'/B の辺は A 領域と B 領域の境界を示す。しかし，何のために，いかにしてハックが流出して存在者を創造するのだろうか。

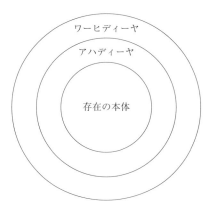

図 4　存在の本体＝存在そのものないしさまざまな神秘のそのまた神秘
（『存在の概念と実在性』78 頁）

　神学の観点からは，ハックの目的は宇宙の創造であるといえよう。神秘主義の観点からみるなら，創造に加え，他の目的もみえる。他の目的とは，創造によるハックの自覚，あるいは自己認識のことである。このことは，イスラームの伝統では，ハックが知られるために，宇宙と人間を創造したという神話として語られる。この神話的形象において，宇宙と人間はハックの鏡として定義される。つまり，ハックは自分の顔を宇宙と人間の鏡で見て，自分自身を知ることができる。この見解あるいは見方の基本は，以下のハディースに確認することができる。

　　私は隠れた宝物であった。突然私のなかにそういう自分を知られたいという欲求が起こった。知られんがために私は世界を創造した。

　このハディースはほぼすべてのイスラーム神秘主義学派の基本であるが，具体的には，イブン・アラビー形而上学の構造の基本でもある。しかし，マイナスの次元にあるハックがいかにして働いて宇宙を作り出すのか。どんな力がハックの働きをもたらすのか。この問いに対して，イスラームのすべての神秘主義学派は，愛（'eshq）という力がハックの働きをもたらすと答える。すなわち，ハックは存在論的観点から，井筒によってエネルギーの源とされる。ハックの本体の内に隠れ

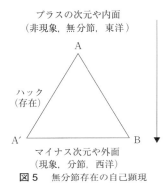

図5　無分節存在の自己顕現

たこの愛が，創造的想像力（creative imagination）として，ハックの働き（自己顕現，井筒にとって仏教のアラヤー識）を宇宙創造のためにもたらす。

スフラワルディー哲学の場合も，「光の光」は，愛のもとに自己顕現して天使界と物質界を作り出す。

「光の光」（無分節存在）から一つの照射を受け，その照射によって，第一の天使が顕現する。第一の天使はゾロアスター教のアムシャ・スプンタ（Aməša Spənta）の第一の天使，つまりバフマン（Bahman）天使，新プラトン主義のヌースに対応させられる。「光の光」は自己顕現する際，「一」は「二」[2]になり，「無分節存在」は「分節存在」の領域に入る。つまり，第一天使バフマンは，「光の光」が，マイナスの次元や外面として現れ出たものである。

ここで筆者は「無分節存在」（顕現されてないもの）の自己顕現を解説するために，スフラワルディー哲学の形而上学のモデルのみを挙げる。なぜならば，以前に論じたように井筒の比較哲学における「東洋」（シャルク）という概念はスフラワルディー哲学から受容したものだからである。「無分節存在」の自己顕現ということを図5に示すことが出来る。

そしてスフラワルディーの形而上学の体系で，第一天使の後に第二天使が顕現する。そして第二天使が一つの照射を直接に「光の光」から受け，もう一つの照射を第一天使から受ける。それゆえに，第二天使は二つの照射を受ける。その後，第三天使が一つの照射を直接に「光の光」から受け，一つの照射を第二天使から受け，二つの照射を第二天使から受ける。第三天使は四つの照射をもつ。第四天使は一つの照射を直接に「光の光」から受け，一つの照射を第一天使から受け，二つの照射を第三天使から受け，四つの照射を第三天使から受ける。第四天使は八つの

---

[2]　ここで大事な点に注意しなければならない。「光の光」から出て来るすべての「光」は，存在論的観点から，「一」である。すなわち，すべての光は「光の光」の照射である。諸々の光は形而上学の段階で弱くなり，物質と混交するゆえに，「二」である。

第7章 「歴史を超える対話」とは何か

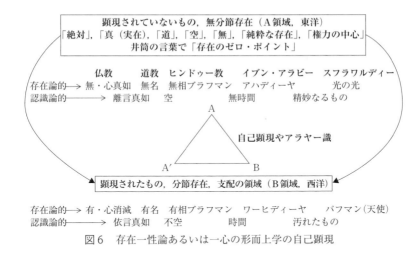

図6　存在一性論あるいは一心の形而上学の自己顕現

照射を持つ。スフラワルディーによれば、この天使の序列と照射の多重化は、無際限に続いて行く（Suhrawardī, 1999: 239-240, 参照）。

スフラワルディーはこのモデルによって、万有、世界の多様化を解説する。彼はこの序列を構成する天使（光）を「勝利の光 (nūr al-qāhir)」と呼んでいる。さらに、「勝利の光」から「存在するもの」が生まれるので、スフラワルディーは「勝利の光」を「母たち (ummahāt)」とも呼んでいる。

上述したように、「勝利の光」は上から下へ、垂直の秩序を構成する。以前に論じたように、「光の光」は一切の光の源泉であり、黎明の叡智の構造は光の強さ、光の弱さに基づいて設立されたものである。「光の光」から離れる光の照射は徐々に弱くなり、闇の方に向かって行く。すなわち、光は想像的地理においては、太陽の昇る〈東洋〉から〈西洋〉に動くと言い換えられる。この光の強さと弱さに基づいて、上位にある光は下位にある光より強く、下位にある光は上位にある光より弱いともいえる。上位にある光は下位にある光に「支配力 (qahr)」を持ち、下位にある光は上位にある光を熱望する。すなわち、光は上から下へ、弱くなり（マイナスの動き）、逆に、それは下から上へ強くなる（プラスの動き）。

上位にある光の支配力と下位にある光の熱望によって、天使の緯度的

序列，言い換えるなら，元型の世界が生じてくる。この領域は「プラトン的イデア」とゾロアスター教のアムシャ・スプンタの世界（天使界）に対応するものである。

これら諸元型は「妖術」（ṭliism）もしくは「像」（ṣanam）とも言われ，固有の「天使的影響を含んでいる」。このためスフラワルディーは，これらの元型を「種の主題たち（arbāb al-ʼanwā）」，あるいは「妖術の主たち（arbāb al-ṭliism）」と呼んでいる。なぜならばその一つ一つは特定の「種」を宰領し，その「種」のための天上的元型，「プラトン的イデア」になっているからである。ここでスフラワルディーは様々な種的元型を示すために，ゾロアスター教のアムシャ・スプンタの名をもっぱら利用している。例えば彼は，水の元型を「ホルダード」（khordād）と呼び，鉱物のそれを「シャフリーワル」（shahrīwar），植物のそれを「モルダード」（mordād），火のそれを「オルディーベヘシュト」（ordībehesht）と呼んでいる。これらの物質はそれぞれ固有の緯度の天使に支配され，またそのための妖術的役割を果たしているとされる。このようにスフラワルディーは，プラトン的イデアをゾロアスター教のアフラ・マズダー神の離存的能力と対応させる（Suhrawardī，1999：99-111：ナスル，1975：103-109）。

人間の場合には，個々の霊の中心に「主長的な光」が位置し，その活動のすべてを支配している。また全人類の問題としては，ガブリエルが人類の天使，元型（rabb al-naw al-insānī）と見なされており，スフラワルディーはこれを聖霊，預言者ムハンマドの霊と同一視している。したがって，またあらゆる知識，啓示を人間にもたらす最高の天使たるガブリエルは，啓示の能力そのものとも見做されるのである。ガブリエルの立場はまさにその逍遙学派の「能動知性」（ʻaql fʻaāl）である。シーア派思想の場合は，12イマーム派の言葉で，この立場はイマームの立場（主に第12代イマーム，不在イマームの立場）に対応する（Corbin，1997: 10-18：コルバン，2006：54-60頁）。アンリ・コルバンによれば，ガブリエルの立場はゾロアスター教のソルシュ（Sorush）天使（アヴェスター語で，スラオシャ（Sraosha）天使）の立場に対応する（Corbin，1390/2011：163）。

上述したように，スフラワルディーの思想においては，人間の霊魂

(nafs) はそもそも主長的光の世界に属するとされる。すなわち，人間の霊魂はひとつの天使であり，この天使が天使界からこの世（実在界あるいは闇の領域）に降下し，しばらくそれは肉体の牢獄や肉体の「砦」に投獄される（AからBへの動き）。それから投獄された霊魂あるいは天使が，「上昇の円弧」によって天使界に戻る（BからAへの動き）。

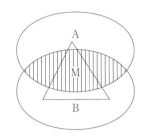

図7 双面的思惟形態と無分節存在の自己顕現
（『意識の形而上学』96頁,三角形は筆者）

　コルバンと井筒に従い，スフラワルディーの形而上学の構造をよく注意して見るなら，天使界はA領域とB領域の中間の領域であることが理解できるだろう。天使たちは，存在論的な観点からすれば，純粋な存在と物質との混交存在に位置するのだ。したがって，天使たちは，同時に，A領域とB領域の特徴や特質をもつことになる。すなわち，天使たちは姿・色・寸法があるので，物質界の特徴や特質をもつ。しかし，天使たちはまだ物質と混交してないので，純粋な光の特徴や特質をもってもいるのだ。

　このことについて，鏡にあるイマージュあるいは夢で見るイマージュを例として挙げることができる。すなわち，鏡にあるイマージュ，あるいは夢で見るイマージュには姿・色・寸法があるが，物質はない。それゆえ，スフラワルディーは，井筒の日本語表現を用いるなら，天使界を「形象的相似世界」（ʿālam al-mithāl），あるいは「質料性（あるいは経験的事実性）を離脱した似姿の世界」（ʿālam al-ashbāḥ al-mujarradah）とも呼び，「形象的相似世界」において現象する「想像的」イマージュを，「質料性（あるいは経験的事実性）を離脱した似姿」（ashbāḥ mujarradah），あるいは，「宙に浮く比喩」（muthul muallqah）と呼ぶ（Suhrawardī,1999：48-150）。コルバンはスフラワルディーの天使界をラテン語に訳してmundus imaginalis とし，さらにこの imaginalis をそのままフランス語にして imaginal という特殊な形容詞を術語的に設定した。筆者は，これ以降，この天使界を井筒の表現に倣って，M領域と呼ぶ。M領域の下の段階はB領域――つまり物質の領域――である。

井筒は実在のうちに，このような三段階，ないしは三つの局面（A・M・Bの三領域）を見出す（図6参照）。すでに述べたように，これは，内面と外面として構造化されたアスペクト，あるいはパースペクティヴによってもモデル化されている。すなわち，A領域は，M領域より内面的であり，M領域はB領域より内面的ということになる。当然ながら，逆にみれば，M領域は，A領域が外面化された様相であり，B領域はM領域が外面化された様相ということになる。

　以上の叙述をまとめよう。スフラワルディーの形而上学の構造において，光（光の光）は，一段一段と弱くなり，形而下的な質料の段階へすすみ，最後には完全な「闇」として体験される物質だけの段階へ至る。井筒のモデル化では，「光の光」は自己顕現によって，A・M・Bの領域を創造するとして図式化される。

　地理的地図の表層では，太陽（光）が東方から上昇し，西方に沈む。すなわち，光は東方で，闇は西方にあたる。この地理的構造が，スフラワルディーにおいて形而上学的構造に変更される際，地理の東方は形而上学の上方（地図としてみるなら「北方」）に，地理の西方は形而上学の下方（同じく「南方」）に変更される。ハック，「光の光」，「一」，「絶対者」，「純粋存在」は形而上学の「北方」（上方，A領域）に位置し，「闇」（天使以外の被造物，人間）の位置する地理の西方が形而上学の「南方」（下方，B領域）に位置する。

　スフラワルディー以降のイスラーム哲学の伝統で，通常，A領域は「偉大なシャルク（東洋）」と呼ばれ，B領域は非常に弱い光の領域なので，「小さいシャルク」と呼ばれ，M領域はAとBの領域にあるので，「あいだのシャルク」と呼ばれている。以下で論じるように，井筒とコルバンが「歴史を超える対話」と呼ぶのは，M領域で行われるものである。井筒のいう「精神的東洋」はA領域ではなく，M領域である。

　A領域は「無分節存在」，「純粋な存在」の領域，つまり分析的意識による認識を超越しているので，いかなる存在者もそれを捉えることはできない。B領域は物質の領域，以前に論じたように，「闇」の世界である。だが，「精神的東洋」を求める神秘主義者，すなわち「光的な人間」は，「光」を探求する。スフラワルディーやそれに倣うコルバンの言い方では，B領域から〈東洋〉の領域へ旅するということになる。しか

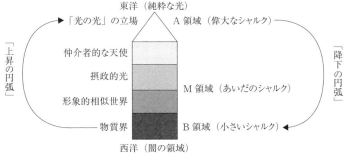

図8 存在の円，双面的思惟形態

し，この〈東洋〉はA領域ではなく，M領域である。M領域は，分析的意識により成立する時間の観点からいえば，時間的推移から免れた領域であり，存在論的観点からいえば，個体化以前の元型の段階，つまり「形象的相似世界」の領域である。

だからこそ，コルバンと井筒が使う「歴史を超える対話」，「精神的時間」，「内面的時間」などの用語は，M領域に属し，「歴史を超える対話」はM領域で行われる。以下の（2）では，時間性と形而上学的諸段階であるA・M・Bの各領域の関係と，コルバンと井筒の比較哲学の下にM領域に至る方法論について論じられる。

（2）コルバンとスフラワルディーの形而上学的構造と時間性

コルバンは『イラン神秘主義における光的人間（*L'homme de lumière dans le soufisme iranien*)』の中で，井筒のいわゆる「精神的東洋」に相当する「東洋的な光」を探求しながら，その構造を解説しようとする。コルバンはこの「精神的東洋」を解説するために，orientationという単語を使用する。このorientationという言葉はoccidentalisationに対立するもので，語源はorientであり，二つの意味がある。第一の意味は「東方に向かう」であり，第二の意味は「東洋化すること」である。他方で，occidentalisationの語源はoccidentであり，同じように，「西方に向かう」と「西洋化すること」という二つの意味がある。

井筒が定義する「双面的思惟形態」の中で言及される無分節態としてのA領域（とM領域）は，コルバンの意味におけるorientであり，そ

の用法において orientation は実在（存在と意識が分化していない位相における純粋経験）の無分節相への還元を意味する。また，同じく，「双面的思惟形態」のうち B 領域とされる実在の分節相は，occident であり，存在と意識が分化していない位相における純粋経験が分節され，反省的意識により概念化し，実体化することが，occidentalisation とよばれる。いわば精神的なものの物質化という意味であり，「西方」が「闇」であり「物質」であることに対応する。

　このように，コルバンは，スフラワルディーによる精神的地理学に基づき，このラテン語由来の語彙が持つ意味を最大限に活用する。すなわち，orientation という単語は，方位・方向づけの意味もあるので，コルバンは，東方に向かう人間，あるいは，東洋へ方向づけられた人間が，自分自身の根源である「純粋経験」，「光」を探求する者と解釈する。そして，「orientation（方位）世界における人間存在の基礎の事象」（Corbin, 1971：14）をコルバンは論じる。精神的東洋（光）を探求する人間，光的人間は，形而上学的地理における「南方」（闇の領域，物質的「西方」）に降下し，形而上学の「北方」（光の領域，精神的東洋としての orient）を探求する者である。

　このような形でスフラワルディーを受容したコルバンと井筒の哲学では，東洋と西洋は精神的意味をもち，それらの間に流れている時間も「精神的時間」，あるいは「超歴史的な時間」であると理解される。前に言及した「共時的思考の次元」という用語も「精神的時間」，あるいは「超歴史的な時間」と関係がある。以下ではコルバンの解釈を中心に，「精神的時間」の本質について論じる。

　イスラーム神秘哲学者たちにとって，聖典は古く忘れられたものではなく，それは一瞬一瞬に新しくなるものである。彼らのこの考えに十分注意すれば，微妙な主題に直面していることに気づくはずである。この微妙な主題とは，時間の問題，または歴史の問題である。このことから，聖典やそこに記された宗教的諸概念を理解するに際して，二つのアプローチを取り上げることが可能であると考えられる。第一のアプローチは，歴史の観点から聖典や宗教的概念を解釈し注釈することである。第二のアプローチは，歴史の領域を超えて，客観化されていない時間において，聖典や宗教的概念を解釈し注釈するということである。

第7章　「歴史を超える対話」とは何か　　　135

　第一のアプローチは，歴史学や宗教史家のものである。このアプロー
チにおいては，宗教史家は聖典の「内面」（つまり「意味」），または，現
象の「内面」（客観化され実体化されていない本源性）と関係しない。こ
の立場は，聖典や宗教の概念が過去に属するという考えを前提にしてい
る。歴史家は，「現前」（présence）を解釈する解釈学に従うスーフィー
と違い，聖典や宗教的諸概念にいわゆる神聖な意味を与えることはな
い。それゆえに，歴史家にとっては，宗教的言語が神聖な意味を持つの
であれば，それは「非事実（non factual）のもの」であることになる。
もし，宗教的言語が「事実（factual）のもの」であるなら，それは歴史
に属する現実，すなわち過去に属する事実としてしか，歴史学や宗教史
家の意識に現れていないことになる。このような客観化され実体化され
た見方に対して，第二のアプローチは，宗教的言語の別の側面に迫ろう
とするものである。

　第二のアプローチによれば，聖典や宗教的諸概念は，歴史的概念，あ
るいは時間的過去に属する概念ではない。このような概念は，客観化
されない水準において生起するものである。スーフィーはそのような体
験の水準に至ろうとする。つまり，歴史の領域（B 領域）を超え，超歴
史（A および M 領域）において聖典や宗教的諸概念の「内面」の意味を
開示することが可能であると，彼らは考えるのだ。このアプローチで
は，宗教的言語は，もはや「非事実のもの」ではない。彼らの観点に
とっては，これこそが体験の現実であり，「事実のもの」である。この
水準が開示されることをスーフィーは，宗教の内面的な意味の「現前」
と呼ぶ。コルバンは，これを解説するに際し，アラーウッダウラ・セム
ナーニー（Alāʾ al-Dawalah Semnānī：13 世紀頃）とガジ・サイード＝クミ
（Qāzī Saʿīd Qumī：1633-92）のようなイスラームスーフィーの影響の
もと，時間を「世俗の時間」と「精神的な時間」，あるいは「非世俗の
時間」，つまり「聖なる時間」に分けている。

　「世俗の時間」とは，日常的な時間，物理学で論じる時間，歴史的な
時間であり，客観化されている。われわれは毎日，自分の生活において
この時間に従っている。歴史はこの時間によって意味づけられ，この
世の諸々の出来事がこの時間やこの歴史のうちで起きていると表象され
る。いうなれば，この時間は，まさにいわゆる「物質の第四次元」であ

る。この時間に基づくなら，それぞれの歴史的出来事や現象は具体的な特定の時代に属し，それらが時間や歴史の次元を離れることは，それらが本質を欠くことを意味する。

すなわち，「世俗の時間」に基づくなら，それぞれの現象は自らの歴史や自らの時間と結びつき，もしその現象の時間が変化すれば，その本質も変化するということになる。ある出来事や現象が，それが生じた自分自身の時間を離れれば，あるいは，その現象自身の歴史的な空間が変化したとすれば，歴史という観点からしてその現象は，事実上，自己の一切の実在から乖離しているということになる。つまり，歴史という観点からは，それぞれの現象は，特定の時間や特定の空間において生じているのであって，それぞれの現象は，その時間やその空間の領域という特殊性を再構成して探求されねばならない。

しかしこの時間に対し「精神的な時間」がある。この時間は日常的な時間，物理学や歴史的な時間ではなく，精神体験と関係がある時間であり，客観ではなく主客の分裂を統一的にみる心の時間である。言い換えると，量のカテゴリーに属する「世俗の時間」に対して，「精神的な時間」は質のカテゴリーに属するものともいえるであろう。このことが意味するのは，「世俗の時間」とは，始まりと終わりがある時間（つまり，歴史の時間）であるということだ。ここでいう，時間の始まりと終わりは，もちろん神学的な世界の開始と終末のことではない。物理的に計測される始まりと終わりのことである。だが，「精神的な時間」は，客観化されていないのだから，計測による時間的始点と終点とをもたない。この時間意識は，「過去」「現在」「未来」が一体になる時間観念（共時的次元）に占められる。その意味で，歴史的な時間の領域を超えるこの「精神的な時間」はまさに「超歴史の時間」であり，宗教的言語では「聖なる時間」とも呼ばれるであろう。この時間をコルバンは，神聖史と呼んでいる。

ここで，一つの大事な点に注意しなければならない。コルバンが「聖なる時間」や「超歴史的時間」，井筒が「共時的次元」と呼ぶものは，M領域に流れている非客体化的時間である。しかし，筆者がここで「時間の流れ」と呼ぶのは，単に比喩的な表現であり，それはB領域において流れている時間の経過とは全く違う意味をもつと考える。M領域

第7章　「歴史を超える対話」とは何か　　　137

における時間の流れは，井筒の表現では「創造不断」であり，A 領域からB 領域へ一瞬一瞬に存在を贈与し，生起させる運動，あるいは働きのことである。そしてもしA 領域，すなわち「純粋な存在」（つまり，ハック）の働きである自己顕現が停止したら，M とB の領域は生起しない。なぜならば，M とB 領域は，存在論的観点から，可能的なものの存在だからである。A 領域にあるハックは，存在論的観点からも，時間の観点からも，存在付与のエネルギーの源である。それは一瞬一瞬に存在を贈与し，存在を持続させている自己顕現によって，すべての存在者を創造する。しかし，A 領域からB 領域までの「時間の流れ」は，一瞬一瞬に存在の持続を可能にし，また，一つのエネルギーの源から流れているものの，存在の形而上学的構造においては，時間の三つの段階として分割される。

① 「無時間（sarmad）」　この時間は，井筒のモデルでは，A 領域の時間であり，ハック，「無分節存在」，「純粋」――宗教的言語では神（アッラー）――に属する。無時間においてはハックの本体以外に何もない。この時間はイスラーム神秘主義の用語で「もっとも精妙なる時間」（zamān-e altaf）とも呼ばれている。

② 「超時間（dahr）」　これは，井筒のモデルでは，M 領域の時間であり，天使，知性，プラトンのイデアなどのような質料を離脱した似姿がこの時間に属する。この時間は延長を欠き，時間的諸部分――例えば，秒，分，過去，将来など――に分割されることができない。時間の観点からも，M 領域はA 領域とB 領域の間の時間である。この時間は，イスラーム神秘主義の用語で「精妙なる時間」（zamān-e latīf）とも呼ばれている。M 領域で「無分節存在」は潜在的分節態になるので，また，質料を離脱した似姿はまだ物質と混淆されてはいないので，客体化されていないという意味で「精妙なる時間」が理解される。

③「時間（zamān）」　これは，井筒のモデルでは，B 領域の時間であり，すべての存在者が属する。この時間は，時間的諸部分に分割される。この時間は歴史の時間である。この時間は物質と混淆され，客体化・実体化されており，本源性，すなわち聖なる状態から乖離しているので，イスラーム神秘主義の用語で「汚れた時間」

（zamān-e kathīf）と呼ばれている[3]。

## 第2節　M領域に至る方法論としての
## 「隠されたるものの開示」

　すでに述べたように，「一」，「無分別存在」，「純粋な存在」，ハック
に，すべての存在者が淵源することは，A領域からB領域への自己顕
現として，井筒によりモデル化された。しかし，上述のごとく，本来
は，A領域におけるハック——それの「内面」，ないしプラスの次元
——を全く観念化（ヴィジョン）することはできない。それゆえ，ハッ
クのヴィジョンは，M領域——つまりハックが外面化した次元，マイ
ナスの次元——において行われる。A領域からB領域への動きは，イ
スラーム神秘主義の用語でいわゆる「降下の円弧」と呼ばれている。
「降下の円弧」に対して「上昇の円弧」があり，それはB領域からA領
域への動きであり，宗教的には人間が神へ至ることを意味する。この二
つの円弧の動きがいわゆる「存在の円」（あるいは井筒の用語で「双面的
思惟形態」）の全体をなす。
　「存在の円」には，理論上，二つの極がある。上の極はA領域の頂点
（A領域の動きの始点：ハックの極点）であり，下の極はB領域の終点（B
領域の動きの終点：人間の極点）である。ハックの極点から形而上学の
段階を見れば，MとB領域はハックの自己顕現あるいはハックの外面
化に過ぎない。人間の極から形而上学の段階を見れば，MとA領域は
ハックの内面である。「降下の円弧」における動きとは，非顕現という
内面から顕現という外面への運動であり，さらに「上昇の円弧」におけ
る動きとは，顕現されたものという外面から顕現されざるものという内
面への還元である。
　この二つの動きは，神秘主義の観点から，神と人間との同一説を形
成する。すなわち，「降下の円弧」の動きとは，神は「自分が知られた
い」がために宇宙と人間を作り出した働きのことである。だからこそ，

---

　3)　イスラーム神秘哲学における時間の分割については，（Izutsu, 1367/1988：4-7）を参
照。

神は知られるために人間の存在を必要とする。なぜならば，もし人間がいなければ，神は自分を知ることができないからである。しかし，「上昇の円弧」において，逆に人間は神の存在を必要とする。すなわち，形而上学の存在の段階で人間は可能的なもの（mumkin）という存在であるので，人間の存在は神の存在と関連する。なぜならば，もし神の存在がなければ，人間は存在しない。だからこそ，「上昇の円弧」である神に至る旅程において，人間は自分自身の存在の本源性に向かう。それゆえに，認識論的観点から，神は自分自身を知るために人間を必要とし，存在論的観点から人間は自分の存在のために神を必要とするといえよう。

図9　叡智者と天使（Philosopher with a Book and Angel）
天使は叡智者をM領域，「第八世界」へ導く
（画家不明，15世紀，Harvard Art Museums 所蔵，Object Number: 1936.22）

　スフラワルディーは『黎明の叡智』の最後で，「第八世界」（eqlīm-eHashtom）という世界を導入する。「第八世界」はまさに「形象的相似世界」，あるいはM領域である。「第八世界」の意味は，興味深く重要である。B領域すなわち物質領域は，7つの段階に分割される。この分割はプトレマイオス（Claudius Ptolemaeus；83-168）の天文学に根ざしている。彼の宇宙論的天文学の下，第7段階までが物質の領域であり，第7段階以降，人間は物質の領域を出る。イスラーム神秘哲学者はプトレマイオスの天文学を受容し，その宇宙観のもとに自分

たちの形而上学の構造を構築した。スフラワルディーも自分の黎明の叡智の形而上学的構造と光の形而上学を、プトレマイオスの宇宙論的天文学の構造を援用して構築した。スフラワルディーが「第八世界」という用語を使う時、第7段階の外にある非物質的領域、つまり井筒のM領域が指摘されている。

　スフラワルディーによれば、神秘哲学者の心や霊魂は、神秘道の修行が進むに従い、物質・肉体から徐々に離れ、「精神的東洋」（M領域）に向かう（井筒は『意識の形而上学』でこの状況を仏教における「始覚」と比較する〔井筒，2006，154頁参照〕）。この時には、15の光（ヴィジョンとして意識に顕現する道案内役である天使の「光」）が一段一段と心や霊魂を照明し、神秘主義者の心や霊魂を「第八世界」に導く（B領域からA領域への旅。Suhrawardī，1999：159-161）。M領域は〈東洋〉であり、神秘主義者はM領域、あるいは〈東洋〉に旅するので、B領域からA領域はスフラワルディー哲学の用語で「イスティシュラーク」と呼ばれる（図9）。神秘主義者、あるいは世界にあるすべての内面主義的な学派は、「第八世界」で絶対者自身と一体になるとスフラワルディーは主張する。これは、「精神的東洋」（M領域）に向かう人々が、イスラームに限らず世界中に存在し、他の宗教における神秘道的修行を実践する流派も含め、宗派や宗教の区別なく、神秘道を通して、経験の本源性を対象化されていない顕現として、意識と体験が分化されない状態として、非質料的に認識することを意味している。スフラワルディーの言い方では、すべての学派や存在者、現象は「第八世界」において、光的な真実在として解釈され還元されることになる。

　「第八世界」において絶対者と一体化する事態は、すべての現象が本源性に引き戻されることを意味する。M領域へのこの還元は、現象態を非現象態、あるいは顕現の最も原初的な本源性において了解する解釈である。この還元という解釈が、井筒とコルバンの比較哲学の基本であり、彼らはその考えを神秘体験あるいは精神体験に基づく思惟に完全に基礎づけている。すでに述べたように、M領域はB領域より内面（非顕現）であり、B領域は外面（顕現）である。したがって、M領域は隠れたところであり、B領域にいる人間（世界を、分節され分析され対象化された現象態として認識する思考）はM領域の光的真実在（世界の顕現の

本源性，すなわち実体化されず，存在を与え続ける働きそのもの）を「理解」して開示しなければならい。M 領域という隠されたものを開示することは，イスラーム神秘哲学の用語で「隠されたるものの開示（kashf al-maḥjūb）」と呼ばれており，B 領域から M 領域へのすべての現象の解釈（taʾwīl），すなわち「あるものを自らの本来のすがたに戻す（ペルシア語で chizi-ra be-asl-e khwod rasanidan）」と呼ばれる行為は，このような意義を持っているのであり，恣意的に聖典の意義を「解釈」する行為とは全く異なる。

### （1） イスラーム伝統における taʾwīl（解釈）の意味

　イスラームの伝統におけるタアウィール（taʾwīl）という用語はそもそも『コーラン』の術語であり，この術語は『コーラン』で 17 回用いられている。このタアウィールをイスラーム神秘主義では，ある単語の文字通りの意味を超え，その単語の隠された意味を「理解」することであると考える。しかし，イスラーム神秘主義とそれと親和性の高いシーア派哲学のテクストでは，タアウィールという用語は，タンズィール（tanzīl）に対立する関係において理解されることに注意しなければならない。この関連語タンズィールは，文字通りの意味では，「あるものを下に送る」，「啓示」などを意味する。この神学的現象を，井筒のモデルに従っていえば，神は「A 領域」（非顕現である絶対者の次元）から「啓示」（絶対者の顕現）を，M 領域にある天使ガブリエル（非質料的で非実体化的な顕現）を媒介して，B 領域（対象化された現象界）に送る。B 領域に至った啓示は『コーラン』の文章として言語的に外在化される。したがって，タンズィールは，上記の別のモデルでいうなら「降下の円弧」に属する運動であり，預言者は「降下の円弧」の最終地点で啓示を受ける人のことである。一般の理解であるなら，イスラームでは，ムハンマドが「降下の円弧」の最終の点であることになる。

　しかし，神秘主義者とシーア派の信徒にとって，『コーラン』の文章は，外在化された（つまり，辞書的に規定されるような）文字通りの意味において理解されるべきではない。『コーラン』は，非顕現である A 領域から顕現（啓示）されたものであるので，『コーラン』の意味には，A 領域に属する非顕現的で潜在的な意味の領域が存在する。それゆえ，真

に『コーラン』の意味を理解するには，A領域において，すなわち潜在的意味の次元も含めて解釈（taʾwīl）しなければならない。その結果，解釈（taʾwīl）は「上昇の円弧」に属する運動（還元）になる。このように理解されたタアウィールに関するイスラーム神秘主義者とシーア派の信徒の意見の基礎は，『コーラン』の次の節において明白に示されている。

　　　かれ〔アッラー〕こそは，この啓典をあなたに下される方で，その中の（ある）節は解説で，それらは啓典の根幹であり，他（の節）はあいまいである。
　　　そこで心の邪な者は，あいまいな部分にとらわれ，（その隠された意味の）内紛を狙い，それに勝手な解釈を加えようとする。
　　　だがアッラーの外には，その（真の意味）を知るものはない。それで〔アッラー〕と知識の基礎が堅固な者は言う。「わたしたちはこれ（クルアーン）を信じる。
　　　これは凡て主から（賜ったもの）である。」だが思慮ある者の外は，反省しない。（三・七, 三田訳）

　ここに引用した『コーラン』の章句に，イスラーム神秘主義の伝統やシーア派哲学の考え方の基礎を理解するうえで，一つの重要な点がある。当然ながら，神の啓示（隠された真）の意味を正確に理解しているのは神自身ではあるが，知識の基礎が堅固な者，あるいは思慮ある者は，『コーラン』の内面的な意味，すなわち，隠された意味を解釈することができる，という点である。裏返せば，一般の人々は，『コーラン』の内面的な意味を解釈できないということを，この箇所は意味している。シーア派の信仰では，イマームのみが，知識の基礎が堅固な者，思慮ある者であり，『コーラン』の内面的な意味を解釈することができる，ということになる。そういう意味で，イマームは神の顕現であり，『コーラン』の内面的な意味を顕示する。それゆえ，イマームは「クルアーンの維持者」とも呼ばれている。
　以上，スフラワルディーの形而上学的構造を説明し，イスラーム神秘主義とシーア派哲学における「解釈」を関連づけてきた。次に，スフラ

第 7 章 「歴史を超える対話」とは何か　　143

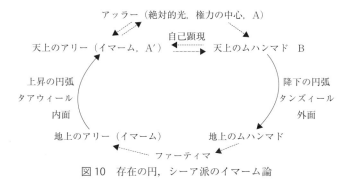

図 10　存在の円, シーア派のイマーム論

ワルディーの形而上学的構造をシーア派の信仰と対応させて比較したい。スフラワルディーとシーア派の形而上学的構造を比較することによって，taʾwīl の意味をよりはっきりと理解することができるのである。

　非顕現としての A 領域にある神は，シーア派の信仰では，とくにスフラワルディーに影響を受けたシーア派哲学では「光の光」とされる。そして，「光の光」の自己顕現によって，最初の顕現がなされる。この原初的顕現（時間性における原初ではなく顕現の段階の始まりという意味）は，イスラームの神学や神秘主義の表現では「ムハンマド的光」（天上のムハンマド）とされる。これは，歴史的人物として現象した預言者ムハンマド（地上のムハンマド）ではなく，その本質，本来性としての非現象態における人そのものの本質という意味である。これが最初の創造物として創造されると考えることが，イスラームの神学や神秘主義の潮流では一般的である。そして，すぐ「絶対者（「光の光」）の光」と「ムハンマド的光」の両方から「アリー的光」（天上のイマーム）が創造される[4]。アリーとは，歴史上の人物としては，ムハンマドの従弟であり，かつムハンマドの娘ファーティマの婿となった，シーア派の第一イマームのことである（地上のイマーム）。そののち，「アリー的光」によってすべての存在者が創造される。もちろん，ここでも「アリー」は「ムハンマド」同様に，歴史的人物ではなく，元型的形象として捉えられており，現象の度合いが，絶対的光から「ムハンマド的光」，「ムハンマド的

---

　4)　前に述べたように，A 領域と M 領域には時間は分割されてない。それゆえ，ここで言う「すぐ」という表現は比喩に過ぎない。

光」から「アリー的光」として，現実化・個体化の方向へ進むことが形象的に示されている。

シーア派の形象的思考によれば，「ムハンマド的光」は，ユダヤ教・キリスト教における元型的人間としての「アダム」（イスラームの神話でも「最初の人間」であり「最初の預言者」とされる）の肉体に入り込んで，最終的に，「地上のムハンマド」の肉体に入り込む。「地上のムハンマド」は，歴史的なムハンマド，イスラームの預言者，人間としてのムハンマドである。「地上のムハンマド」に対立する用語は「天上のムハンマド」であり，「ムハンマド的光」である。同様に，歴史的人物としてのアリーのほかに，いわば元型的なアリーが観念される。すなわち，神秘道における精神修行の導き手としての光として，ヴィジョンの内に顕現するアリーであり，これは歴史を超えてあらゆる時代に精神体験において顕現する。このように，歴史的人物としての 12 イマームのほかに，修行者を精神的に絶対者へと導く「光」，元型的な形象として，イマームが言及される。

「ムハンマド的光」は「地上のムハンマド」に至る際に，いわゆる「預言の周期」が終わる。すなわち，アダムからムハンマドまで継続された預言現象（nubūwah）は最終段階に至り，それ以降は，啓示（A 領域からの開示）が得られない。ムハンマドはいわゆる「預言者たちの封印」と呼ばれている[5]。ここで二つの重要な点に注意しなければならない。

① すでに述べたように，A 領域から B 領域へのハックの働きは「神聖史」である。それゆえ，ムハンマドが「降下の円弧」あるいは「預言の周期」の終末に置かれている時，それは「神聖史」の終末を意味する。では，「神聖史」の終末はすべての存在者の消滅も意味するのだろうか。すなわち，「神聖史」の終末によって，「光の光」という存在贈与的エネルギーの源から，もはや M 領域と B 領域に存在は贈与されないのだろうか（シーア派的には「存在の光が照らさないのか」と問うことができるだろう）。

② ムハンマドは「降下の円弧」の終末にいるので，また，B 領域は

---

5) 「封印とは最後の存在をさすアラビア語的表現」を意味する（コルバン，2006：30頁）。

A領域とM領域より顕在化（外在化，外面化）されているので，また，タンズィールは『コーラン』の文字通りの意味を表現する（外在化された意味のみを示す）ので，歴史上のムハンマドは，シーア派において，いわゆる「外面的預言者」（顕教的意味での預言者）と呼ばれている。それゆえ，ここで重大な問いが生じる。つまり，「内面的預言者」（秘教的，秘密的意味での預言者），すなわち真の意味を開示し，解釈（taʾwīl）するのは誰かという問いである。

　両方の問題に答えるために，われわれはイマームの位置づけとイマームの役割について探究しなければならない。ここで言われるイマームとは，精神的体験における教導者としての元型的イマームである。だが，歴史的にイマームが生存した時代は，この元型的イマームは特定の歴史的人物と一体化し減少していたと考えられている。われわれが探究すべきイマームの位置づけや役割とは，元型的位置づけと役割のことである。

　「神聖史」あるいは「預言の周期」はムハンマドと共に終わるものの，これまで述べて来たシーア派哲学の考えでは，この「神聖史」は「上昇の円弧」という運動をとおして元型的イマームにより持続している。すなわち，「預言の周期」が終わる時，新しい周期──「イマームの周期」が始まる。その意味で，元型的イマームは「内面的預言者」である。つまり，『コーラン』の内面的な意味が与えられることが，ここでいう精神体験（神秘道）である。潜在的で非顕現な内面的意味を与える解釈が示されることが，精神的体験により幻視されたイマームの働きと同定されている。このイマームの働きは，「光の光」から存在贈与あるいは存在顕現として理解される「光」が，媒介の段階（M領域）と現象界（B領域）に照射されつづけること，すなわち非顕現から顕現への運動が常時生起していることを指している。

　シーア派的な神秘主義の表象を用いるなら，アリーの立場は上述した「上昇の円弧」の運動にある。この運動は，顕現の原初性，本来性，つまり，非顕現への遡行であり，潜在的な意味を開示する働きである。それゆえ，アリーが「内面的預言者」と言われる場合，アリーは元型的アリー，精神体験においてヴィジョンに現れる非歴史的人物としてのアリーである。これに対して，歴史上のムハンマドは，隠された実在を

現象へともたらしたという意味で,「外面的預言者」とされる。シーア派の信徒たちは,元型的アリーが精神的体験に現前することによって,『コーラン』の内面的な意味を解釈することができる。井筒のモデルで言い換えるなら,「アリー的光」の導きという神秘体験は,意識のM領域において思惟を働かせることができるということである。その意味で,元型的イマームも,M領域への人間を導く指導者ということになる。

　しかし,神秘主義はシーア派だけではなくスンニー派にもある。しかも,シーア派哲学に多大な影響を与えたスフラワルディーは,スンニー派信徒と考えられる。前にスフラワルディー哲学に関して述べたように,神秘主義者は天使の光のおかげで,M領域で働く。したがって,より一般化された理論においては,精神体験の導き手の役割はイマームに帰属するというよりも,天使に帰属する。ここに,神秘主義の天使論とシーア派のイマーム論が融合し,共通の基盤を形成する根拠が生じる。この融合が最も進んで理論化され,シーア派哲学の代表,ないし典型となったのが,モッラー・サドラーのシーア派的ヒクマであった。ここでいうヒクマとは,イスラームにおけるアリストテレス系哲学の思惟方法によって(特に,イブン・スィーナー哲学),神秘体験を考察していく思惟のことである。この思考の伝統に初めて着目したのがコルバンであった。コルバンは,上で言及した「隠されたるものの開示(kashf al-maḥjūb)」という用語を現象学の意味として捉える。彼が提案する比較哲学は,「隠されたるものの開示」という概念で,聖典だけでなく,すべての現象を解釈することができるとする。このことを次に論じよう。

## (2)　コルバン哲学における「kashf al-maḥjūb」と「taʾwīl」の意味

　解釈学(Hermeneutics)という概念は,アリストテレスによって初めて使われたようである(Corbin, 1383/2004: 22)。この概念はギリシア語でperi hermeneiasと用いられ,ラテン語に訳される際に,de interpretationとされたのである。さらにこの概念は,ドイツ語でdas Verstehen(理解すること,知覚すること)と訳された。しかし,この概念は,昔から聖書の解釈者たちやイスラーム神秘主義者たちのあいだに流布していた。コルバンが行ったように,ここでは,哲学的な解釈学の領

第 7 章 「歴史を超える対話」とは何か　　147

域を，宗教的な解釈学の領域と交差させようと思う。しかし，これは神
学的転向といわれるものではない。そうではなく，むしろ，宗教体験に
おいて内在的に理解される非顕現の顕現が，より一般的にいかなる意義
を示すか哲学的に問うことである。

　コルバンは，ハイデガーから解釈学の概念を受け継ぎ，それをイス
ラームのテクストにおける内面的な意味を開示する「鍵」として，方法
論的に通底するものとして理解し，現象学的解釈学を用いた。コルバン
はこのことについて次のように述べている。

> 解釈学という概念とカテゴリーは『存在と時間』の最初の数ページ
> で表現される。ハイデガー哲学の大きなメリットは，彼が解釈学そ
> のものを哲学する行為の中心としたことである。〔中略〕私はこの
> 解釈学の使い方を，シーア派とイスラーム神秘主義の未踏の領域を
> はじめ，それと密接に関係があるキリスト教神秘主義の領域とユダ
> ヤ教神秘主義の領域にまで拡げた。ゆえに，私はハイデガーの解釈
> 学を，この領域を理解するための鍵のようにしようとした（Corbin,
> 1383/2004：22-24）。

　コルバンによると，解釈学はわれわれの「理解」，「知覚」，「感覚」と
関係があるものである。つまり，解釈学は，対象化し分析する反省作用
が隠してしまう体験の原初性，いわば，われわれの様々な内面の状態を
開示するものである。彼はこのことについて次のように述べている。

> 解釈学は概念を検討することにあるのではない。それは，本質的
> には，われわれのうちに生起するものを開示することだ。それは
> われわれの希求が行為となった場合，そのような概念，ヴィジョ
> ン，写像をわれわれに解放させるという開示である。それは，一
> つの能動的な投企であり，預言遂行的な投企なのである。（Corbin,
> 1383/2004：26）。

　コルバンによれば，解釈学は概念の分析をめぐる考察を超え，人間の
実践と結び付いている。彼は様々なわれわれの心的状態と，世界におけ

るわれわれの存在を，能動的行為と結び付け，行為の内に意義が示されると考える。体験と体験の反省を分離させずに意義を生起させる，そうした出来事の開示が預言的と表現される。この場合，「開示されること」はまさにその世界における人間の「現前（présence）」である。コルバンにとって，「現存在（Da-sein）」は基本的にこの「現前」を実践すること，すなわち，この「開示されること」である。彼はこの「開示」を次のように解説している。

　　しかし，「現存在」とは，本質的に，「現前」を創設していること，つまり，「現存在」とは，意味が現在において開示されていることによって創設すること，そして，開示するべくそのような「現前」を創設することである。この人間的現前の様相は，それゆえ，開示されてあることである。〔その現前は〕開示されることにおいて，意味が自己を開示している仕方，意味とは開示されたものであるという在り方において〔開示されて〕ある（Corbin，1383/2004：27）。

　コルバンの考える解釈学をまとめるなら，「人間の実践」と「人間の現前」という二つの基本概念に要約することができよう。両者の関係は次のようにいうことができる。すなわち，人間の実践は人間の現前を表現しているのである。コルバンは「人間の現前」を解釈学のキータームとして使い，現象学に対応させる。彼にとって，現象学と解釈学には「開示」をめぐり同じ役割をもっている。このことに関して，彼は次のように述べている。

　　要するに，現象学がわれわれの注意を促す繋がりは，「知識の様相（modi intelligendi）」と「存在の様相（modi essendi）」，すなわち，理解の様相と在ることとの間の分割しえない繋がりである。理解の諸様相は，本質的に，在ることの諸様相に対応している。理解の様相における変化は，必然的に，在ることの様相における変化に付随する。〔中略〕〔したがって〕解釈学は，現象学者に課された決定的な責務である（Corbin，1383/2004：27）。

すなわち，彼にとって，

　衝突する対比のなかで，解釈学的現象学者たちは，常に，「現存在」
であらねばならない。彼らにとって，何らも，一度として確定的に
過ぎ去ってしまったものはありえない。彼らが，現象的顕れによっ
て隠されたものがそれ自身を開示させるようにするのは，彼らの
「現前化の実践」による。この「現前化の実践」は，いわゆる過ぎ
去った過去の出来事が自身を隠蔽する将来において，開示し導くこ
とと一致する。〔中略〕同時に，それは，人が自らをその将来に向
けて応答可能となす「過去の責任」（responsable du passé）を自覚
することである（Corbin，1383/2004：32）。

　このようにしてコルバンは，解釈学的現象学者は，過去を現在化する
ことで将来を引き受けるとする。つまり，現象学者の務めが「現前化の
実践」であるというコルバンの主張は，現象学の活動が隠されたものを
開示することであるという意味で理解されねばならない。この現象学的
なアプローチ，つまり隠されたるものを開示すること，現象の非顕現態
（内面）をその顕現態（外面）へと開示することは，イスラーム神秘主
義の伝統においては，「隠されたるものの開示」と呼ばれているものに
対応すると，コルバンは理解する。それによって人は，自己の根拠（自
分自身の本源的な存在）を開示する。このような実践としての精神的な
解釈学は，イスラーム神秘主義の伝統や聖書の解釈者の伝統において，
「解釈学（taʾwīl）」と呼ばれている。それゆえ，コルバンは，イスラー
ムにおける潜在的意味を議論する解釈学と現象学的解釈学に共通の意図
を見出し，彼独自の現象学的解釈学を提示する。コルバンにとって現象
学の意義と概念は「隠されたものの開示」というキータームと同義語で
あるのは，このようなコルバンのイスラーム理解に基づいている。
　コルバンは，イスラームにおけるこの解釈行為が，現代哲学である現
象学や解釈学に基本的方針を示し，それどころか現代の哲学的思惟に新
たな地平をもたらす可能性があることを示そうとする。イスラームの解
釈学と現代の現象学的解釈学が通底することを表すための方法として，
コルバンは，次の三種類の方法を提案する。

第一の方法は，便宜的な方法ではあるが，「隠されたものの開示」をアラビア語の表現のまま用いず，「現象学」（例えば，英語のphenomenologyをそのまま音写する）と置き換えて，アラビア語やペルシア語においても使用することで，このイスラーム的解釈学が現象学として展開しうることを示すものである。だが，コルバンも自ら認めるように，これは本質的な解決方法ではない。

第二の方法は，様々な辞典を調べ，それらの「現象学」の訳語に，適切な言葉を選択することである。例えば，「開示」というアラビア語（およびペルシア語）が，古代ギリシア語の語源的要素とも対応し，したがって，それを念頭に議論するハイデガーの理解にも対応することを語源的理解に基づいて示す可能性も示唆される。しかし，コルバンは，これら二つの方法に対して，より正確な方法が他にあることを指摘する。

第三の方法は，ペルシア語やアラビア語における解釈が哲学的・神秘主義的な理念に基づいて，正確にどのような行為と目的をもつか探し出し，その意義を記述することである。それによって，コルバンは，現代の現象学の意義，その実践や目的が，イスラーム神秘主義における「隠されたものの開示」というキータームに，修辞上の類似や対応を超えて，実践においても理念や目的においても対応するものであることを示す。コルバンはこうした試みによって，イスラームの「開示」という解釈行為に対応するものとして，解釈学的現象学が選択されたのだと主張する（Corbin, 1383/2004：30参照）。

「隠されたものの開示」は，解釈をめぐるイスラーム神秘主義のアプローチに関する様々な著作の題としても採用されている。このことからも，これはキータームであり，忘却されてしまった意味を開示し理解するという意味での解釈を表す，もっとも一般的な用語であると言える。上述したように，コルバンによると，この言葉の概念はまさに正確に現象学のアプローチに対応し，現象の本源性（内面的な意味）を開示することである。彼はアラビア語の「開示（kashf）」の意味が，ハイデガーにおける「暴露すること」・「覆いをとること」（Enthüllung），「発見」（Entdecken）に対応していること，すなわち，現象（外面）の裏に隠されてしまった実在そのもの（顕現せざる現象の内面）が開示されるようにすることに対応していることを明確にする。このことから，コルバン

第7章　「歴史を超える対話」とは何か　　　151

とイスラーム神秘主義者にとっては，現象の内面を隠したこのヴェール
は，実際には，われわれ自身であるということになる。つまり，われわ
れは，自分自身（自己の本源性，体験と自己が分離していない本源性）を
現前化すること（認識すること）は不可能である。われわれの在り方は，
ここで自分自身を開示しないままである（Da-sein），というのがコルバ
ンの理解である。現象の本源性は，われわれ自身によって隠されたまま
にとどまっている。というのも，本来必要とされる解釈学のレベルに，
われわれがまだ達していないからである（Corbin, 1383/2004：30 参照）。
　解釈（taʾwīl）こそが，コルバンの見解では，われわれが必要とする
解釈学のレベルにわれわれ自身を置き，聖典の本来的な意義（内部）を
われわれに開示するものである。それゆえ，彼によると，聖典は書かれ
た文字通りの辞書的な意味（外面次元）と，われわれ自身の反省的，概
念的，分析的思惟によって隠蔽された体験の本源性（内面次元）を持つ。
それゆえ，必要なのは，どちらかの現象形態（顕現態，または非顕現態）
に留まり，動きを忘却することではなく，解釈学により「内面」から
「外面」（つまり井筒では，A 領域から B 領域）へ，「外面」から「内面」
（井筒では同じく，B 領域から A 領域）へと運動することで，顕現を動き
として了解することである。その結果，聖書の解釈学者やイスラームの
神秘主義者からみると，聖典は決して古いテクストや過去に属するテク
ストではなく，一瞬一瞬に新しくなるものである。すなわち，精神的な
解釈学のレベルにある神秘主義者は，聖典の「内面」に戻ることによっ
て，実在の意味を開示して現前させるのである。
　上述したことをまとめるなら，コルバンは，解釈学的現象学とイス
ラーム神秘主義における「解釈」行為，すなわち「隠されたものの開
示」とは，同じ意義を有すると主張していることになる。井筒のモデル
に従って述べるなら，B 領域から A 領域への神秘主義者の修行道の行
程は，現象学的な実践という意義をもつものである。そのとき得られる
「理解」とは，無媒介的理解である。というのも，神秘主義者は無媒介
的に，つまり分析的反省や概念化による実体視によらずに，実在そのも
の（ハックの光）をヴィジョン化する。実体化されずに形象化する M 領
域，その地平において顕現する事態，すなわち，実在の非顕現的顕現と
でもいうべき本源的現象（ハックの光のヴィジョン），本源性による存在

贈与の働き（ハックの光による存在者の生起），あるいは，元型的本質ないし形象（井筒やコルバンのいわゆるイマージュ）の「理解」，これらが井筒とコルバンの比較哲学のメカニズムとモデルを形成している。

### (3)　井筒とコルバンの比較哲学のメカニズム

コルバンは 1978 年に死去したので，当時遂行中であった自分の比較哲学の計画を完成に導くことができなかった。彼の計画を完成させたのは，井筒俊彦である，ということをここで提起したい。井筒は自身とコルバンの比較哲学のモデルを『意識と本質』の中で独自に深め，提示する。『意識と本質』のテーマは東洋の諸伝統を含んでいるものの，今まで論じてきたように，彼の比較哲学のモデルはスフラワルディー哲学とそのコルバンの解釈を背景としている。ここでは，以上の理解を基礎に，『意識と本質』を中心として，井筒の比較哲学のメカニズムについて論じる。

スフラワルディーによれば，神秘哲学者は，宇宙において隠れた真理の実在に到達することを求めるが，その真理は人間の感覚器官では知覚できないという。その真理（ハックの光）に到達する道は修行である。修行によって神秘主義者の心に徐々に変化が生じ，隠れた実在（ḥaqq）はその本源的な姿を，神秘主義者の心の中で開示する。

神秘主義者の心は鏡のごとく，実在（真理）の「顔」はその中で開示される。実在の原初的で非現象的な顕現（ハックの顔）が心の鏡で開示されたとき，神秘主義者と実在には同一性の関係が生じる。この段階では，体験は意識と分離しておらず，分析的意識が働いていない。すなわち，神秘主義者は感覚器官によらず無媒介的に実在を把握する。無媒介的把握は，まさに神秘主義者の精神的体験である。神秘主義者が無媒介的に実在を把握する際，実在は，井筒の言葉で言えば，「想像的」イマージュの形で神秘主義者の心に開示される。最も一般的なイマージュは「光」の像である。スフラワルディーも自分の主著である『黎明の叡智』の最初で，修行によって実在の本源性の非現象的顕現（顔）を無媒介的に把握して，「実在の顔」が自らを「光」の心象として自分自身に開示したと述べる（Suhrawardī, 1999：1-5；ナスル，1975：96-98 頁参照）。

神秘主義者が無媒介的に実在を把握した後，この把握されたものは，

第7章 「歴史を超える対話」とは何か　　153

一般的に神話的な形象によって表現される。例えば，神秘主義の詩や神秘主義思想は，比喩の形式で，神秘主義的・精神的体験を表現したものだと理解されている。だが，この無媒介的体験における「比喩」は文学的修辞ではない。これは，神秘主義者の精神的体験において，いわば押し付けられてくるものである。神秘主義者が，自己表現として選ぶ表現のことではない。「比喩」が神秘主義者をとらえ，いわば比喩が比喩そのものを強制してくる。例えば，神秘主義者が実在を光の「比喩」を用いて描写する際，光の「比喩」は様々な比喩の中から任意に選ばれたわけではなく，「比喩」そのものが，つまり「光」そのものが神秘主義者の体験に押し付けられている。神秘主義者は，自身の体験を説明するために「光」を選んだのではなく，体験が「光」として現れてくるのだ。すなわち，上で言及した鏡に顔を映すという形象においては，神秘主義者は，「実在の顔」を「光」の姿で無媒介的に体験しているのである。

　われわれは日常生活の中で，フィジカルな光を感覚器官で理解し，フィジカルな光の輝きによって，様々な質料的事物の実在を認識する。しかし実在が顕現に移行すること，つまり「光」の認識は，感覚器官の水準を超えるので，他の器官を必要とする。実在の光が，光の「想像的」イマージュの形で神秘主義者の心に自らを押し付けるとき，感覚器官では神秘主義者の深い精神的体験を認識できない。それゆえに，実在の「想像的」イマージュは，「創造的想像力」によって無媒介的に把握されるしかない。

　注意すべきは，スフラワルディーが「想像」と呼ぶものは，「架空」の同意語ではないことだ。「想像」と「架空」の差異に自覚的なスフラワルディーは，「想像」を「つながった想像」と「分離された想像」に分割する（Suhrawardī, 1380/2001：214）。「つながった想像」はまさに「架空」であり，心理学的にいうならば，それが成り立つ場所は神経系である。「架空」は脳の機能による産物以外のなにものでもない。脳の機能とつながっているという意味で用いられている。しかし「分離された想像」は，神経系と脳の機能が連関するものではなく，意識の段階で独立の立場を占めている。「分離された想像」の空間は，離在知性と感覚の間にある。

　存在論的な次元においては，「分離された想像」の空間は「形象的相

似世界」（M領域）として，ひとつの存在論的位相が措定されている。それゆえ「形象的相似世界」は，A領域とB領域の間にあるものとして，しかも両者の本質を同時にもつものとして理解される。A領域とは，「光」とよばれるように，質料性を離脱した状態，すなわち離在性の位相であり，B領域の本質は物質性であり，「光」に対立する位相として「闇」とされる。それゆえに，「形象的相似世界」は両者の位相を併せ持つ段階であるので，その中では，「光」と「闇」が，離在と物質が，混交されている。スフラワルディーは「形象的相似世界」（M領域）を，「黎明の赤い太陽」になぞらえる。これが意味するのは，太陽は「光」ではあるが，A領域の「太陽」は「光」そのものであり，強烈な明るさゆえに物は認識されないのに対し，M領域の「太陽」は，朝日が徐々に昇る際の光そのものと言ったまったき明るさではなく，物の姿が認識可能になり始める明るさであることだ。B領域の太陽は，物質界に物理的に天体として存在する太陽であって，これは，ここでいわれる認識可能性，存在性を贈与するという意味での「光」ではない。本源性が明らかになるという意味で，ここで「光」と言われている。そして，これは文学的比喩ではなく，体験を伴っているので，概念としての光でもない。体験は，概念によって指示対象にはなっていない，つまり反省作用が介入してはいない。本源性の認識自体が，「光」として意識を満たしている状態なのである。

　「形象的相似世界」で現象する「想像的」イマージュも同じ状態をもつ。それらイマージュは質料界から離れており，そういう意味で離在的（脱質料的）であり，体験の現実としては「光るもの」である。だが，他方で，それらイマージュは，色，形，寸法をももつので，その限りでは，質料性に近づいており，物質的なもの，すなわち「暗いもの」でもある。われわれが夢の中で見る「想像的」イマージュは，「形象的相似世界」に出現する「想像的」イマージュ，すなわち元型と同定される。例えば，シーア派哲学による解釈では，歴史上のイマームは現在化されていないけれども，夢の中で現在化される。つまり，不在イマームは，形象的相似世界に現前するとされる。すなわち，夢の形象は，創造的想像力が顕現させる脱質料的な「想像的」イマージュ，あるいは，元型イマージュと同一とされるのである。

第 7 章　「歴史を超える対話」とは何か　　155

　井筒は，スフラワルディーを参照しながら，「形象的相似世界」を「質料性（あるいは経験的事実性）を離脱した似姿の世界」とも呼び，「形象的相似世界」において現象する「想像的」イマージュを，「質料性（あるいは経験的事実性）を離脱した似姿」，あるいは，「宙に浮く比喩」（muthul muʿallqah）と呼ぶ。「似姿（ashbāḥ）」の元来の意味は，「遠方に現れるものの姿」ということである。井筒は，「アシュバーハ」という単語は，人，動物，ある事物の「想像的」イマージュを意味する（井筒，2010：202 頁以下参照）と述べている。

　ある単語を比喩として使う場合，その単語は同時に二つの異なるもの，つまり A と B を指示する。A はそもそもその単語の文字通りの意味で，B は比喩的意味である。例えば，光の文字通りの意味（A）は，われわれが日常的に使うフィジカルな光を指示するが，精神的体験の次元における光の比喩的意味（B）は，神秘主義者の深い精神的体験，本源性の開示，すなわち体験が反省によって概念的に分析され対象化されていない状態に対応する。つまり，スフラワルディー哲学における「似姿」や「比喩」という用語は，「形象的相似世界」あるいは「分離された想像」における，ある事物の「想像的」イマージュの存在を意味する（Suhrawardī, 1999：138-140）。「想像的」イマージュは，「分離された想像」における事物の元型的パターン以外のなにものでもない。より明確に言えば，フィジカルな光は「実在の光」へと「解釈」されなおされる。さらには，「分離された想像」として存在する「想像的」イマージュは，神経系と脳の機能に依存するものではなく，独自の立場，つまり「形象的相似世界」をもつ。これは，物質あるいは質料性，いうなれば実体化にとらわれていないゆえに，「宙に浮いている」と言われる。

　ここまで，スフラワルディー哲学に基づいて，神秘主義者の精神的体験，「分離された想像」による精神的体験について論じた。しかし，精神的体験のメカニズムを明らかにしてはいなかった。精神的体験のメカニズムの解明によって，井筒哲学における「形象的相似世界」の立場の必然性が動機づけられるだろう。

　すでに述べたように，井筒は『意識と本質』の中で，東洋哲学に共通の構造を導入しようと企て，それを「共時的思考の次元」と「共時的構造化」と名づけた。彼は同書の最後の分析で，東洋の諸哲学から一つの

モデルを構築する。そのモデルが，「分節化Ⅰ→絶対無分節→分節化Ⅱ」の経過を辿る意識の深化と覚醒の過程である（井筒，2010，139-180頁）。井筒のこのモデルは，完全に神秘主義者の神秘道に対応する。そして，しばしば井筒が引用するように，井筒はスフラワルディー哲学に彼の精神的体験との対応をみとめている。

　井筒も言及するように，神秘主義者の用語で「分節化Ⅰ→絶対無分節」という移動は「ファナー」（fanā，消滅，神秘的合一体験）に対応する。「分節化Ⅰ→絶対無分節」は「上昇の円弧」であり，B領域からA領域への旅であり，「イスティシュラーク」——つまり〈東洋〉の探求——である。つまり，対象化による実体化された現象を還元することである。「絶対無分節→分節化Ⅱ」という移動は「バガー」（baqāʾ，存続，神秘的合一体験の後にくる境位）に対応する。この移動はM領域におけるすべての存在者の純粋な存在，あるいはすべての存在者に「存在」を与えた実在の働き（「光」）を現象態においても，概念的分析や対象化によらずに維持することである。

　「ファナー」と「バガー」という二つの顕現の仕方，顕現の位相は，神秘主義者の意識と直接的に関係する。井筒の言い方に倣えば，「分節化Ⅰ→絶対無分節」（ファナー）が「表層意識→深層意識」という移動であり，「絶対無分節→分節化Ⅱ」（バガー）が「深層意識→表層意識」という移動である。もちろん，「分節化Ⅰ」（B領域）での意識の在り方，位相は，「分節化Ⅱ」（M領域）での意識のそれとは異なる。なぜなら，世界経験を実体化する意識の機能が，非実体化の思惟へと転換されたからである。

　「分節化Ⅰ」，あるいは表層意識の水準では，われわれの意識，認識，感覚器官は，諸事物を概念＝本質に基づいて分節し，区別し，理解している。「分節化Ⅰ」は井筒のB領域であり，スフラワルディー哲学の体系における質料界，「闇」の領域である。質料界の事物への実在の「光」がまだ届いていない段階を，スフラワルディーは「闇」の世界という意味で，〈西方〉と呼ぶことはすでに述べた。その西方的領域で，事物は，単に質料的な光の輝きとして体験され，物理的な光によって理解される。さらに，この水準での事物の本質を区別することは，概念的区別である。例えば，「花」は「石」から概念的に区別されるが，存在という

第7章 「歴史を超える対話」とは何か　　　　　　157

実在の働きにおいては，区別されるものではないことは，すでに指摘した。

　神秘主義者の心は，修行によって強化され，実在の働きである「光」が，指導者の天使によって，徐々に神秘主義者の心に輝き，神秘主義者が存在の形而上学の段階（意識の水準）を

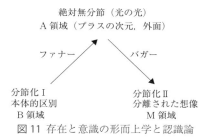

図11 存在と意識の形而上学と認識論

渡って，最終的には形而上学のM領域で彼は，実在の「純粋光」に包まれるというヴィジョンを得る。つまり，実在のもっとも本源的な働き方が，光そのものとして体験される。この段階に関して，スフラワルディーは，自分の精神的体験のうちで実在を，「光の光」の姿というヴィジョンで得たと言う。しかし，以前に述べたように，「光の光」は，マイナス次元あるいは外面の水準で自分の姿を開示するゆえに，顕現なのである。なぜなら，「光の光」は，そもそも非顕現であり，これはプラス次元あるいは内面の水準（A領域）においてヴィジョン化されることはない。つまり，この水準では，体験も理解も成立することができない。したがって，このような体験を人間に可能にさせるという媒介者，神話的には天使の役割が必要になるので，そのような機能を有するM領域は，スフラワルディー哲学あるいは他の神秘主義学派において，仲介者（天使）の領域として定義されている。

　「光の光」，あるいは「純粋光」が神秘主義者の心を包む際には，心と実在が一体になり，実在が神秘主義者の意識に顕現するのは，神秘主義者の体験的意識の最下層である。実在が体験と一体である状態とは，諸事物のそれぞれの概念的本質が，実在の「光」の強さによって，神秘主義者の意識において消滅し，純粋光以外のなにものも実体化された対象としては存在しなくなる状態である。井筒はこれを存在解体とよぶ。この事態は，隠されたるもの——つまり実在の「光」——の開示である。井筒は対象化が行われていないこの状態をいわゆる「意識のゼロ・ポイント」と呼ぶ。これが井筒の言う「絶対無分節」であり，神秘主義者の用語で「ファナー」の位相である。

神秘主義者は「意識のゼロ・ポイント」あるいは「ファナー」の位相に至ってから、徐々に自然的な意識の方に戻って来る[6]。それと同時に、実在の「光」のうちで消滅された諸事物の各本質が、神秘主義者の意識のうちで再度生起してくる。しかしここでの事物の本質は、もはや概念的区別により対象化をなす概念としての本質ではない。この区別は、確定的ではない。というのも、この段階の意識は、対象化が消滅した非実体的な世界経験における事物の生起だからである。つまり、生起する事物は、概念的本質による反省作用の非実在性を自覚した意識によって、非対象的に了解されている。すなわち「花」と「木」は、神秘主義者の意識（「分離された想像」＝ M 領域）に顕現した実在の元型イマージュとして、了解されるのであって、言語的概念による本質指示によって把握されているのではない。「絶対無分節」に還元され、「分節化 II」という非対象化的体験をとおるので、諸事物は実在の働き（光の輝き）におい

---

　6）　井筒は『意識と本質』の中で、東洋のすべての伝統における意識の段階のモデルを提案する（井筒 2010, 214 頁）。筆者は以下のように井筒が提案するモデルを、今まで論じたスフラワルディー哲学の形而上学のモデル（図 8）と比較することができると考える。以下のモデルで意識のゼロ・ポイントと存在のゼロ・ポイントとの関係を見ることができるであろう。

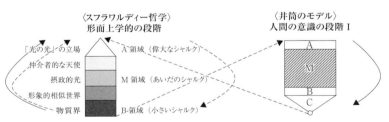

図 12　井筒とスフラワルディーの意識段階のモデル

第 7 章 「歴史を超える対話」とは何か 159

て把握される。つまり，その実在性が，個々の事物の体験において開示
される。この「光」の体験という観点ゆえに，「絶対無分節」と「分節
化Ⅱ」を井筒は「精神的東洋」と名づけた。

　このように，井筒にとって，『意識と本質』に具体化される哲学は，
このような形で非対象化の思惟に基づいて，思考を遂行することであ
る。これを井筒は，精神的東洋を探求することと呼んだのである。井筒
が自ら認めるように，この精神的東洋（M領域）はスフラワルディーが
「形象的相似世界」，あるいは「あいだの〈東洋〉」と呼ぶ空間である。
このような形で，井筒の比較哲学の精華である『意識と本質』の基本構
想「精神的東洋の探究」を理解するなら，それは「形象的相似世界」に
基礎を置くことが十全に理解できるであろう。

## 第Ⅱ部の結び

　筆者は，第Ⅱ部で，井筒の思想の進捗の段階について論じつつ，彼の比較哲学の基礎と意義——つまり「歴史を超える対話」——を検討し，その立場を多角的に検討し，その意義を解説することを試みた。さらに，コルバンの哲学・スフラワルディー哲学・シーア派思想が，井筒の比較哲学に具体的にどのように影響を与えたかを明らかにすることも試みた。

　しかし，次の第Ⅲ部で詳しく論じるように，比較哲学を構築する井筒とコルバンの目的には，政治的・社会的な背景や条件が不可分に含まれてもいる。事実，第Ⅰ部で論じたように，比較哲学は基本的に政治的・社会的状況の産物である。井筒とコルバンの比較哲学も，第二次世界大戦以降の出来事とイスラーム世界の状況，イスラーム学の成果，イスラーム哲学の再発見という諸条件なくしては成立しえなかった。井筒とコルバンにとって，世俗主義とニヒリズムの危機は，全世界を包み込んでおり，それを克服する道を，両者は神秘主義の思想，あるいはグノーシスの思想の復興に見出したのであった。そのような関心から，コルバンと井筒がイラン・イスラーム哲学の複雑なテクストに入り込み，それらを読み直したことが理解できる。このように再発見された古典の読み直しによって，そこに記された神秘主義の思想，あるいはグノーシスの思想の復興を彼らは，現代哲学（比較哲学や解釈学的現象学）の形で試みた。

　しかし，それにもかかわらず，井筒とコルバンの比較哲学には，根本的に重要な問題点が見逃されていると言わざるをえない。確かに井筒とコルバンの目的は現実世界（B領域）の問題と危機を超えることである。しかし，二人は解決方法を非顕現の領域（M領域）で探求している。M領域は単に神秘体験によって得られるものであり，神秘主義者，あるいは修行者のみがM領域において現象をヴィジョン化して「理解」（つまり「解釈」）することができる。すなわち，一般大衆はそれを決してヴィジョン化して「理解」することができないことになるのではないだろう

第7章 「歴史を超える対話」とは何か　　　161

か。さらに，M領域における「理解」は，端的に個人的，主観的なものではないだろうか。すなわち，神秘主義者は個人として隠れたものをヴィジョン化して非対象化的思惟により「理解」する。この「理解」は完全にその神秘主義者に属する。確かに，個人的，主観的，あるいは内在的な現象の「理解」に基づいて，哲学的な議論の形式をとることはできるかもしれない。事実，そのような学派も成立し，哲学を構築してきたともいえる。だが，現実と関わるはずのこの「理解」は，政治的・社会的な問題と危機を克服するために，いかなる寄与をなすのだろうか。政治的・社会的な問題と危機はB領域に属するものであるから，それの解決方法もまたB領域で探求しなければならいのではないだろうか。コルバンや井筒にとって，「分節化Ⅱ」における現象理解が現在化され，現代的に読み直され，本来の働きを示すものなら，B領域における政治的・社会的な問題と危機の解決法も，もはや単なる「分節化Ⅰ」のそれではなく，「分節化Ⅱ」に基づく解決法であらねばならないと言えるであろう。

　上記の点に加え，井筒とコルバンの比較哲学は，論理的・哲学的に，大きな問題と直面している。井筒とコルバンの比較哲学はB領域を仮構（i'tibārī）の世界として想定する。真の領域はA領域とM領域である。この見方は，われわれがそこに住んでいる世界は仮構のものに過ぎないことを意味することになりはしないだろうか。この見方が帰結するのは，実在界である「人間生活の具体的現実」と歴史的な真実の否定ではないか。

　第Ⅱ部における検討の最後に，「分節化Ⅰ→A領域→分節化Ⅱ」という井筒の（そしてコルバンにも共通する）図式を提示しつつ，筆者がこれまで議論してきた部分を井筒思想の基本構造に沿うようにまとめた。仮構すなわち概念的に構成されたに過ぎず，現実の生き生きした働きを実体化して固定化する思惟を，無限性の段階（A領域）に引き戻すことが，求められていた。これにより，私物と化した現実世界に，本来の躍動性，生動性，概念化から漏れ落ちる生命性や働きの場を，「人間生活の具体的現実」，すなわち，歴史的な真実に再度与える，再現させる，見出すということであった。

　だが，これが，歴史的な真実の否定とならないようにするには，「分

節化Ⅱ」で起きたことが，経験として，分節化Ⅰからの前進であると理解できなければならない。あるいは，「分節化Ⅱ」で現実化したことが，まったく意味不明ではなく，つまり，どこかで少数の人が，あるいはさらに望まれるのは，場合によっては多くの人が，「分節化Ⅰ」から「分節化Ⅱ」への転換を理解可能になるような，通約可能性がなければならない。すなわち，「分節化Ⅰ」から「分節化Ⅱ」を横断するような，「日常的理解のネットワーク」とでも呼ぶべき一種のネットワークがなければならない。

　確かに，井筒は，慎重にも，「分節化Ⅰ」から「分節化Ⅱ」へのこの転換は，日常言語の，非概念的用法によって，提示可能であると，随所で語る。すなわち，「山は山，川は川」という概念的本質規定によって実体視された対象世界が，「山は流れる」というような表現で示される非概念的思惟によって，生き生きとした現実へ還元される。

　何よりも，コルバンや井筒は，自らの時代的，社会的な制約としての認識や関心を語る言葉を十分には展開しなかった。彼らが論じる無限性が，その論じ方によって，不可避的に特異化され他者化されることをも論じなかった。すなわち，彼らが無限性を当然ながら超歴史性・超地域性において論じるとき，見かけにおいて個々の社会的・時代的・政治的制約を超え出てしまうという，裏返された政治性の出現について，彼らは語る言葉を持たなかった。

# 第Ⅲ部

# 神的なものと社会的なものの争い
――超歴史における伝統を探求して――


時勢の流れによっては，どういうことになるのか，それはだれにもわかりません。ホメイニー師自身にもわからないはずです。イマーム不在の状態にまつわるそのような一種の不安，不安定性を背負って，いまイランは，激動する国際関係の現状の中におのれの生きる道を手探りしているのであります。　　　　　　　　――『井筒俊彦全集』第9巻，446頁以下

イスラームにおける危険性が，異質の諸条件の中にあることは疑いのない事実である。このような条件について深い分析を行った哲学者は存在しない。
　　　　　　　　――アンリ・コルバン『イスラーム哲学史』5頁

# 第8章

# 井筒と政治

　井筒の比較哲学は，基本的に，政治的・社会的な哲学であったのだろうか。井筒自身は，自分の哲学を政治哲学とも社会哲学とも名づけていないし，井筒についてそのような見解や結論を提示する研究もなく，一見したところ，この質問に対する答えはネガティブなものであるように思われる。第Ⅲ部を始めるにあたり，われわれは，井筒を政治的・社会的観点から検討する根拠を以下の4点において探究してみようと思う。

## 第1節　個人的な特性

　第一の根拠は井筒の個人的な特性に関係する。現代イラン人の学者や井筒のイラン人の弟子たちにとっても，日本人の学者や井筒の日本人の弟子たちにとっても，その周囲の人々にとっても，井筒は政治的・社会的問題には直接関わらず，距離を取っていたとされているであろう。少なくとも，政治的・社会的な課題と直面することに慎重であった，場合によっては政治的・社会的な課題に対して非常に保守的な人であったと考える可能性すら否定できないであろう。例えば，司馬遼太郎（1923-96）は井筒の人物を次のように描いている。

　　『中央公論』で対談したのは，去年（1992）の晩秋であった。ちょうど，日本の政界は「佐川急便」と政治家の癒着ということでゆれていて，政界再編という動きまで出，しかし空さわぎに似た無力な

印象もあって，連日の報道にもかかわらず，世間の心は冷えていた。

　しかし井筒さんは，そのような今日的話題から超然とされていて，ひとこともふれられず，できあがった誌面をみると，その19ページだけが，古代インドの菩提樹の下のようにしずかで，井筒さんのまわりにのみ，虚空がほのかな光の輪になっているようだった。

　むろん，井筒さんが今日的な課題から耳をふさいでいたのではなく，又聞きしたところは，奥様の豊子さんに，「いま騒がれている日本の政界の現象でも，たんねんに見つめると，日本の思想が出ていて，なるべくしてそうなっているはずなんだよ」といわれていたそうである。（司馬，1993：46頁以下）

　ここで確認できるのは，井筒が政治的・社会的問題に無関心であったというよりは，そのような日常的具体的世界を形成する非顕現態に関心を向け，それを課題としていたということである。

　これに加え，われわれは井筒の保守的な人物像を，イラン革命という出来事への彼の向き合い方にも確認することができる。メヘディー・モハッゲグが言うように，井筒は非常にイランに興味を持っていたにもかかわらず，イラン革命の発生の後に彼がイランを離れたので，大変不快に感じたという（筆者とモハッゲグとの対談，2015年9月のテヘラン）。しかし，ここでわれわれは次のことを問うことができる。井筒はイランに非常に興味があり，また，彼の「東洋哲学」（比較哲学）はイランのイスラーム哲学に基礎があったにもかかわらず，なぜイラン革命以降にイランに戻ることがなかったのだろうか。この問いに答えることは非常に難しく，研究者によっても意見は一致していない。しかし，それにもかかわらず，以下に引用する文中には，イラン革命に関する井筒の保守的な人物像が描き出されているように思われる。

　井筒の弟子で，イラン哲学アカデミーの元所長であるゴラームレザー・アーヴァーニー（Gholāmrezā Āvānī：1942-）は，なぜ井筒はイラン革命以降にイランに戻ることがなかったのだろうかという筆者の問いに対して次のように答えている。

第 8 章　井筒と政治　　167

残念ながら，イラン革命の発生の後に，イラクがすぐにイランに侵攻して，イラン・イラク戦争は 8 年間続いた。イランの戦争状態では井筒先生のために研究環境を準備することができなかったことは確かだ。さらに，イランの戦争が井筒先生に命の危険をもたらす可能性もあった。したがって，井筒先生はイランにもう戻らないことを決めたと私は思っている。（筆者とアーヴァーニーとの対談，2015年 9 月，テヘラン）

　また，メヘディー・モハッゲグはこの同じ問いに対して次のように述べている。

　　以前，私はテヘラン国際ブックフェアに行き，テヘラン大学出版社の展示室にあった諸々の本を見ていた。いきなり，〔イラン・イスラーム共和国の第 2 代最高指導者である〕ハーメネイー師（Sayyed Alī Hosseini Khāmene'ī；1939-）がブックフェアにいらっしゃり，視察していることに気付いた。ハーメネイー師がテヘラン大学出版社の展示室に至った時，井筒が書き，テヘラン大学出版社によって出版された『サブザワーリーのヒクマ（叡智）の基礎（＝ *The fundamental structure of Sabzawārī's metaphysics*)』を彼は見た。そして，彼は私に，なぜ井筒氏はイランに戻らないのかと尋ねた。
　　私は，井筒氏をもう一度イランに招待するつもりであると，彼に答えた。数か月後私は「都市と都市化の比較文明学」というシンポジウムに招待され，東京に行った。東京で井筒氏に電話し，ハーメネイー師の話を伝えたうえで，井筒氏をイランに招待したい旨を伝えた。しかし，彼はイランに非常に興味があるものの，残念ながら，心臓の病気の理由で旅行することができないこと，そして彼は今日病院から自宅に戻って来たばかりであることを話した。（筆者とモハッゲグとの対談，2015 年 9 月，テヘラン）

　以上のような，アーヴァーニーとモハッゲグの意見に対して，松本耿郎と，元駐日イラン大使で現在はイランの世界宗教センター所長であるアブドッラヒーム・ギャヴァーヒー（Abd al-raḥīm Gavāhī；1944-）は，

168 　　　第Ⅲ部　神的なものと社会的なものの争い

他の意見を述べている。松本耿郎は次のように述べている。

　　井筒先生は何年間も，イラン王立哲学アカデミー〔つまり，パフ
　　ラヴィー朝（1925-79）の女王であったファラー・パフラヴィー
　　（Farāh Pahlavī；1938-）によって支持された研究所〕の研究者とし
　　て働いていた。井筒先生はイランに戻ることに，つねに心配と恐れ
　　を抱いていた。なぜならば，革命を起こした人々によって逮捕さ
　　れ，裁判されることを恐れたからだと思う。（筆者と松本との対談，
　　1392/2013, p.147）

　松本の意見は，これから引用するギャヴァーヒーの意見と密接に関係
する。ギャヴァーヒーは 1982 年から 87 年まで，日本における駐日イ
ラン大使であった。彼はイラン大使として，黒田壽郎のような井筒の弟
子たちと良い関係を築くことができた。その関係は，文化的・研究的に
も基礎づけられるものである。しかし，ギャヴァーヒーは決して井筒に
会うことがかなわなかった。彼はその理由を次のように述べている。

　　私が日本でイランの大使だった時，何回も井筒氏に連絡し，彼をイ
　　ラン大使館へ招待した。しかし井筒氏は毎回，「私は大変忙しい。
　　そして私は夜から朝まで勉強して仕事するので，午後まで寝て休ん
　　でいる」と答えた。井筒氏が私の願いを受け入れなかったので，私
　　は自分の方から井筒氏のご自宅に赴いて彼に会うことを提案した。
　　しかしながら，井筒氏はこの提案も受けなかった。私は，井筒氏が
　　イランの新政府と関係し，協力することを望まなかったのだと思
　　う。（筆者とギャヴァーヒーとの対談，2015 年 9 月，テヘラン）

　松本も筆者との対談におけるギャヴァーヒーの意見を認めた（筆者と
松本との対談，1392/2013：147）。今まで引用したいくつかの見解には，
井筒の保守的な人物像が描き出されている。実際のところ，井筒の保守
的な特性は，井筒の哲学にもおのずと影響を与え，一見すると非政治的
な哲学を構築したように思われる。しかし，それは表面的な非政治性で
あることが，最終的に示されるであろう。

## 第2節　その思想の構造

　第二の根拠は井筒の思想の構造と密接に関係する。第Ⅱ部で論じたように，井筒の思想は，新プラトン主義の思想に基づく東洋の諸伝統の読み直しと比較である。井筒の思想の構造において中心的なテーマを形成するのは，新プラトン主義の思想に基づく「顕現しないもの」と世界の開現性の「理解」と分析である。確かに，一見したところ，東洋の諸伝統における「顕現しないもの」と世界の開現性の「理解」との比較は，政治的なものや社会的なものと具体的には関係がないと思われるかもしれない。それゆえに，井筒の思想の構造は政治的・社会的課題とは関係しないのではないかと，推察することはできよう。井筒が新プラトン主義的思想構造を基礎に据えること，それを選択することは，非政治性の現れであり，これにより隠された井筒の本質，それと表裏一体の思想的問題に迫らなければ，井筒思想，井筒哲学，井筒の比較哲学の可能性も意義も問題性も明確にはならない。

## 第3節　日本人研究者の見解

　第三の根拠は，井筒の思想の本質に関する日本人研究者の見解と関係する。この第三の根拠は，第一の根拠や第二の根拠よりは曖昧であるように見えるであろう。というのも，日本人研究者の見解が，必ずしも一致してはいないからである。

　井筒の比較哲学における政治的・社会的本質に関する研究は非常に少ない。今までイラン人研究者は，このことについてまったく研究していない。日本人研究者も，井筒と大川周明（1886-1957）との関係のみを研究の対象にしている。その研究も，おもに二つの主題に集中している。それらは，① 大川の東亜経済調査局と井筒との協力の原因，② 大

170　　第Ⅲ部　神的なものと社会的なものの争い

川の大アジア主義のテーゼ[1]と井筒の「東洋哲学」との関係——つまり，
井筒の「東洋哲学」は大川の大アジア主義のテーゼに基づく——という
主題である。
　大川と井筒との協力関係の理由について，研究の観点からは大きな問
題はない。井筒は司馬遼太郎との対談（「20世紀末の闇と光」）で，大川
との協力関係の理由を明確に表現している。井筒は司馬に次のように述
べている。

　　　大川周明が私に近づいてきて，私自身も彼に興味をもったのは，
　　彼がイスラームに対して本当に主体的な興味をもった人だったから
　　なんです。知り合いになった頃，これからの日本はイスラームをや
　　らなきゃ話にならない，その便宜をはかるために自分は何でもする
　　と，私にいっていました。それで，オランダから『イスラミカ』と
　　いう大叢書と，『アラビアカ』という大叢書，つまり，アラビア語
　　の基礎テクスト全部と，イスラーム研究の手に入る限りの文献は全
　　部集めて，それをものすごいお金で買ったんです。それを，東亜
　　経済調査局の図書室に入れておいた。ところが誰も使う人がいない
　　し，アラビア語のテクストを整理する人がいない。私に「やってく
　　れないか」というありがたい話で，アラビア語の本なんてあの頃は
　　買えませんから，倉庫に入り込んで毎日のように，「整理」と称し
　　て自分で読んでいたんです。
　　　それなのに，大川周明のほうでは私をすっかり信用してくれて，
　　私はすべて任せてもらったんです。で，私の役目はカタログをつく
　　ることだったんです……。（司馬，2004：296頁以下）

日本人の研究者や学者は，通常，井筒のこの表現を中心に，大川と井
筒との協力関係の始まりについて論じている。このことについて若松英
輔の研究を例として挙げられる（若松，2014：76-85頁参照）。
　しかしながら，研究という観点からは，大川の大アジア主義のテーゼ

---

　1）　アジア主義，あるいは大アジア主義とは，日本と他のアジア諸国の関係や，アジア
の在り方についての思想ないし運動の総称である。19世紀後半に活発となった欧米列強のア
ジア侵出に対抗する方策として展開された。

第8章 井筒と政治 171

と井筒の「東洋哲学」との関係について，われわれは研究者の意見という問題に直面する。井筒は自分でこのことについて何も言ってないようであるが，井筒の思想について研究する研究者は，自分のアプローチと理解のもとに，大川の大アジア主義のテーゼと井筒の「東洋哲学」との関係を解説して表現する。こうした研究においては，日本人研究者は次の二つのグループに分けられる。

第一のグループは，井筒の「東洋哲学」が大川の大アジア主義のテーゼにその基礎があるとする研究者である。このような研究者は少ないが，彼らの研究は井筒の比較哲学の本質的一面を明らかにもする。このことについて，中島岳志の論文（中島，2014：102-113頁）は重要である。

第二のグループは，井筒の「東洋哲学」は大川の大アジア主義のテーゼとまったく関係しないとする研究者である。こちらの研究者の方が多く，彼らは具体的に井筒の思想の哲学的な構造に着目している。坂本勉など，日本のイスラーム学者は，井筒の「東洋哲学」と大川の大アジア主義のテーゼとの関係を主張しない。したがって，井筒と大川との関係についての研究はまだ少なく，また，研究者の間に意見の相違も多いので，大川周明の大アジア主義のテーゼが井筒の「東洋哲学」に影響を与えたことについて，ここで論じることは控えたいと思う。

とはいえ，ここで何よりも重要なことは，大川の大アジア主義を一つの具体例とするアジア（東洋）の自覚，独立，自己の確立などと言いうる西洋列強からの距離の取り方は，日本近代における反近代的動向としてのある種のロマン主義とともに，たとえ政治的営為でなくとも，政治的身振りの圏域に属する。自らを近代化しつつも自己を西洋の「他者」として規定していく思考が，政治的問題を扱わないから，これを非政治的と捉えることは皮相的である。この非政治的思考が発生する圏域が，すでにして，政治的・社会的条件づけ，規定，規制，限定，脈絡などを背負っている。

## 第4節　イスラーム改革主義者との関係

第四の根拠は，井筒とイスラームの改革主義者や汎イスラーム主義者

172 第Ⅲ部　神的なものと社会的なものの争い

との関係から生じる。これに関する研究は極めて少ないが，その研究も次の二つに分けられる。それらは，① 井筒のアラビア語教師たちの影響，および，② 井筒とイランの知識人たちとシーア派のウラマーとの関係である。

# 第 9 章

## イスラーム改革主義者との関係

　井筒俊彦とイスラーム革命主義との関係は第Ⅲ部の具体相を形成するので，本章でそれについて論じる。

### 第 1 節　井筒のアラビア語教師たちの影響

　井筒は司馬遼太郎との対談で，アラビア語への関心，アラビア語とイスラーム学の勉強，自分のアラビア語教師について初めて語っているように思われる。井筒は，アブデュルレシト・イブラヒム（Abdürreşid İbrahim；1857-1944）とムーサー・ジャールッラー（Mūsā Jārullā Bigiev；1875-1949）という二人のタタール人を，自分のアラビア語とイスラーム学の先生として紹介している。彼はこのことについて次のように述べている。

　　「韃靼」という言葉が，なんともいえない興奮を呼ぶんです。といいますのは，若い頃私の前に二人の韃靼人が現れましてね，その二人との運命的な出会いがあったために私はアラビア語をやり，イスラームをやって，おまけに学問というのはどういうものか，学問はかくあるべきだ，というようなことを学んだからです（司馬，2004：286 頁）。

　しかし，これから論じるように，井筒のアラビア語と伝統的イスラー

174　　　第Ⅲ部　神的なものと社会的なものの争い

ム学の教師たちについては，次の点を注意するべきであると筆者は考え
ている。それは，井筒のイラン人の弟子や協力者は，ムーサー・ジャー
ルッラーの名のみを井筒のアラビア語の教師として言及しているという
ことである。モハッゲグもアーヴァーニーもプールジャヴァーディー
も，井筒のアラビア語の教師について井筒から同じ答えを得たと証言し
ている。

　　「先生のアラビア語の先生がどなたでしたか」ということを井筒に
　　聞いた時，「私はアラビア語をムーサー・ジャールッラーの指導の
　　下に勉強しました」と井筒は答えた（筆者とモハッゲグとの対談，お
　　よび筆者とアーヴァーニーとの対談，2015 年 9 月，テヘラン[1]。プール
　　ジャヴァーディー，1993，井筒俊彦著作集，別巻，付録：10 頁）。

　モハッゲグ，アーヴァーニー，プールジャヴァーディーが証言する井
筒の答えには，一つの明らかな点がある。それは，井筒はイラン人の弟
子や協力者の質問に対して，アブデュルレシトの名を自分のアラビア語
の教師として言及しなかったということである。これには，何か意図や
意味があるのだろうか。確かにわれわれは，この井筒の発言の理由を知
らないが，その理由を推測することはできる。続いてアブデュルレシト
とムーサーの人生について論じることで，井筒の発言の理由を探究して
みたい。

### （1）　井筒とアブデュルレシト

　井筒は 20 歳からアラビア語に魅惑され，それを独習していた。しか
し，古典アラビア語は，非常に難解で複雑な言語であるものの，アラビ
ア語文法書の通読を終えると，ひと月程度で『コーラン』を読み終えた
だけでなく，多くを暗記していたという。井筒は，ヨーロッパの言語の
ほか，同様に古典を暗記する方法でヘブライ語やサンスクリットなども
学んでいた。彼は，その後，アブデュルレシトと知り合いになり，彼の
指導の下に 2 年間，アラビア語によって伝統的イスラーム諸学の基礎を

---

　　1)　モハッゲグもアーヴァーニーも筆者との対談に加えて，井筒について書いた様々な
論文や講演でこのことを語っている。参考文献を参照されたい。

学んだ。つまり，アブデュルレシトと井筒との関係は，単にアラビア語の勉強に限定されるわけではなく，アブデュルレシトは井筒をイスラームの勉強の方にも導いていったのである。アブデュルレシトは，英語で書かれた『マホメット伝』を井筒に手渡して，イスラームの勉強をも促した。井筒は自分でこのことを次のように述べている。

　　そうしたら，その感激が向こうに伝わったらしく，「おまえは，見どころがある。だから1週間に一遍ぐらい家に来て，話しながら研究するがいい。ただし，アラビア語をアラビア語としてだけ学ぶなんてことはばかげている。イスラーム抜きにアラビア語をやることは愚劣だ。アラビア語をやるならイスラームも一緒に勉強しなければだめだ」と。それで，手に持ってきた『マホメット伝』という英語の黒い本を私に渡して「これを少しずつ読んで，1週間に一遍来い。そうしたら，それを題材にしてアラビア語の練習をしよう」ということになりました。（司馬，2004：290頁）

　アブデュルレシトと井筒との関係は2年ほど続いたようである。しまいにアブデュルレシトが井筒のことを好きになってしまい，「おまえは，私の息子だ」「わが子よ」と呼びかけている。「おまえは，生まれつきイスラーム教徒だ。生まれたときからイスラーム教徒なんだから，おれの息子だ」（司馬，同上）とまで，アブデュルレシトは井筒に語りかけていた。

　その2年間の後に，アブデュルレシトは井筒に，タタール人のイスラームの法学者と神学者を，そしてボルシェヴィキ革命以前のロシアのシェイフ・ル・イスラーム（イスラーム教に関して最大の知識と能力を持つ人物を指す）であった，ムーサー・ジャールッラーを紹介した。

### （2）　井筒とムーサー

　1917年に起きたボルシェヴィキ革命の後，ロシア帝国に住んでいたタタール人の政治的状況，そしてそれに伴う生活状態は非常に悪くなり，危なくなった。レーニン（Vladimir Lenin：1870-1924）の政治体制，さらにボルシェヴィキ主義からロシアのタタール人たちは逃れはじ

めていた。逃れた一部のタタール人は日本に来て，東京，横浜，神戸に
居住した。ボルシェヴィキ革命はその後次第に勢力を得る。同時に，ロ
シアを含めて，アラブ，トルコ，スンニー派の世界を指揮していたオス
マン帝国ならびにイスラーム世界は，西洋の諸国の植民政策によって
徐々に弱くなり，四分五裂していった。

　それゆえ，イスラームの改革主義の運動が，イスラーム諸国で20世
紀初頭から生まれて来た。この改革主義運動は，西洋の植民地主義との
闘争に加え，イスラームの諸社会と一部の法律の改革をも始めた。なぜ
ならば，イスラームの法律はすでに古く，西洋世界に対するイスラー
ムの諸社会の後進性の原因が，まさしくそうしたイスラームの一部の法
律にあると主張されたからである。さらに，これらの改革運動は，イス
ラームの法律と諸社会の改革によって，イスラーム帝国の失われた栄光
の再建を目指すものでもあった。アブデュルレシトもムーサーも，イス
ラームのこれらの改革主義の運動に関わっていたのである。

　汎イスラーム主義運動の領袖の一人であったアブデュルレシトは，ロ
シアを去ることで，「日本の軍部と結びついて，その助けで，トルコを
中心として往年のイスラーム帝国を再建しようとしていた。〔中略〕頭
山満とか右翼の主な人と親しく，軍部の人たちとしょっちゅう会合し
て，何か計画を練っていたらしい」（司馬，2004，288頁）。

　アブデュルレシトの政治的な目的とアプローチから井筒が影響を受け
たのではないかという推測も生じるだろう。この疑問に対する坂本勉の
答えは肯定的なものではない。坂本はこのことについて次のように述べ
ている。

　　誤解のないように言っておきますが，先生〔井筒〕とイブラヒムと
　の関係は，決して政治的なそれではなかったことを断っておかな
　ければなりません。先生が惹かれたのは，行動的なパン・イスラー
　ム主義者として裏の世界で政治的に働くイブラヒムではなく，伝統
　的なイスラームの学問を修めた学殖豊かなウラマーとしてのイブラ
　ヒムでした。イスラーム世界でも高名な学者の門を叩いて教えを乞
　うというのが，イスラームの勉強を始めたばかりの井筒先生の動機
　だったのです。（坂本，2012：6頁）

第9章　イスラーム改革主義者との関係　　177

　上記の引用文から，井筒の東洋哲学あるいは比較哲学は，政治的・社会的な事象と全く関係がなかったと推論することもできよう。しかしながら筆者は，第Ⅲ部で論じるように，坂本が「伝統的なイスラームの学問」と呼ぶものにも不可避的に近代的状況下における政治的・社会的な本質が含まれていると考える。すなわち「伝統」の解釈と理解は，井筒とコルバンの思想，シーア派とスンニー派のウラマーの思想，イスラームの改革主義者たちの思想，イランの知識人たちの思想と通底している。これらは，モダニティーへの反応として，あるいはそれに対抗するものとして定義されるべき意義や性格を有している。井筒やコルバンの比較哲学は，モダニティーが成し遂げたものとその効力が発揮される次元に臨み，対抗する，立ち向かう，あるいは対峙する基盤として「伝統」の復興以外のなにものでもない。簡単に言えば，井筒とコルバンの比較哲学は，「伝統」に関する政治的・社会的物語である。

　日本の軍部と政治家たちに協力をあおぐことによってイスラーム帝国の栄光を再建しようとしたアブデュルレシトに対して，ムーサーはイスラームの一部の見解の批判と改革によって，イスラーム社会の栄光を復興することを試みた。すなわち，ムーサーは思想的・神学的な水準でイスラームの「伝統」の本質を守り，それを読み直すことを試みたと言えるであろう。彼は「そうした人たちが行ってきた伝統的な解釈に縛られることなく，自由な立場からコーラン〔イスラームテクスト〕を解釈しようとした」人であった（坂本，2012，11頁）。イスラームの信仰や思想に対するムーサーの厳しい批判は，シーア派の信仰と思想に向けられている。ムーサーはシーア派の信仰と思想を「イスラーム共同体（ummah）」の分裂の一つの原因として提起するのだ。

　日本人研究者はムーサーと井筒の関係について，とりわけムーサーの反シーア派の意見に関してこれまで具体的な研究がないし，この点に注意していないように思われる。ムーサーによる反シーア派の思想の探究は重要であり，井筒がなぜイラン人の弟子たちと協力者の質問に対してムーサーの名のみを言及したのか，その理由がここから引き出せるのではないかと考えられる。

　ムーサーはボルシェヴィキ主義から逃れるため，1930年にロシアを去り，トルキスタン総督府から，東トルキスタンをはじめ，アフガニ

178          第Ⅲ部　神的なものと社会的なものの争い

スタン，イラン，イラクなどの国々を転々とした。彼はイランとイラ
クに留まった時，シーア派の信仰と思想について詳しく研究したよう
である。そして彼は，アブドル・ホセイン・アミニー師（Abdul Husain
Aminī；1902-70）とムハンマド・ホセイン・カシェフ・アル＝ゲター
師（Muḥammad Husain Kāshef al-Ghitā；1915-94）などのようなシーア
派の高名のウラマーに非常に長い手紙を書き，シーア派の基礎的な神学
と法学の信念について問いつつ，それを厳しく批判した。完全に弁証的
な調子で書かれたこの長い手紙は，後に『シーア派信仰に対する全批判
（*Al-washī ʿa fī naqd ʿaqāid al-Shī ʿa*）』として出版された。

　ムーサーはこの著作の中で，法学的・神学的な観点から，シーア派の
イマームたちの無謬性，『コーラン』の内的解釈，『コーラン』の改竄の
問題，タキーヤ（taqīya：文字どおりの意味で意志・信仰などを偽り隠すこ
と），イスラームにおける政治体制という問題，不在イマーム（第12代
イマーム）の存在への信仰など，これらのシーア派の最も重要な教説を
激しく批判した。

　ムーサーが神学の観点から批判する対象は，シーア派の信仰の基礎を
形成しているものである。これらはシーア派の神秘的な意見に関係する
が，その基礎には政治的・社会的出来事がある。ここではシーア派に対
するムーサーの批判を明らかにするために，簡単にこのことについて論
じたい。

### （3）　ムーサーとシーア派の批判

　ムーサーの批判点を明らかにするために，井筒の「シーア派イスラー
ム──シーア的殉教者意識の由来とその演劇性」という論文を扱いた
い。この論文はもともと素修会での講演（1983年）であり，1984年に
論文として出版された。それは井筒の著作の中で特殊な重要性があると
筆者は考えている。なぜならば，井筒の著作の中でもこの論文は政治
的・社会的なテーマを扱っており，イラン革命の出来事にも関係するか
らである[2]。井筒はここで，シーア派の政治的な基礎を簡単に解説する
ことを試みる。

---

　2）　この論文に加え，『イスラームの文化』も政治的・社会的なテーマを扱っている。

第 9 章　イスラーム改革主義者との関係　　　179

　この論文の中心主題は「代理人」という概念であり，井筒は「代理
人」という概念をホメイニー師の解釈を分析することで解説する。この
「代理人」という概念は，シーア派の信仰の基本的な概念であり，イス
ラームのすべての分野を包摂する。井筒はこの概念の重要性を次のよう
に述べている。

　　　代理人などと申しますと，何となく平凡でとるに足りないことの
　　ように思われるかもしれませんが，実はそこからシーア派のすべて
　　が始まると言ってもいいほど，重要な概念でございます。ただし，
　　代理人といいましても，この場合には特に，だれがだれの代理をし
　　て何をするのかということが決め手になります。
　　　元来，代理人という概念はシーア派だけではなくて，イスラーム
　　一般におきまして非常に重要な働きを歴史的に担ってきた概念でご
　　ざいます。イスラーム文化，イスラーム思想の全歴史過程を通じ
　　て，いろいろなところに，いろいろな次元で，いろいろな形で姿を
　　あらわしてまいります（井筒，第 9 巻：419 頁）。

　『コーラン』のテクストには，「人間は地上における神の代理人であ
る」（2：30，6：165，30：39，38：26）とある。代理人のことを『コー
ラン』ではハリーファ（khalīfah）と呼ぶ。人間は「神の代理人」であ
る。この言葉には，二つの意味がある。一つは，人間である。すなわ
ち，すべての存在者の中で人間という種だけが地上における神の代理人
である。そして，人類社会である。すなわち，一人の人間が神の代理人
あるいは代表者として人類社会を代表する。イスラームの信仰のもとで
は，その人こそ預言者ムハンマドという人である。預言者ムハンマドが
人類全体を代表して，人類の代わりとなって神の前に立つ。ムハンマド
は預言者──つまり，神の言葉（啓示）を受け取る人──として，神の
言葉を自分の心の中にとめておき，それを人類社会へと移すのである。
啓示を神から受け取り，それを人類社会に移すことが，預言者に一つ
の道徳的属性を与える。それが預言者の無謬性である。すなわち預言者
は，啓示の移動の際に一つの誤差も生じさせないのだ。
　上で述べた「神の代理人」の二つ目の意味は，「神の代理人」の神学

的な意味であるともいえようが，これは，政治的・社会的な意味でもありうる。イスラームの信仰においては，この世は神の創造物であり，この世の主と支配者は神のみである。しかし神は存在論的に，自分自身を直接的に人類社会へと顕現させ，具体的な政治体制を形成することはない。地上における神の代理人が，神に代わって世を治めることになる。イスラームの信仰のもとに，神に代ってイスラーム共同体を代表する人がムハンマドという預言者であった。ここまでの理解に，シーア派もスンニー派も区別はない。

　シーア派とスンニー派の区別は，ムハンマドの死後に始まる。そして，シーア派独自の「内面的解釈」，いわばテクストの字義的意味を内在化してアクチュアルな宗教体験という内在的体験の内在的解釈を展開し，そこでは外在的体験や日常的生活全般にわたる内在的＝非顕現的意味と，それ自体としては現れることのない絶対者の働き（「啓示」）を記述するというシーア派的「解釈」が，その独自性を言語化していく。これは，神話的思惟としても展開するため，その独自の表現（例えば「光」）などに注意しなければならない。神話的なメタファーではなく，これは，内在的に経験されるものであり，シーア派の立場としては，内観が観念させる外在的経験の「本質」，事象の本来の姿ということになる。それは，メタファーではなく，体験の内実そのものが，このような言葉でしか言い表せない実在，自らを非実体的に「光」として与え迫ってくる体験として理解すべきである。ただ，この非実体的現れが，実体化されて制度化された場合に，シーア派独自の政治的・社会的問題に展開しうるのである。

　シーア派のテクストに従えば，ムハンマドが死の前に，自分のいとこで娘婿であったアリーをイスラーム共同体の代理人と預言者の後継者として指定したことになっている。シーア派の信仰においては，イスラーム共同体の代理人と預言者の後継者であるアリーの選択は，神秘主義の観点からも，また部族や神学の観点からも極めて重要である。第Ⅱ部では，神秘主義の重要性について簡単に論じて，神の「光」（無分節存在）の顕現によってムハンマドの「光」が創造され，神とムハンマドの「光」からアリーの「光」が創造されることを論じた。そしてムハンマドによる「預言の周期」が終わる時，新しい周期——アリーによる「イマーム

第 9 章 イスラーム改革主義者との関係　181

の周期」が始まることを述べた。

　「イマームの周期」への「預言の周期」の移動は，部族的血統（血筋）の威厳とも密接に関係する。この課題はシーア派の信仰においては，二つの段階に分けられる。第一の段階はムハンマドとアリーの一族に関係する。ムハンマドもアリーも同じ一族に属する。ムハンマドとアリーの血統が同じ一族から出て来る。第二の段階はムハンマドの娘であったファーティマ（Fāṭimah al-Zahrā；606 または 614-632）とアリーの結婚に関係する。ファーティマとアリーの結婚にも一つの部族的な意味があり，一つの神秘的な意味をもつ。部族の意味で，アリーはムハンマドの娘婿であった。だから，ムハンマドの死の後にアリーは，法律的にムハンマドの法廷相続人であり，預言者の代理人の立場はアリーに与えられた[3]。神秘主義の文脈でも，ファーティマは女性の要素として，「預言の周期」を「イマームの周期」に結びつけた。すなわち，ムハンマドの「光」とアリーの「光」はファーティマの子宮の中で一体になり，シーア派のイマームの系列を，第 2 代イマームと第 3 代イマーム[4]から第 12

---

　3）　アラブ社会における部族的血統（血筋）の重要性について，（Amir-Moezzei, 2000, 29-68）参照。

　4）　シーア派の第 2 代イマームであるハサン（Ḥasan ibn ʻAli ibn Abī Ṭāli；624-670）と第 3 代イマームであるフサイン（Ḥusayn ibn ʻAlī ibn Abī Ṭālib：626-680）は兄弟で，ムハンマドの孫とアリーとファーティマの息子である。この 5 人はシーア派の信仰の用語で，「マントの 5 人」と呼ばれ，シーア派のいわゆる「聖家族」である。第 4 代イマームはフサインの息子であり，後で論じるように，シーア派神話とそのグノーシス的解釈の下では，第 4 代イマームの母はペルシア人であるとされる。シーア派信仰のもとに，『コーラン』の様々な節の「内的な意味」が「聖家族」を指すことになる。字義通りの意味，辞書的な意味に，「内面的な意味」を見出し読み取ることが，シーア派思想（法学・神学・哲学）の基本姿勢，特徴である。以下に『コーラン』の一つの有名な節を挙げ，そのシーア派における「内面的な意味」を〔　〕の中で表示する。

　アッラー〔光の光〕は，天地の光である。彼の光を譬えれば，燈〔ファーティマの最初の息子，シーア派の第二代イマームであるハサン〕を置いた，壁龕〔ムハンマド預言者の娘，シーア派の第 1 代イマーム，アリーの妻であるファーティマ〕のようなものである。燈はガラス〔ファーティマの第 2 息子，シーア派第 3 代イマームであるフサイン〕の中にある。ガラス〔シーア派のイマームの系列は彼の息子たちであるフサイン〕は輝く星〔全ての女のエリート，被造物の源泉であるファーティマの光〕のよう。祝福されたオリーブの木〔全ての預言者の父であり，神が彼にイマーム性の位置を与えたアブラハム〕に灯されている。（その木は）東方（の産）〔ユダヤ教の教理〕でもなく，西方（の産）〔キリスト教の教理〕でもなく，この油〔意識の源泉，神への認識〕は，火が凡んど触れないのに光を放つ。光の上に光〔イマームの上にイマーム，イマームの系列〕を添える。アッラーは御好みの者を，かれの御光〔イマームの光，イマームの媒介者〕に導

182 第Ⅲ部 神的なものと社会的なものの争い

代イマームまでを形成したという神話的思惟が成立している。

　神学の観点からも，預言者は無謬性のある人で，決して誤差を生じさせないので，アリーの選択は最も正確である，とされる。したがって，必然的に，アリーもムハンマドのように無謬性の人であり，知と徳に優れた人であり，イスラーム共同体の指導者として最もふさわしいと，共同体の大部分の人の意見が一致した人であった。

　しかしながら，ムハンマドの死後，多くのムスリムはムハンマドの遺言から離れ，アリーの代わりに，アブー・バクル（Abū Bakr; 573-634）をイスラーム共同体の代理人（ハリーファ）として選択した。アブー・バクルをイスラーム共同体の代理人として選択したことが，スンニー派の思想と信仰の基礎を設立した。イスラーム共同体の代理人としてアブー・バクルが選ばれたことは，政治の観点からも，そして神学の観点からも一つの問題をもたらした。

　政治の観点からは次のような問題がある。政治の権力は，ムハンマドの遺言によってアリーに属するが，この権力がアブー・バクルなどのスンニー派信徒によって横領されたとシーア派は主張した。アリーを支持したムスリムたちは，政治の権力をアリーに取り戻すことを試みた。この一部のムスリムたちはシーア（shī‘ah）——つまり，「党派」や「派閥」——と呼ばれ，これにアリーの名前を結び付け，「シーア・アリー」——つまり，「アリーの党派」——と呼ばれた。

　神学の観点からは次のような問題がある。アブー・バクルと彼の後継者たちはまったく無謬性をもつことがなく，『コーラン』の内面的な意味を開示することもできなかった。ゆえに，イスラーム社会において，「代理人たち」の無謬性とイマームたちの無謬性という問題は，「啓示（tanzīl）」と「解釈（ta’wīl）」という問題をもたらした。

　第Ⅱ部で論じたように，「啓示」を表すこのアラビア語は文字通りの意味で「あるものを下に送る」という意味が転じて「啓示」を意味する。もう一方のアラビア語の「解釈」は「あるものを自らの本来のすがたに戻す」ことを意味する。ハリーファは無謬性のない人であるので，『コーラン』を「下に送る」が解釈することができず，啓示の水準にと

───────────

かれる（クルアーン 2007：24・35）。
内面的な意味と解釈について，（Kulainī, 1428/2007, Vol.1：115）参照。

第 9 章　イスラーム改革主義者との関係　　　183

どまり，政治の権力がある人として，共同体を指導するのみであった。
ハリーファに対しては，イマームが無謬性をもつので，『コーラン』の
内面的な意味を開示（つまり，解釈）することができ，ムハンマドの遺
言のもとに，政治の権力もイマームに属することになる。

　現在，すべてのムスリムが用い，読み，註釈や解釈を施している
『コーラン』は，第 3 代ハリーファであったウスマーン（'Uthmān ibn
Affān；574-656）の時代に収集されたものである。しかしながら，ウス
マーンは無謬性をもたない人であったので，結集された『コーラン』は
改竄されたものであると，シーア派の信仰は主張した。シーア派の信
仰にとっては，正しい『コーラン』はアリーによって結集され，この世
の最後に第 12 代イマームがそれをイスラーム共同体に与えるとされる
（Amir-Moezzei, 2011: 231-241 参照）。現在，シーア派の信徒は，政治的・
社会的に様々な理由で『コーラン』の改竄という問題について沈黙し，
それを否定している。

　第 3 代イマームの時期まで，シーア派の信徒は，政治の権力をハリー
ファたちから取り戻し，それをイマームたちに移そうと試みていた。し
かし，第 3 代イマームがカルバラー（イラク中部の都市）で殉教し，政
治の権力がウマイヤ家とアッバース家に渡ってしまった。こうした流れ
のなかで，シーア派の思想はイマームの政治権力について，新しいテー
ゼを提示することになった。それは第 12 代（イスマーイール派の場合は
第 7 代イマーム）が「お隠れ（ghaybah）」して，この世の最後（終末の
日）に自分の姿をあらわし，政治権力をシーア派の信徒に与えるという
ものである。「お隠れ」についてのイマームの課題は，「神聖史」の観点
からも，政治的・社会的な観点からも，極めて重要である。以下にこの
二つの点について論じる。

　「神聖史」の観点では，イスラームのテクストにおいては，アダムは
最初の人間であり，最初の預言者である。アダムは地上における神の最
初の代理人である。アダムからムハンマドまでは神から啓示を引き受
け，人間は次々と預言者になった。ゆえに，それぞれの時期は一人の預
言者に属し，それぞれの預言者によって歴史がムハンマドへと流れて来

た[5]。第Ⅱ部で論じたように，ムハンマドは「預言者たちの封印」である。このことは「神聖史」の観点から一つの意味をもつ。それは，ムハンマドと共に「神聖史」の流れが終わるということである。スンニー派の信仰は「神聖史」の最終を引き受け，啓示の水準でとまる。しかし，シーア派の信仰とイスラームのグノーシスは，解釈によって「神聖史」を「上昇の円弧」において延長して流れていく。すなわち，「神聖史」は，井筒の図式を用いるなら，B領域からA領域へと動く。だからこそ，イマームたちの系列あるいは「イマームの周期」は，「神聖史」をA領域の方向に導き，第12代イマームが自分の姿を開示し，政治の権力をシーア派の信徒に与えてから，「来世」の時間が来る。このことは，この世の歴史の最終（終末の日）を意味する。「来世」の時間が来る際は，この世のすべての存在者（B領域のすべての存在者）が，イマームの精神的な権力によってA領域という本来のすがたに戻す「解釈」が行われる。このイマームの解釈によって，B領域はA領域でいわゆる「現前」がなされる。

　政治的・社会的な観点について。第12代イマームの存在への信仰は，イスラーム，ゾロアスター教，キリスト教の間に一種の共生の可能性をもたらしたことは指摘されるべきである。第Ⅱ部で論じたように，シーア派の思想は，他の宗教の中心的概念をイスラームの中心的概念と対応して比較することができた。こうした比較の可能性を準備したのは，シーア派によるグノーシス主義の解釈であった。したがって，第4代イマーム以降，とりわけ第5代と第6代の時期に，既述した *Umm al-Kitāb* のようなグノーシス的な解釈がシーア派の思想に流布した。シーア派におけるグノーシス的な解釈によって，神話の根本を「神聖史」のもとに「理解」して「表現」することができる。さらに，グノーシス主義に基づく神話化は，アラブ人ではなかったムスリムに，アラブ人に対して独立のアイデンティティーを作り出すという可能性を与えた。イスラームに帰依したペルシア人がグノーシス主義と神話化によって，ゾロアスター教とキリスト教の概念をイスラームの概念に結び付けた。第

---

　5）　このような各預言者の名に基づく歴史の分割を，イブン・アラビーの思想構造に明確に認めることができる。イブン・アラビーは『叡智の台座（*Fuṣūṣ al-Ḥikam*）』の中で，各歴史を一人の預言者に関係させることで，ある種の「神聖史」を作っている。

第9章　イスラーム改革主義者との関係　　185

12代イマームの存在は，こうしたことの一つのシンボルである。以下
で，そのシンボル性について解説する。

　すでに述べたように，ファーティマの存在によって「預言の周期」が
「イマームの周期」へと移された。こうしたアプローチは，9世紀のシー
ア派の思想に確認することができる。それは，サーサーン朝の王たちの
「聖なる光」がシーア派のイマームの系列に結び付き，第4代イマーム
以降，シーア派のイマームたちがゾロアスター教の「聖なる光」とムハ
ンマドの聖家族の「光」の受精によって生まれて来た，というものであ
る。

　シーア派の神話のもと，第3代イマームはサーサーン朝の最後の王で
あったヤズデギルド3世（Yazdegerd III：?-651）の娘，シャール・バー
ヌー（Shahrbānū）と結婚し，彼らの息子が第4代イマームとされた。
それによって，ゾロアスター教の「聖なる光」とムハンマドの聖家族の
「光」は，シャール・バーヌーの子宮の中で一体になり，シーア派のイ
マームの系列が第4代イマーム以降に形成されたのだ。歴史学におい
ては，シャール・バーヌーの物語は神話に過ぎないが，神話学と「神聖
史」の観点からは，この物語は非常に重要である。というのも，シャー
ル・バーヌーの物語は，シーア派の信仰を古代ペルシアの信仰に結び付
けるからである。

　シャール・バーヌーの物語に加え，われわれはシーア派のグノーシス
的なテクストのうちで，イマームの系列をユダヤ教・キリスト教の信
仰に結び付ける他の神話に直面する。この神話においては，シーア派の
第11代イマームが東ローマ帝国の皇帝の孫と結婚し，その女の子の祖
先がヤコブ（Jacob）の息子シメオン（Simeon）である。こうして，第
12代イマームがゾロアスター教の「聖なる光」，ムハンマドの聖家族の
「光」，ユダヤ教・キリスト教の「聖なる光」の受精によって生まれて来
た。終末の日にも第12代イマームは，ゾロアスター教の「救世主」あ
るいは「未来のザラスシュトラ」（Saoshant）としても，またメシアと
しても姿をあらわす[6]。

　第12代イマームの存在への信仰は，イスラーム，ゾロアスター教，

――――――――――
　6)　この二つの神話について，（Amir-Moezzi, 2002：497-549）参照。

ユダヤ教・キリスト教の間にある種の共生の可能性を準備できたが，これから論じるように，第12代イマームへの信仰は，スフラワルディーの天使論とも密接に関係する。

シーア派の信仰においては，第12代イマームは現在まで生きているし，目に見えないところ，不可視界で生きている。つまり，彼は12世紀から現在まで隠れているとされる。イマームのこの「お隠れ」は，いわゆる「大きなお隠れ（ghaybat-e kubrā）」と呼ばれている。シーア派神学と思想のうちでは，第12代イマームが住んでいる場所についての様々な疑問が生じてきた。すなわち，目に見えないところとは，一体どこであるのかという疑問である。この疑問に対する答えは，神学者や神秘主義者によって異なる。しかしながら，すべての答えに共通するものが一つある。それは第12代イマームの人生は身体的なものではなく，精神的なものであるということだ。精神的な生とは，井筒のいわゆるB領域，日常世界で流れている時間や歴史から離れ，創造的想像力の次元，井筒のいわゆるM領域の時間の方に移行することである。われわれがM領域の時間をとりあげる時，「神聖史」や「聖なる歴史」と直面しているのだ。

第Ⅱ部で，スフラワルディー哲学における，「偉大なシャルク」，「あいだのシャルク」，「小さいシャルク」——それぞれ井筒の表現では，A・M・B領域——について論じ，天使たちの場所はM領域であり，神秘主義者は天使の指導の下に，「第八世界」に旅すると述べた。さらに，天使は，存在の「光」と意識の「光」をM領域からB領域へと移すことを述べた。現象の本来の姿を日常レベルで気づくということである。この「光」に相当するものを，井筒は，存在と意識のゼロ・ポイントとも呼んでいる。

スフラワルディーの神秘体験からは，M領域の中に形象的に三つの町，あるいは領域が認められる。それらの町の名はジャーボルガー（Jābolqā），ジャーボルサー（Jābolsā），フールガリーヤ（Hūrqalīya）と呼ばれる。この三つの町は想像上の町である。フールガリーヤという町は，スフラワルディーの用語法では「第八世界」であり，創造的なイマージュ——つまり，天使のイマージュ——がここで作り出される。19世紀にシーア派の一分派，第12イマーム派に分類されるシャイヒー派

第9章　イスラーム改革主義者との関係　　　187

の創業者であった，アフマド・アフサーイ師（Shaykh Aḥmad ibn Zayn
al-Dīn ibn Ibrāhīm al-Ahsāʾī；1753-1826）は，スフラワルディー哲学の
もとに第12代イマームの場所について新しい意見を提示した。彼の考
えでは，不在イマームはフールガリーヤの領域に住まう。すなわち，不
在イマームは，M領域あるいは「あいだのシャルク」にその働きが位
置づけられている。

　その結果，スフラワルディーの天使学とシーア派のイマーム論がお
互いに対応されて比較された。こうして，「降下の円弧」では，不在イ
マームが存在の「光」と意識の「光」をB領域に移動する天使であり，
「上昇の円弧」では，不在イマームがシーア派の信徒をM領域（あいだ
のシャルク）の方に導く天使になる。

　以上の叙述から，「神の代理人」という問題はシーア派とイスラーム
の歴史の内に様々な神学的・神秘主義的・法学的な意見と解釈をもたら
したことが理解されよう。本部で井筒とコルバンの比較哲学の基礎を批
判するために「代理人」と不在イマームの問題を論じるつもりである。

### （4）　シーア派の信仰に対するムーサーの批判

　ムーサーの『シーア派信仰に対する全批判』に戻ろう。ムーサーが批
判したシーア派の意見とは，シーア派教義の基本である。これまで論じ
てきたように，シーア派の意見はある種の「精神的な理解」と関連があ
る。ムーサーのアプローチと考え方の観点は，イスラームの改革主義者
たちの思想と言える。つまり，コルバン的な意味での聖性が排除された
近代化の中で，それに適応するためにスンニー派的な外在主義を改革し
ていこうとする立場から，ムーサーは聖性（シーア派の神話的思惟）を
イスラームの分裂と衰退をもたらしたもので，いわば，前近代的なもの
として，批判しているといえる。

　坂本勉が述べるように，おそらくムーサーは，イスラームの改革主義
者たちの思想から影響を受けて，エジプトをめざしたかもしれない（坂
本，2012年，10頁）。エジプトにおけるイスラームの改革主義者たちは，
ジャマールッディーン・アフガーニー（Sayyid Jamāl al-Dīn al-Afghānī；
1839-97）の思想の影響のもと，イスラームの在り方を神秘的・精神的
な諸次元と諸概念から引き離し，イスラームの社会的な分野を強調して

188 第Ⅲ部 神的なものと社会的なものの争い

いた。すでに述べたように，イスラームの社会的な分野と呼ばれるの
は，イスラーム共同体の復興である。

したがって，ムーサーは『シーア派信仰に対する全批判』の中で，
シーア派の精神的・内面的な信仰・思想・概念を批判しつつ，イスラー
ム共同体から新しい解釈を提示する。ムーサーにとっては，ムハンマド
もシーア派のイマームたちも普通の人間であり，イスラームアイデ
ンティティーを形成したのは，イスラーム共同体の団結であった。ゆえ
に，イスラーム共同体の立場はムハンマドの立場（ここでムーサーは自
分の社会的な思想ゆえに，ムハンマドの精神的な立場に気づかない）と等し
く，シーア派の神秘的な意見はイスラーム共同体の復興を妨げたとムー
サーは主張する（Mūsā Jārullā, 1979: z-j 参照）。

ムーサーがシーア派のウラマーに手紙を送ってから，アブドル・ホセ
イン・アミニー師，ムハンマド・ホセイン・カシェフ・アル＝ゲター師
などのナジャフ，イラン，レバノンのシーア派のウラマーは，すぐに
ムーサーの手紙に返事し，弁証法的な論調でムーサーの見解に激しく反
論し，彼を無知な人，嘘をつく人と呼んだ。シーア派の教説に対する
ムーサーの批判と，シーア派のウラマーの弁証法的な返事は，シーア派
の世界にムーサーの悪名をもたらした（Leder, 2002：441-442, 参照）。

1938 年にムーサーは，シーア派の世界を去り，日本に入った。その
後に井筒は，アブデュルレシトの紹介でムーサーと出会った。ムーサー
はその時から日本を去るまで，井筒のアラビア語とイスラームの神学・
法学の師となった。アラビア語の分野で井筒は，『シーバワイヒの書』
（8 世紀の本で，アラビア文法の聖典と言われる）をムーサーの指導の下に
勉強した。この本は，まさしくインドのパーニニ（『パーニニ文典』）に
比される古典的著作である（司馬, 2004：294 頁）[7]。法学の分野において

　　7）　ここで次の点について若干論じたい。アラビア語はアラビア半島の中で流布したが，
文字によって起こされた文典はなかった。イスラーム文化とアラビア語は他の国に拡がって
から，アラビア語の文法を体系化する必要が生じ，イスラームに帰依した外国人（おもにペ
ルシア人）がアラビア語の文法辞典を書いた。1889 年に，メルクス（A.K.Merx）という言語
学者，東洋学者が，言語学と文法学に関するムスリムの思惟の源泉を探究し，これに関して
様々な研究を行った。彼によって明らかにされたのは，イスラームの言語学者と文法学者は
古代ギリシア文法をモデルとして用い，ギリシア文法に基づいてアラビア文法を法典化した
ことである。2004 年に，イラン人のインド・アラブ学者，宗教学者である，ファトッラー・
モジュタバイー（Faṭhollāh Mojtabāī：1927-）は，『インド文法とアラビア文法』（Naḥw-e

第9章　イスラーム改革主義者との関係　　189

も，井筒は『サヒーフ・ムスリム（Ṣaḥīḥ Muslim）』というスンニー派
の法学の一つの基本的なテクストを，ムーサーの指導の下に勉強したと
される。

　すでに論じたように，ムーサーはイスラームの改革主義者であり，神
学，法学，思想の領域でイスラームの思想と伝統を復興することを試み
た。ここでも，井筒がムーサーの改革主義から影響を受けたのか否かと
いう疑問が生じる。この疑問に対する坂本勉の答えは否定的なものであ
る。坂本勉は，井筒へのムーサーの影響を学問の領域でのみ認めてい
る。

　　　イスラーム世界ではコーランに厳密な解釈を加えるという伝統の中
　　　からタフスィール学という学問分野が発達しますが，これに縛られ
　　　ず，柔軟に自由にコーランを解釈することが，ムーサーのめざすと
　　　ころでした。こうして彼の姿勢，法学論は，井筒先生のコーラン研
　　　究に決定的な影響を与えたのではないかと思われます。先生は，戦
　　　後になって『意味の構造』をはじめとする沢山の素晴らしいコーラ
　　　ン分析の本を出版されますが，従来のタフスィール学に縛られず
　　　に，むしろヨーロッパ・アメリカで盛んだった意味論の方法論を
　　　大胆に取り入れた自由な解釈でコーラン研究に新境地を開かれまし
　　　た。先生のこうしたコーラン研究の原点は，戦時中に教えをうけた
　　　ムーサー・ジャールッラーのコーラン解釈学にあるのではないかと
　　　個人的には考えています。（坂本，2012：11頁）

　上記引用文中にあるように，井筒に対するアラビア語の二人の師の影
響に関する坂本勉の意見を受け入れるのであれば，井筒の哲学は，常に

---

hendī va Naḥw-e arabī; hamānandī-hā dar tarifāt, estelāhāt va tarḥ-e ghawāed）を著すことでメ
ルクスの意見を批判し，『シーバワイヒの書（al-Kitab）』（シーバワイヒはペルシア人の言語
学者である。彼は760年ごろ現代イランのファールス州にある地方で生まれ，793年か796
年にシーラーズ市で死去した）と，『パーニニ文典』の構造の分析と歴史的な探究によって，
イスラームの言語学者と文法学者は古代ギリシア文法ではなく，サンスクリット文法をモデ
ルに用いたことを指摘した。こうした観点からも，ギリシア語を学んでいた井筒が『シーバ
ワイヒの書』と『パーニニ文典』の共通の構造に着目し，それらを教科書として選択した事
実はたいへん興味深いことである。モジュタバイーの意見と彼によるメルクスの批判につい
ては，（Mojtabā'ī, 1383/2004：17-65）を参照。

政治から離れ，非政治的な哲学であると言うこともできよう。

　上記の疑問に加え，われわれはもう一つの疑問を提出したい。なぜ井筒は，イラン人の弟子や協力者たちの質問に対して，ムーサーの名前のみに言及したのだろうか。すでに述べたように，この疑問に対して回答することは非常に難しく，われわれはそのことについて推測することしかできない。ムーサーは日本に来てから，『シーア派信仰に対する全批判』を執筆した。しかし，ムーサーが本書とシーア派の信仰に関して，井筒と話し合ったか否かは定かではない。

　ムーサーが『シーア派信仰に対する全批判』の中で批判するイマームについて，井筒は「シーア派イスラーム──シーア的殉教者意識の由来とその演劇性」と『イスラーム文化』を著し，シーア派哲学を前提とする自身の見解を記している。ムーサーが批判していたのは，井筒が後に比較哲学あるいは東洋哲学の根幹として思惟する理念である。逆に言えば，井筒は，以前より親しんでいた新プラトン主義と比較哲学の重要性をもとにムーサーを乗り越えていった，ともいえるであろう。それゆえに，井筒がムーサーの名前に言及したのは，ムーサーの思想からシーア派の思想に向かう自らの関心を表現するためではないかと，筆者は考える[8]。

　これに加え，もう一つの点にも注意しなければならない。ムーサーとイスラームの改革主義者たちの思想は，あきらかに，イスラームの諸概念を世俗的な諸概念に変更した。この営みはイスラームの世俗化をも意味する。ムーサーの思想は，ある種の超俗性，聖職者主義をもとめる井筒の思想と矛盾する。このように，シーア派の信仰への井筒の傾向は，井筒の思想をムーサーの思想から区別する重要な論点になる。

───────────

8）　これまで論じてきたように，シーア派の世界におけるウラマーはムーサーと面識があった。モハッゲグも，井筒に会うまでにムーサーと面識があった。モハッゲグはこのことについて次のように証言している。

　私は井筒からムーサー・ジャールッラーの名前を聞いた時，すぐ，彼が『シーア派信仰に対する全批判』を書き，シーア派の思想に反論していた人だったということを思い出した（筆者とモハッゲグとの対談）。

　したがって，井筒とモハッゲグの出会いは，シーア派の思想への井筒の関心にとって，非常に象徴的な出来事であったと思われる。

第9章　イスラーム改革主義者との関係　　　191

## 第2節　井筒とイランの知識人，シーア派ウラマーとの関係

　これまで論じてきたように，井筒の比較哲学は一見したところで，政治的・社会的な事象と関係しないようである。とはいえ，井筒は，モハッゲグに出会ってからイランに行き，イラン王立哲学アカデミーの研究者として従事していた。当時のイランの革命的な状況が，果たして井筒の思想に影響を与えたのだろうか。逆に井筒の思想が，イラン革命の流れに影響を与えたこともあったのだろうか。この疑問に対する坂本勉の答えも肯定的なものではない。筆者は坂本勉の回答を引用しつつ探求することで，本部の内容を準備しようと思う。

　　先生〔井筒〕がイランにおいて研究上のパートナーとされたのは，上述のサブザヴァリーの手稿を写本したメヘディー・モハッゲグ〔中略〕や，日本でも『イスラームの哲学者』〔中略〕の著者として名前がよく知られるセイイエド・ホセイン・ナスルといった，欧米での豊かな教育・研究の経験をもつイラン人学者でした。しかし，他方において松本耿郎，ランドルトの両先生が「回想の井筒俊彦」のなかで述べているように，井筒先生はモッラー・サドラーの再来と称されるアーシュティヤーニーという神秘哲学者とも交流がありました。このことは，イランが革命，イスラーム復興へと向かう状況のなかで，井筒先生の学問がそれとまったく無縁ではいられなかったことを示しているように思います。
　　アーシュティヤーニーという人は，伝統的なマドラサ教育を受けて育ってきた学者で，1979 年のイラン革命を成功に導いたホメイニーの直弟子として知られています。しかし，師であるホメイニーが 18 世紀末以降，イランにおいて優勢になってくるシーア派の法学＝ウスーリー派の国家論を推し進めて 1970（昭和 45）年に亡命先のイラクにおいて『ヴェラーヤテ・ファキーフ Velāyat-e Faqīh（法学者の監督論）』を著し，シャリーアに通じるウラマーこそ「お隠れ」中のイマーム・マフディー〔第 12 代イマーム〕に代わって

ウンマ（イスラーム共同体）を先導し，国の統治を担っていくべき
だと主張して政治的な行動を強めていったのに対し，アーシュティ
ヤーニーの方はあくまでも存在一性論，叡智の哲学の考究を自分の
本分とする神秘哲学者として留まります。

　ただ，アーシュティヤーニーは，神秘哲学，叡智の哲学の柱をな
す存在一性論という考え方が，そもそも机上の空理空論を弄ぶ学
問ではなく，現実の社会と強い絆で結ばれた実践性を有する思想で
あることを強調して，ホメイニー等の変革をめざすウラマーたちの
政治的活動を陰から精神的に支え続けました。存在一性論のめざす
ところは，一義的にはこの目で確かめることのできない「存在の根
源」を神秘的な直観によって把握することにありますが，それだけ
に安住してはならず，次の段階として「究極的一者」，「最高の実在
としての神」の意志を神秘的直観によって認識できた者は，それを
現象界に顕現させ，遍く人びとの間に行きわたらせることを使命と
しなければならない，というところにあります。この直観的認識と
実践的行動との間を行き来する往還の道，仏教用語を借りて表現す
るならば，向上道と向下道を文字通り本現していたのが，アーシュ
ティヤーニーという神秘哲学者だったのです。

　井筒先生は，イランから帰国した後の1981（昭和56）年に出版
した啓蒙的な著作『イスラーム文化』（岩波書店）のなかで，イス
ラームの在り方を律法主義と精神主義，外面の道と内面の道，また
仏教のそれになぞらえて顕と密の二つに大胆に類型化し，それぞれ
の面を担う人たちを「ものごとを学問的に研究したり，理性的に頭
で考えたりする」ウラマーと，「合理的，分析的思弁に頼らず，む
しろその彼方に，事物の真相〔＝深層〕を非合理的直観によって，
あるいはその事物が意識の深みに喚起する象徴的形象を通して，簡
単に言えば霊感によって，事物の内面的リアリティーを把握して
知る」ことのできるウラファーと呼ばれる人たちに分けられると言
う，それぞれめざす方向が違うと指摘しています。この分類にした
がうと，アーシュティヤーニーは紛れもなくウラファーと見なさな
ければいけない人です。

　しかし，井筒先生の類型論は，イスラームの在り方・潮流を比較

の観点から大枠として提示したという点で確かに卓抜な見方であり，イスラームについて考えていく時，私自身も常に参考にさせていただいておりますが，現実の社会におけるウラマーとウラファーの思想と行動は，先生が言われるように截然と区別されるものではなく，むしろ相互に融合し，通底し合う面があることも見ていかなければならないと思われます。井筒先生が過ごされた10年余りにわたるテヘランでの滞在時期は，まさにそれがどの時代よりも分かちがたく進行し，革命に向かっていた時でした。

　もっとも，こうした動きは少なくとも表面に現れてくることはほとんどありませんでした。1963（昭和38）年のオイルショックにともなう石油価格の異常な高騰によってイラン経済は潤い，テヘランの街は欧米の都市かと見まちがうほどの様相を呈し，イスラームは後景に退いていました。また，ウラマー，ウラファーを問わず，シーア派イスラームの宗教指導者によるパフラヴィー王朝に対する反体制運動は，厳しい監視下に置かれ，それを感知することは井筒先生も含めてほとんどの人にとって難しい状況でした。こうしたなかにあって先生は，あくまでもアーシュティヤーニーを当代随一の神秘哲学の学者として評価し，その知的交流のなかでご自身の存在一性論の研究を続けられたのです。（坂本，2012：38-41頁）

坂本勉から引用したいくつかの文章の中に，重要な論点がある。筆者はここでそれらの点を指摘し，それについて詳しく論じたい。

### （1）　イランの知識人・ウラマーとの関係

　井筒とイランの知識人およびウラマーとの関係は，モハゲッグ，ナスル，アーシュティヤーニーに限定されることなく，井筒はシャイガン，アフマド・ファルディード（Seyyed Aḥmad Fardīd：1909-94）などのような知識人とも交流した。第11章で，井筒に対するナスル，シャイガンとファルディードの役割について論じる。

### （2）　法学者の監督論

坂本勉，松本耿郎，ランドルトは神秘主義と政治との関係について，

具体的にアーシュティヤーニーの行動と思想を例として挙げる。この例は正しいが，一つの大きな点が忘れられている。それは，アーシュティヤーニーは法学者ではないということである。「法学者の監督論」の次元を探求するためには，ホメイニー師の弟子であり，現代の高名なシーア派法学者であったホサイン・アリー＝モンタゼリー師（Āyatollāh Hosein-Ali Montazerī；1922-2009）の意見が有益である。

### （3）　外面の道と内面の道

　坂本勉が指摘するように，井筒は『イスラームの文化』でイスラームの在り方を法律主義と精神主義，外面の道と内面の道に分割する。コルバンの最も近い弟子であったクリスチャン・ジャンベも，イスラームの在り方を井筒と同様に二分し，イラン革命の後に外面のイスラーム（法律主義）は内面のイスラーム（精神主義）を支配したと述べる（Jambet, Le Monde, 26 juin 2001 参照）。イスラームの在り方の外面の道と内面の道への分割は実際には，偶性・本体，歴史・超歴史，世俗主義・聖職者主義への分割である。こうした分割は，本質主義的な哲学である井筒の比較哲学の基礎と矛盾する。このことについては，同様に第 12 章で詳しく論じられる。

### （4）　仏教との比較

　井筒がイスラームの在り方を，法律主義と精神主義，「外面の道」と「内面の道」に分割する時，それを仏教の在り方と対照比較している。神秘体験の観点から，井筒は自分の比較哲学を構築しようとしたように，仏教の概念をイスラーム概念と比較することは可能である。とはいえ井筒は，重大な論点を忘れているのではないかと思われる。仏教は近現代の日本の政治の方向性や理念に影響を与えることはなかったが，イスラームは徹頭徹尾，常に政治的な本質を有していたのだ。

　第Ⅲ部の冒頭で，われわれは井筒の比較哲学の政治的・社会的な本質について一つの疑問を提出した。井筒の弟子たちにとっては，この，井筒の比較哲学は政治的・社会的な哲学だったのかという問いに対する答えは否定的なものである。さらに井筒の保守的な人物像からも，彼の比

較哲学と政治の課題は無関係のように思われる。しかしながら筆者は本部で，井筒の人物像と彼の弟子たちによる証言からは離れ，井筒（そしてコルバン）の比較哲学と世俗主義との関係について論じてみたい。実際のところ，世俗主義という問題は井筒の比較哲学の政治的・社会的な本質を形成している。これに加え，井筒の比較哲学はオリエンタリズムならびに，オリエンタリズムに対する東洋人の反応（反対のオリエンタリズム）とも関係するので，このことについても論じようと思う。

# 第10章

## 反対のオリエンタリズム
### ——井筒比較哲学と世俗主義——

　第9章において確認されたのは，井筒の比較哲学は一見したところ，政治的・社会的な事象と関係がないということである。井筒の人物と彼の弟子たちの意見からも，井筒の比較哲学が非政治的な哲学と見なされていることが理解された。しかしながら，彼らの意見から離れて，井筒の比較哲学を形而上学の体系として取り上げたとき，彼が構築する形而上学の体系が政治的・社会的な課題とまったく無関係であると言い切れるだろうか。この問いに対するわれわれの回答が肯定的なものでないとしたら，さらには，井筒の比較哲学は政治的・社会的な事象とまったく関係しないと主張されたとしたら，別の新たな問いにわれわれは直面することになるだろう。それは，井筒の比較哲学が政治的・社会的な事象と無関係であるならば，なぜ彼は，形而上学の体系あるいは形而上学の構造のもとに，東洋の諸伝統を比較し，東洋的な哲学を構築しようとしたのだろうかという問いである。

　第Ⅰ部で，政治的・社会的な事象と比較哲学との関係について詳しく論じた。そしてここでも，形而上学の諸体系と政治的・社会的事象との関係を指摘したい。これによって解明されるのは，井筒が構築する形而上学の体系の政治的・社会的基盤が，「反対のオリエンタリズム」の理論のもとにいかにして展開されているかということである。

## 第1節　哲学者の政治的アプローチ

　哲学史に記録されるほぼすべての形而上学の体系のうちに，ある種の政治的・社会的なアプローチや結果が隠されているように思われる。ソクラテス（Socrates：B.C.470/469-B.C.399）から現在に至るまで，哲学はつねに政治的・社会的な事象と関係し合っている。ソクラテスは，自分の哲学的な意見に基づいた言動が不敬罪に問われ，毒ニンジンの液を飲むことになった。さらにその弟子プラトンは，自分の哲学体系を構築したのちに，政治的な体系の構築を試みている。アリストテレスもプラトンのように，『政治学（Politica）』の中で自らの政治的体系を構築している。両者の形而上学の体系は，古代ギリシアの政治的・社会的な事象と密接に関係していると言われている。この関係は，以下の二つの段階で定義することができるように思われる。

　第一段階では，哲学者は意識的に，自分の哲学的な意見と，自分の政治的・社会的な行動やアプローチとの間に橋渡しをする。この段階で，哲学的な意見と政治的・社会的な行動は直接的な関係に入り，こうした関係に基づいて哲学者は，自分の政治的・社会的な著作の中で哲学的な意見について論じる。上に例として挙げたプラトン，アリストテレスに加えて，トマス・ホッブズ（Thomas Hobbes：1588-1679），カール・ポパー（Karl Raimund Popper：1902-94）などの哲学者に，こうした傾向を確認することができる。イスラーム哲学の分野にも，ファーラービーの哲学とスフラワルディーの哲学を例として挙げることができる。

　第二段階では，哲学者は直接に政治的・社会的な事象に入り込むことはせず，また自分の著作の中で，政治的・社会的事象を明確に指摘することもしないが，読者が哲学者の意見とその政治的・社会的アプローチとの間に論理的な関係を引き出すことはできる。こうした傾向を有する哲学者として，ハイデガー，ニーチェ，カントなどを例として挙げることができる。井筒とコルバン両者においては，彼らの哲学的意見と政治的・社会的アプローチとの関連をこの第二段階で探求することができると考えられる。

第10章　反対のオリエンタリズム　　199

　サーディク・ジャラール・アル゠アズムの「反対のオリエンタリズム」の理論は，井筒の哲学とその政治的・社会的アプローチを解説し批判することができると考えられる。「反対のオリエンタリズム」の枠組みにおける井筒とコルバンの比較哲学を探求するために，イラン人学者の研究から，また若干は欧米の学者の研究から，筆者は影響を受けている。むろん，これから論じるように，それらの研究は非常に少なく，かつそれらは主にコルバンの哲学とイランの知識人の思想の探究を目標にするものである。

## 第2節　比較哲学の政治性に関する先行研究

　以前，述べたように，イランの学者は，井筒の比較哲学の政治的・社会的な本質について，これまであまり研究を行ってきていない。その理由として，『スーフィズムとタオイズム』（1999年，ペルシア語訳）と『存在の概念と実在』（2004年，ペルシア語訳）というこの二つの著作以外に，比較哲学の分野における井筒の研究がこれまでペルシア語に翻訳されてこなかったことも挙げられよう。先年，英訳版が刊行されて，イランの研究者も，『コーラン』に関する井筒の研究について具体的に検討できるようになった。井筒の比較哲学の政治的・社会的本質について，日本の学者の研究もまた非常に少なく，その主題も，井筒と大川周明との関係に集中している。ここにある種の不均衡，非対称があり，これは解消されるべき課題のひとつである。

　他方で，コルバンの哲学の政治的・社会的な本質についての研究は，井筒の場合とは状況が異なる。これまでコルバンの著作のうち，『イスラーム哲学史』（黒田壽郎訳），『時の現象学Ⅰ』（神谷幹夫訳），『一なるものと多なるもの』（桂芳樹訳）が日本語に翻訳されてきた。『イスラーム哲学史』の邦訳は井筒の発案によるものであり，彼の指導の下に翻訳された。その他の二つの著作は，コルバンがエラノス会議で講演した原稿の翻訳である。若松英輔は『井筒俊彦──叡智の哲学』で，おもに翻訳されたコルバンの著作に基づいて，井筒とコルバンとの関係について論じている。若松は，具体的に哲学的な対象に注意を払っている。永井

晋も『現象学の転回──「顕現しないもの」に向けて』，ならびに井筒とコルバンについて書かれた様々な論文（例えば「〈精神的東洋を索めて〉──光の現象学」や「イマジナルの現象学」）で，具体的にコルバンの現象学と東洋哲学の本質と意味について論じている。永井のいくつかの著作は，コルバンと井筒の思想を哲学的な水準で探求している。このように，今まで日本の研究者は，コルバンの哲学の政治的・社会的な本質について，それほど多くの研究を行っているわけではない。

　イランの研究者は，1995年以降，コルバンの哲学の本質について研究を発表してきた。それらの研究にはコルバン哲学への批判は少ないが，現在，「近東政策ワシントン研究所（The Washington Institute for Near East Policy）」の研究者であるメヘディー・ハラジー（Mehdī Khalajī；1973-）と，元テヘラン大学教授で，コルバンのいくつかの著作のペルシア語訳者であり，政治的知性を代表するセイイエド・ジャヴァード・タバータバーイー（Seyyed Javad Ṭabaṭabāī；1945-）の研究は非常に重要である。ハラジーは「イスラーム哲学に関するアンリ・コルバンの政治的な物語（"Henry Corbin va ravāyati sīyasī az tārīkh-e falsafe-ye eslāmī"）」（1381/2002）という論文で，コルバン哲学の政治的・社会的な本質を分析している。タバータバーイーも「アンリ・コルバン，政治的な哲学者？（"Henry Corbin filsūfe sīyasī?"）」（1385/2006）という論文でコルバン思想の政治的な諸次元を探求している。

　欧米の学者たちのうちで，元カリフォルニア大学バークレー校教授であるハミッド・アルガー（Hamid Algar）と，チャールズ・アダムズ，インディアナ大学教授であるジョン・ウォールブリッジ（John Walbridge）によるコルバンに対する批判的考察は重要である。彼らの批判には，以下の三つの共通点がみられる。① コルバンにとって現象学は一つの「方法論」であり，この「方法論」は非常にわかりにくく汎用性のないものである。② コルバンはイランにおける哲学史をある種の本質主義の下に読み直す。③ コルバンはイスラーム哲学者たちの思想をそれらの空間と時間から引き離し，それらを非歴史的な枠組みで読み直す。

　また，以下の三つの研究も加えて指摘したい。これらの研究は，直接的には井筒とコルバンの哲学に関係はしないが，しかし，これらの研究

結果を背景として，コルバンと井筒の比較哲学の基礎をほぼ表現することを可能とするものであると言える。

　一つは，現在イラン・イスラーム・アザド大学教授であるビジャン・アブドルカリミー（Bijan Abdolkarimi；1963-）の『イランにおけるハイデガー思想（*Heidegger dar iran*）』（1392/2013）である。この研究でアブドルカリミーは，コルバンとハイデガーの差異性と共通性を探求しつつ，ハイデガー哲学がコルバンによってどのようにイランに導入され，イランの知識人たちにいかなる影響を与えたかが明らかにされている。

　二つ目は，現在ニューヨーク大学教授であるアリー・ミルセパスィー（Ali Mirsepasi）の『知的言説と近代の政治──イランの近代交渉（*Intellectual Discourse and the Politics of Modernization: Negotiating Modernity in Iran*）』（2000）である。この著作では，イラン革命におけるシーア派の政治的な重要性とハイデガー哲学が，イランの知識人たちにいかなる影響を与えたかが明らかにされており，筆者はこのミルセパスィーの研究から様々なヒントを得た。

　三つ目は，現在シラキュース大学政治学専攻長であるメフルザド・ボルジェルディー（Mehrzad Boroujerdi；1962-）の『イランの知識人と西洋（*Iranian Intellectuals and the West*）』（1996）である。この著作でボルジェルディーは，オリエンタリズムと「反対のオリエンタリズム」の理論のもとに，イラン革命前後のイラン思想史を読み直している。彼はナスルとシャイガンの思想をも，「反対のオリエンタリズム」の理論のもとに読み直そうと試みる。実際のところ，ボルジェルディーの研究と彼によるナスルとシャイガンの思想の批判は，本部の中心的アイディアになった。なぜならば，ナスルとシャイガンの思想を批判することによって井筒の思想をも探究することができるからである。以下では，オリエンタリズムと「反対のオリエンタリズム」の理論について論じつつ，井筒とコルバンの思想の内実を指摘しつつ，第11章でイランの知識人たちと井筒とコルバンとの関係について論じたい。

## 第3節　オリエンタリズムと反対のオリエンタリズム

　18世紀末頃から「オリエンタリズム」という単語は辞典にも採用され，一般に普及していた。その言葉は，東洋にかんする言語学，歴史学，人類学，社会学などを含む学問分野で使用された。1987年にエドワード・サイードが『オリエンタリズム（*Orientalism*）』を出版した時，「オリエンタリズム」の意味は大きく変わり，そこに新しい意味が与えられた。

　サイードが「東洋」と呼ぶのは，西洋のオリエンタリストたちが自分の想像や観察に基づいて，何世紀にもわたって作り出してきた幻想的な空間や領域のことである。オリエンタリズムも，この幻想的な空間や領域の存在によって世界を西洋と東洋という等しくない二つの部分に分割する，そうした思考様式を意味していた。世界のより大きな部分は東洋であり，西洋人はそれを「彼ら」と呼んでいる。より小さい部分が西洋であり，西洋人はそれを「われら」と呼んでいる。

　これに加えサイードは，外交の公文書，旅行記，西洋の政治家・小説家・詩人・言語学者・歴史家の諸著作を検証することで，東洋は幻想的な空間ばかりでなく，植民地主義諸国とオリエンタリストの利益のために創造された西洋的な「理解」であることを推論している。彼はこのことについて，以下のように述べている。

　　わたしが，『オリエンタリズム』で試みたことを背後から支えたものの一部には，超然とし非政治的であるかのように思われている人文学が，じつのところ，いかに，帝国主義イデオロギーと植民地実践からなる悲惨な歴史に依存しているかということを示そうという運動があったと言っている 。（サイード，2000，第1巻，95頁）

　サイードは，オリエンタリズムが，植民地支配を支え，それを超えて支配の構造と論理になっていることを指摘したのである。そのことを，少し詳しく確認することから始めなければ，「反対のオリエンタリズム」

という考え方を正確にとらえることはできないだろう。また，コルバンを「オリエンタリスト」と呼ぶ一部の批判者の正当性と非正当性の区別も曖昧になりかねない。これはそれを回避し，コルバンや井筒を理解するための準備作業である。

## （1）　オリエンタリズムの定義

　サイードは，オリエンタリズムを定義しオリエンタリズムと植民地主義との関連を描き出すために，オリエンタリズムの以下の三つの定義を提示する。

　第一の定義は，学問に関係するオリエンタリズムである。

> オリエンタリズムの特殊な，または一般的な側面について，教授したり，執筆したり，研究したりする人物は――その人物が人類学者，社会学者，または文献学者のいずれであっても――オリエンタリストなのである。そして，オリエンタリストのなす行為が，オリエンタリズムである。（サイード，2009，上，19頁以下）

　第二の定義は，思考様式としてのオリエンタリズムである。

> オリエンタリズムは「東洋」と（しばしば）「西洋」とされるものとのあいだに設けられた存在論的・認識論的区別にもとづく思考様式なのである。この種のオリエンタリズムで，詩人，小説家，哲学者，政治学者，経済学者，帝国官僚を含むおびただしい数の作家たちが，オリエントとその住民，その風習，その「精神」，その運命等々に関する精緻な理論，叙事詩，小説，社会詩，政治記事を書きしるすさいの原点として，東と西とを分かつこの基底的な区別を受け入れてきた。ヘーゲル，カール・マルクス（1818-83），ヴィクトル・ユゴー（1802-85）等のような人物はこの種のオリエンタリズムに属する。（サイード，同上，20頁以下）

　第三の定義は，同業組合制度（corporate institution）としてのオリエンタリズムである．

この定義は先の二つの意味内容のいずれよりも，歴史的・実質的にいっそう明確に限定しうるものである。オリエンタリズムを論じそれを分析するにあたって，ごく大雑把に，オリエンタリズムの出発点を 18 世紀末とするならば，オリエンタリズムとは，オリエントを扱うための——オリエントについて何か述べたり，オリエントに関する見解を権威づけたり，オリエントを描写したり，教授したり，またそこに植民したり，統治したりするための——同業組合制度とみなすことができる。簡単に言えば，オリエンタリズムとは，オリエントを支配し再構成し威圧するための西洋の様式なのである。(サイード，同上，21 頁)

　サイードはこの三つの定義によって，オリエンタリズムの概念を言説の形のみで理解することができると主張している。この言説はある種の支配と差異化によって得られる。彼はこの支配の言説や差異化の言説を次のように定義する。

言説としてのオリエンタリズムを検討しないかぎり，啓蒙主義時代以降のヨーロッパ文化が，政治的・社会学的・軍事的・イデオロギー的・科学的に，また想像力によって，オリエントを管理したり，むしろオリエントを生産することさえした場合の，その巨大な組織的規律＝訓練というものを理解することは不可能なのである。(サイード，同上，上，22 頁)

　ある種の支配と差異化の基盤に建築された「オリエンタリズムの言説」は，おもに 18 世紀の普遍主義，合理主義，歴史主義，および 19 世紀の植民地主義に根ざしている。「オリエンタリズムの言説」のこの四つの特徴や特質によって，西洋の文明と歴史は世界史の中心に置かれ，他の諸文明は西洋の文明と歴史の周辺に置かれた。このような状態で，西洋の文明と歴史は，自分のアイデンティティーを他の諸文明から区別できるように，ある種の支配と差異化に基づく「オリエンタリズムの言説」を打ち立て，東洋史と東洋人を近代以前史や停滞した人々として配置した。

第 10 章　反対のオリエンタリズム　　　205

　このアプローチから排除されているのは，歴史家たち，歴史哲学者た
ち，オリエンタリストたちによって制定されていた歴史の法則である。
例えば，第Ⅰ部で少し言及したように，ヘーゲルは，『歴史哲学』にお
いて，非西洋文明に対する西洋文明の優位の根拠として，西洋の白人文
化だけが世界史の目的を実現する特権を持つものであり，アフリカやア
ジアの諸文化はそのための準備をするだけの役割しか担いえないのだと
主張している。この観点からは，近代の西洋にとっての東洋の文明と歴
史は，西洋がそれを管理し，超え，排除しなければならない邪魔な文明
と歴史として理解されることとなる。こうして，サイードは，オリエン
タリズムと歴史主義の間に一種の関係をみつけ，そのことについて批判
的に問題にする。

　　　オリエントの歴史は——ヘーゲル，マルクス，そしてのちにはブル
　　　クハルト，ニーチェ，シュペングラー，その他の主だった歴史哲学
　　　者たちにとって——長い時間を閲してきたひとつの地域と，背後に
　　　置き去りにされざるをえなかったものとを描写するうえで役立っ
　　　た。（サイード，2003，下，304頁）

　サイードにとって，歴史家たち，歴史哲学者たち，オリエンタリスト
たちによって制定されたオリエンタリズムの基礎を形成する歴史の法
則は，何よりもオリエンタリストの想像力と大いに関係する。すなわ
ち，オリエンタリストは東洋を独立性，真実の事象としてではなく，幻
想的・主観的なものや他者として想像する。この想像的な見方から出て
来るのは，オリエンタリストによって解釈された「幻想的な東洋」であ
る。すなわち，「遠く隔たった，ほとんど見きわめのつかない文明や文
化遺産の前に立ったオリエンタリズムの学者は，このつかみどころのな
い対象を翻訳し，共感的に描写し，内的に把握することによってその曖
昧性を軽減させた」（サイード，2003年，下，55頁）。このような状態で，
「オリエンタリストはいつもオリエントの外側に立ち」（サイード，同上），
東洋と東洋人を自分の幻想的理解に基づいて解釈する。
　オリエンタリストの解釈的な方法論では，東洋は常に不在であり，現
前するのはオリエンタリストである。さらに，この種の解釈的な方法

論では，東洋は常に沈黙するものであり，自らについて語る言葉を持たず，すなわち，理性的ではなく，合理性を欠いており，東洋に関して言語化できる術を有しているのは，オリエンタリストなのである。その結果，東洋はオリエンタリストの解釈的な見方によって，いくつかの幻想的な概念に還元される。オーストラリア人の社会学者である，ブライアン・ターナー（Bryan Stanley Turner；1945-）が論じているように，この幻想的な諸概念は東洋を以下の四つの概念へと還元する（Turner, 2003, 96-100）。

第一の概念
独裁力：これにかんして，モンテスキュー（Montesquieu；1689-1757）の『ペルシア人の手紙』，マルクス（Karl Marx；1818-83）のアジア的生産様式，ヘーゲルの『歴史哲学』を指摘することができる。これらの著作の内容は，東洋の社会を独裁的な社会として描いている。
第二の概念
社会的な変化の欠如：ヘーゲルの『歴史哲学』，モンテスキューの『法の精神』，アダム・スミス（Adam Smith；1723-90）の『諸国民の富の性質と原因の研究』などの著作は，東洋の諸社会は自らの歴史的・社会的な状態を変更することが出来ないと主張する。
第三の概念
セクシュアリティと官能：エドワード・ウィリアム・レイン（Edward William Lane；1801-76）の『近代エジプト人の風俗と習慣』，フローベール（Gustave Flaubert；1821-80）の愛人であったクチェック・ハヌムに関する話などの著作は，東洋をセクシュアリティと官能の世界として照らし出している。
第四の概念
規律と合理性の欠如：合理性に関するヴェーバー（Max Weber；1864-1920）のような分析は，東洋の諸社会を規律と合理性の欠如の社会として紹介している。

以上の四つの概念から，「第一義におけるオリエンタリズム」は，東

洋，東洋史，東洋の思想，東洋の諸社会を，西洋の「他者」へと変化さ
せ，西洋はオリエンタリズムの産物を通じて，近代的自己のアイデン
ティティーを自らに定義する。この定義においてより多くの役割を果た
すのは，歴史家や歴史哲学者，オリエンタリストによって制定された歴
史の法則である。この歴史の法則は，以下のような四つの法則に分類す
ることができる。

① 東洋と西洋の間には，絶対的・体系的な差異が存在する。
② 西洋による東洋の表現は，近代オリエントの実態の基盤にでは
　なく，テクストとその解釈に基づいて形成したものである。
③ 東洋は，自らの状態やアイデンティティーを変化させることが
　できない。
④ 東洋は西洋に従順である（Sayyid, 1997：32, 参照）。

　これらすべての歴史の法則は，西洋史（近代史）からの東洋史の分離，
東洋の諸社会の植民地化をもたらした。東洋の諸社会はオリエンタリズ
ムに対抗するために，20世紀から様々な方法を用いている。それらの
方法は，反植民地主義の抵抗運動から比較哲学までをも含んでいる。
　エドワード・サイードが「オリエンタリズムの言説」で提示している
定義は，完全に政治的・社会的な定義である。サイードの専門は文学，
人文学，文芸評論であり，彼はイスラーム哲学史を必ずしもよく知って
いるとは言えない。したがって，サイードの著作すべてをみても，イス
ラーム哲学史やイスラーム哲学の諸概念の探究はみられない。サイード
とは異なり，コルバンも井筒もイスラーム哲学史やイスラームの諸概念
を知悉していた。そのために，コルバンも井筒も，「オリエンタリズム」
について，自らの定義を提示している。彼らの定義には，オリエンタリ
ズムに関するサイードの意見が含まれてはいるものの，そこには微妙な
差異もある。イブン・ルシュドの死である。
　コルバンと井筒にとって，イブン・ルシュドの死とイスラーム哲学の
死についてのオリエンタリストたちの意見は，単に歴史的・研究的な課
題ではなかった。オリエンタリストたちの意見は，西洋では世俗主義と
ニヒリズムの基本を形成したものである。西洋中世における「能動知

性」をめぐるイブン・ルシュド哲学の解釈は，「能動知性」の消滅を西洋思想にもたらした。その結果，コルバンと井筒にとって，A領域とB領域の間を和合する「能動知性」（M領域）が消滅することで，世俗主義とニヒリズムの支配の可能性が西洋の思想に準備された。

　それゆえ「能動知性」の消滅の後に，スコラ哲学的神学に基づくキリスト教教会が，宗教の公式組合制度として，神（A領域）と人間（B領域）の媒介者の役割を果たすことになった。しかし，デカルト（René Descartes：1596-1650）哲学の出現によって，また，ルネサンスとそれに続く科学革命や近代化によって，キリスト教教会は自らの権威を失い，井筒のいわゆるA領域とB領域の間に和合した最後の媒介者，「能動知性」，あるいは「創造的想像力」も消滅してしまった（Corbin, 1997：3ff, 参照）。

　第Ⅱ部で論じたように，A領域における純粋存在，神，真理は，マイナス次元で把握されることはなく，プラスの次元で把握される。このプラスの次元が，M領域に入り込む次元である。西洋哲学における「能動知性」の消滅によって，純粋存在，神，真理の把握が，抽象的・否定的な把握に変更されてしまった。しかしながら，イスラーム世界におけるイブン・アラビー思想の東方への伝播，スフラワルディーの「黎明の叡智」の誕生によって，「能動知性」はスフラワルディーの天使学とイブン・アラビーの想像界，そしてシーア派のイマーム論として変奏されて，融合しつつ受け継がれていくことになる。この複雑な比較的なプロセスは，最終的にはモッラー・サドラーの哲学へと至る。これが，コルバンに始まり，井筒も共にその研究を行い描き出した，イブン・ルシュド以降のイスラーム哲学史の理解である。

　コルバンと井筒にとっては，シーア派のイマーム論とスフラワルディーの天使学は，あらゆる宗教の権威と公式組合制度を否定しつつ，人間が直接的に自らの天使や自らのイマーム（M領域）と繋がることを可能にするものである。とはいえ，シーア派における権威と公式組合制度に関するコルバンと井筒の理解は，まったく正しいものではない。コルバンと井筒の超歴史的な理解とアプローチは，シーア派の歴史的な事実を避けているからである。したがって，以下の第12章で論じるように，イラン革命の発生と不在イマームの代理人に関するホメイニー師の

解釈は，コルバンと井筒の比較哲学に様々な認識的な問題を直面させることになる。

コルバンと井筒の理解によれば，西洋哲学における「能動知性」の消滅と東洋におけるスフラワルディーの天使学の出現が，西洋において世俗主義とニヒリズムをもたらし，東洋において精神的な哲学をもたらした。しかし，エルネスト・ルナン（Ernest Renan：1823-92）のようなオリエンタリストたちは，イスラーム哲学はイブン・ルシュドとともに死んだと述べている。このために近代西洋の学問も西洋哲学も，現代イランへと流入するイブン・ルシュド以降のシーア派哲学の精神的な源泉にアプローチすることを，イブン・ルシュドの死がイスラーム哲学の創造性の枯渇であると見なすことによって，自ら断ち切ったのである。だが，コルバンと井筒にとって，イブン・ルシュドの後のイスラーム哲学の復興が二人の中心的テーマとなり，彼らはその探究のために，スフラワルディー哲学へと向かうことになった。

コルバンは，比較哲学とオリエンタリズムの間に論理的な関係を見つけ，マッソン＝ウルセルが『比較哲学』で描くような「哲学比較年表」を批判する。マッソン＝ウルセルの「哲学比較年表」には，イスラーム哲学の部門にスフラワルディーの名はみられず，しかもイスラーム哲学の部門は15世紀以降が省略されている。「哲学比較年表」の中で名前が言及される最後の人は，イラン人の詩人で，スーフィーであるジャーミー（Nūr al-Dīn Abd al-Raḥmān Jāmī：1414-92）である。15世紀から次第に，シーア派の哲学はミール・ダーマドとモッラー・サドラーによって形成され，それはいわゆる「イスファハーン学派」と呼ばれている（Corbin, 1367/1988：81-83, 参照）。コルバンも井筒も，「イスファハーン学派」を「精神的な源泉」と呼んでいる（Corbin, 1367/1988：81-83; Izutsu, 1367/1988：1-2, 参照）。

以上から，サイードは「オリエンタリズム」の政治的・社会的な読み直しを通じて，また，コルバンと井筒はその哲学的な読み直しのもとに，ほとんど同じ結論に至ると筆者は考える。両者に共通の結論とは，オリエンタリストたちは東洋史を，西洋史の支配の下に幻想的に作り出したという立場である。

次に論じられるように，こうしたオリエンタリズムへの応酬が，いわ

ゆる「反対のオリエンタリズム」，あるいは「抵抗の言説」と呼ばれる。

### （2）　反対のオリエンタリズム

　サイードのテーゼの基礎は，「知と権力」に関するミシェル・フーコー（Michel Foucault：1926-84）の理論に基づいて設定されている。サイードは『オリエンタリズム』の中で，「知と権力」との関係を「オリエンタリストと植民地主義者」の形で定義する。すなわち，オリエンタリストは東洋を理論的に発見して作り出し，植民地主義者は実効的に東洋を征服する。サイードはその具体的な事例として，エジプトへのナポレオン（Napoléon Bonaparte：1769-1821）の侵入を挙げる。サイードは，ナポレオンがオリエンタリストたちの著作に基づいてエジプト征服を根拠づけるという。例えば，マリニー（1670-1762）の『アラブの歴史』を読むことによって，それは行われている。いわく，ナポレオンは，「エジプトを恰好のプロジェクトと見なしていた。なぜなら彼は，そこを戦術的・戦略的・歴史的に知っていたと同時に――これは過小評価してはならないことであるが――テクスチュアルに，つまり，ヨーロッパの古典および近代の権威ある著作を通じて，知っていたからである〔中略〕彼は，まず古典的文献により，ついでオリエンタリズムの専門家によってコード化された対象としてのみ，オリエントを眺めていた。古典文献にもとづく専門家のヴィジョンは，現実のオリエントとの実際の遭遇にかわる有益な代用物のように思われたのである」（サイード，2002，189頁以下）。

　サイードは，オリエンタリストと植民地主義者との関係が，オリエンタリズムの思考体系という一種の「権力の言説」，あるいは，イデオロギー的虚構をもたらしたという。そして，オリエンタリズムの思考体系をもたらす「権力の言説」，あるいはイデオロギー的虚構は，「驚くほどたやすくつくられ，応用され，保護されるものである」（サイード，2003，下，286頁）。サイードは『オリエンタリズム』の最後で，ある大きな懸念を述べることで，読者に警告を発している。その大きな懸念とは，オリエンタリズムに対するある種の「反対の言説」の出現である。すなわち，東洋人たちは「オリエンタリズムの言説」を超え，東洋の復興のために，ある種の「反対の言説」によって新たな「東洋人」，

第 10 章　反対のオリエンタリズム　　　211

――つまり「西洋人」を作り出してしまう。ここで述べられているの
は，オリエンタリズムの対象であったものが，自らそのオリエンタリズ
ムの手法を用いて，自らをオリエンタリズムの対象にするという逆説で
ある。サイードはこのことに関して，次のように述べている。

　　私が読者に理解していただけたことを願っているのは，オリエンタ
　　リズムに対する回答がオクシデンタリズムではない，ということで
　　ある。かつての「東洋人」は，自分が以前東洋人であったから容
　　易に――あまりにも容易に――自分のつくり出す新たな「東洋人」
　　――つまり「西洋人」――を研究できるのだと考えても，何の気安
　　めにもならないだろう。（サイード，2003，下，286 頁）

　しかしながら，サイードの懸念と警告は遅きに失したのである。彼
が『オリエンタリズム』を出版するに先立って，オリエンタリズムに対
する「反対の言説」は様々な国で生まれていた。アブドゥル＝ナーセル
（Gamal Abdel Nasser：1918-70）によるアラブ民族主義の出現，ハサン・
アル＝バンナー（Hassan al-Banna：1906-49）によるムスリム同胞団の
出現，サイイド・クトゥブ（Sayyid Quṭb：1906-66）によるイスラーム
原理主義の出現，またさらに，イラン革命の運動は，『オリエンタリズ
ム』の出版の以前に生まれていた「反対の言説」であった。
　偶然ではあるが，『オリエンタリズム』が出版された時，ほぼ同時期
にイラン革命が起きた。イラン革命は，そもそも西洋史の支配，植民地
主義，近代化，帝国主義，オリエンタリズムの言説に対するいわば「反
対の言説」であり，その実践であった。さらに，イラン革命で革命の指
導者たちが強調しようとしていたのは，西洋におけるオリエンタリズム
で認められた概念と伝統とを折衷させ，あるいは伝統を乗り越えようと
した指導者たちを批判することであり，こうした西洋的な言説に対して
「精神性の言説」を打ち出すことであった。
　サイードは，『オリエンタリズム』の出版から 5 年後に，『文化と帝
国主義（*Culture and Imperialism*）』を出版した。この著作で彼は，主に
文芸評論の領域において，東洋人たちの「反対の言説」――サイードが
それを「抵抗の言説」と呼ぶもの――について論じようとした。「抵抗

の言説」，あるいは「反対の言説」は，そもそも，オリエンタリズムに対する非西洋の知識人や政治家たちによる，批判的な反応以外の何ものでもない。しかしながら，こうした批判的な反応のなかで，次の点は非常に重要である。それは，オリエンタリズムに対する非西洋の知識人たちの思想だけでなく，近代的世界と近代の歴史を構築した西洋の哲学者や思想家たちの思想のうちにも存在することである。すなわち，非西洋の知識人たちは「反対の言説」をとおして，西洋の哲学者と思想家たちの意見と用語を西洋批判のために用いていたのだ。このことに関してサイードは，エメ・セゼール（Aimé Césaire：1913-2008）の著作とアプローチを挙げている。

> 　1961年アルジェリア戦争中にファノンの文章を，あるいはフランスがディエン・ビエン・フーにおいて敗北を喫してまもない1955年に出版されたセゼールの『植民地主義論』を，フランスの政治理論家やオリエンタリズムが読んでいるさまを想像していただきたい。そして前者と後者のあいだにある隔たりを考えていただきたい。この例においてフランスの政治理論家は，自国の軍隊が原住民と交戦しているまさにそのとき，原住民から異議申し立てを受けたのであり，これは彼の時代以前の思想家たちが一度も経験しなかったことだ。おまけに彼がいままさに読んでいるのは，ボジュエやシャトーブリアンが使ったのと同じ言語で書かれ，ヘーゲルやマルクスやフロイトの概念をふんだんに活用しているくせに，そのような概念を産出した当の文明そのものを告発するテクストなのだ。（サイード，2000，第2巻，12頁）

　サイードは『オリエンタリズム』の最後で，「反対の言説」の発生と出現に関して警告したが，これに対して『文化と帝国主義』では，東洋人の「反対の言説」を引き受け，その社会的な結果が探究された。彼のうちにも二つの側面（つまり，オリエンタリズムの言説と反対の言説）があり，いずれの言説も文化の広汎な領域に属している。サイードの思想に東洋人の「反対の言説」が受容されることでもたらされたのは，①イラン革命のような革命的な運動が出現したことと，②『オリエンタリ

第 10 章　反対のオリエンタリズム　　　213

ズム』に対して様々な批判がなされたことであった。

　これらの批判の中で，最も重要で最も影響を及ぼしたものが，シリア
人の哲学者であるサーディク・ジャラール・アル＝アズムの批判であ
る。アル＝アズムは 1981 年に，「オリエンタリズムと反対のオリエン
タリズム（"Orientalism and Orientalism in Reverse"）」という論文によっ
て，サイードの『オリエンタリズム』を批判し，それに加えて東洋人の
「反対の言説」について詳しく論じ，それを「反対のオリエンタリズム」
（「裏返されたオリエンタリズム」，「逆向きのオリエンタリズム」ともいえる
であろう）と呼んだ（al-Azm, 1981, 5-26, 参照）。

　アル＝アズムの論文の主題と内容は，具体的にはアラブ世界における
「反対のオリエンタリズム」の現状分析からなる。「反対のオリエンタリ
ズム」という用語はその後，徐々に様々な意味で用いられ，反植民地主
義抵抗運動，イラン革命のような革命的な運動[1]，『オリエンタリズム』
以降の西洋の学問状況[2]，西洋のモダニティーに対する西洋人の批判（例
えばコルバンなどのような西洋人），日本と中国における「反対のオリエ
ンタリズム」の状態[3]の読み直し，探究や分析に多くの可能性を与えた。

　前述したように，「反対のオリエンタリズム」は「反対の言説」であ
り，非西洋世界の知識人や政治家，それに加えてモダニティーを東洋の
文化によって批判しようとする西洋の知識人たちが，この「反対の言
説」を，オリエンタリズムに対抗する国民の形成，あるいは宗教的アイ
デンティティーの形成，およびオリエンタリズム（近代の歴史，モダニ
ティー）批判のために用いている。すなわち，「反対のオリエンタリズ
ム」は一種の「抵抗の言説」であり，上記の非西洋世界の人々は，それ
を西洋近代の歴史に対する自国の歴史的・社会的・国民的・宗教的な絶

---

　1)　以前に言及したメフルザド・ボルジェルディーの『イラン人の知識人と西洋』はこ
の動きと関係する。

　2)　レバノンで生まれ，フランスの国籍を取得し，現在はロンドン大学東洋アフリカ研
究学院の教授であるジルーベル・アシュカル（Gilbert Achcar；1951-）は，1979 年以降のフ
ランスのオリエンタリズムの状態を指すために，アル＝アズムの「反対のオリエンタリズム」
の概念を用いている。

　3)　ジョン・ティモシー・ウィクステド（John Timothy Wixted）は 1989 年に，「反対の
オリエンタリズム（"Reverse orientalism"）」という論文を出版して，日本と中国における「反
対のオリエンタリズム」の状態を探究した。彼はこの論文の中でサイードの『オリエンタリ
ズム』に繰り返し言及するが，アル＝アズムについては言及していない。

望と失敗の表現として用いている。

　このような状態において，西洋は「反対の言説」によって東洋にとっての「他者」にされ，西洋の「彼ら」が東洋の「われら」に対置されてしまう。とはいえ，東洋の「われら」の形成の内にも，一つの重要な点がある。それは，東洋の「われら」はまったく純粋の「われら」ではないことである。セゼールの例で挙げたように，東洋の「われら」は自分のアイデンティティーを形成しそれを表現するために，近代的世界と近代の歴史を構築した西洋の思想を批判的にとりあげるが，同時にそうした西洋の概念を自分のアイデンティティーの形成とその表現のために用い，さらには西洋批判の文脈においても用いているのである。

　確かに東洋の「われら」は，自分自身の伝統，文化，歴史を読み直すことによって，それらを近現代の現場に移し換えようと試みはする。しかしながら，東洋の「われら」による伝統の読み直しにも，次のような注意すべき二つの点が生じる。それは，① 読み直しという行為そのものが近代的諸知識（言語学，人類学，社会学，近現代の哲学など）によって行われていること。また，② 東洋の伝統の読み直しという作業には，哲学ではある種の神秘的な思想になり，政治的・社会的にはある種のナショナリズムになってしまうことである。さらに，東洋の伝統の読み直しは，哲学でも政治的・社会的にも，自らのアイデンティティーの復興と同時に，西洋に対しても精神性を与えてしまう。

　上で述べた二つの問題点には，「オリエンタリズム」と「反対のオリエンタリズム」の間の差異という方法論的観点が含まれている。オリエンタリズムと総称される諸学問は基本的に近現代の科学の産物である。すなわち，オリエンタリズムは，社会学，人類学，経済学，歴史学，言語学，生物学などにその起源と基礎をおき，またこれらの諸科学がオリエンタリズムの本質を形成することにより成立する。しかし，反対のオリエンタリズムは近現代の科学の直接の産物ではないにもかかわらず，これらの科学をアイデンティティーと伝統の復興や西洋の批判のために用いている。反対のオリエンタリズムは政治的・社会的には，社会学，人類学などの科学を使用するものの，それが目指すものはオクシデンタリズムとオリエンタリズムに基づく西洋批判である。

　イスラーム原理主義，あるいはイスラームの改革主義に基づくイス

ラームの社会的な伝統の復興，すなわち西洋の侵略により失われた「イスラーム共同体」の復興と西洋への対抗（支配的地位の再確立）は，反対のオリエンタリズムの政治的・社会的な側面から生まれて来たものである。反対のオリエンタリズムは哲学研究においても，通常，近現代の科学を超え，神的な叡智，神秘主義，神秘体験，神話学，詩，道徳性などのような規範的な分野において，東洋的なアイデンティティーと伝統を復興しつつ，西洋に新たな精神性を与えることを試みる。

　したがって，次のことには注意が必要である。それは，反対のオリエンタリズムが，哲学研究において，上に述べた規範的分野を問題にするときには必然的に解釈主義的な哲学と関わるということである。というのも，それらは，「理解」と「表現」の解釈を必要とし，歴史学や科学に基づく哲学とは，その基礎とアプローチが異なるからである。コルバンと井筒の比較哲学においても確認できるように，現象学は，その内在的記述を強調する際に，反対のオリエンタリズムの哲学的な分析において効果的な方法と言える。

　しかし，反対のオリエンタリズムにおける現象学的方法は，アイデンティティーと伝統の復興，および西洋文明に精神性を与えることを目標にしている。この精神性の主張は，コルバンと井筒が，比較哲学で現象学的方法によって，東洋の伝統を探究する際に，両者同じ立場に立つことになる。すなわち，彼らの比較哲学における現象学的方法は，東洋の伝統や歴史的出来事とすべての事象を共通の形而上学的構造である精神的な領域（精神的東洋）に還元してしまうのだ。こうして彼らは，すべての事象や歴史的な事実をエポケーして，創造的想像力や神話的思惟ということに還元する。それゆえ，そこには，普遍化しきれない恣意性が認められうるよう思われる。

　次の第11章では，イランの知識人たちと井筒とコルバンとの関係について論じつつ，イラン革命前夜における反対のオリエンタリズムについても論じようと思う。

# 第 11 章

## 伝統復興と反対のオリエンタリズム

———————

　イラン革命の時代を注意深く振り返れば，イランが当時抱えていた宗教や精神性の問題が革命の中心的課題と関連し，そこにはイランのすべての社会階層が感じ取っていた不安があったことが明らかになる。1960 年から 80 年頃まで，イラン国王（皇帝，シャー）であったモハンマド・レザー・パフラヴィー（Mohammad Rezā Shāh Pahlavī；1919-80）は，イランの近代化（モダニゼーションとしての西洋化）を進めるため，多くのプロジェクトを実施した。この過程で様々な西洋文化（モダニティーの典型）がイランに取り入れられ，次第にイラン社会に，心理的疎外や社会的疎外をもたらした。実際，モダニティー思想はイランの伝統的な社会の各層に浸透し，社会の各階層のアイデンティティーを動揺させた。ヒジャブ，女性の教育，女性参政権などの問題は，労働者階級，宗教界，中流階級の一部に不安を生じさせた。知識層においても，アイデンティティーの危機，西洋の支配，伝統文化の衰退，精神性の喪失といった問題が様々な不安を惹起した。

　労働者階級は，こうした不安に対する答えを，モスク，ホセイニーイェ（シーア派の第 3 代イマーム，ホセインの殉教に関する儀式を行う広場），宗派のグループなどに求めていた。西洋思想の本質を多少なりとも知っていた知識層については，「民衆的知識人」と「学問的知識人」という二つのグループに分けられる[1]。アリー・シャリーアティー（'Alī

———————

　　1）　この分類は筆者によるものである。「民衆的知識人」とは，自分の思想や意見の普及，民衆の啓蒙のために講演や文筆活動をする者を指す。彼らは学問的著述を行わず，宮廷や政権の場ではなく，大学やモスクを含む広い領域で活動した。その読者層は学生や中流階

Sharīʿatī Mazīnānī；1933-77）やジャラール・アーレ゠・アフマド（Jalāl Āl-e Aḥmad；1923-69）といった「民衆的知識人」は，民衆の立場から西洋文化と近代化プロジェクトを激しく批判する一方で，イスラーム思想や地方文化の伝道のため近代化と協調してもいた。こうした「民衆的知識人」に対して，ホセイン・ナスル，ダルユシュ・シャイガン，アフマド・ファルディードといった「学問的知識人」は，より深い洞察を行い，近代西洋思想（モダニティー）の本質，アイデンティティーの危機，精神性の危機といった問題を哲学的な主題として取り上げ，探究した。例えばシャイガンは，『西洋に対するアジア（Āsiyā dar barābar-e gharb）』の中で，西洋に関する哲学的な問いの必然性について次のように述べている。

> われわれは自分たちのアイデンティティーもわれわれが批判する文明〔西洋文明〕もよく知らない。それらの本質に関して問わない限り，自分のアイデンティティーや西洋思想を把握できない。これらについて問うならば，それは哲学的な方法論によるべきである。哲学的な方法論によってのみ西洋思想の本質と自分のアイデンティティーの本質を理解できるからである。（Shayegan, 1383/2002, 4）

　こうした流れは次のようにまとめられる。「労働者階級なども知識人層も西洋思想とアイデンティティーの危機に関して同時に同じ結論に至った。近代化の否定と地域文化の普及がその結論であった」（Mirsepassi, 2000, 78）。そして，地域文化の普及あるいは文化のアイデンティティーを理解した結果，彼らは自らの姿を「シーア派」の信仰形式であらわそうとした。加えて「シーア派」の信仰は，労働者階級や知識人階層を，シーア派ウラマー階層と結び付けた。ウラマーとは，以前に触れたが，イスラームの法学，神学，『コーラン』解釈学などの伝統的諸学の訓練を受け，その知識を代表する知識人である。シーア派ウラマーは，キリスト教における聖職者や法律家と，さらに学者や教育者の地位を併せ持った社会階層を形成している。そして，彼らの指導により

---

級の一部である。「学問的知識人」とは学問的著述を主とし，宮廷や政権と関係を持ち，大学，研究所，学界で活動する人々であり，その読者層は学者，研究者，思想家である。

社会を統治することがシーア派の理念とも言える。「シーア派」の信仰は，イランのすべての社会階層を結び付けるものであった。

シーア派信仰は，イランのすべての社会階層を共通の目的に導いたものの，それぞれの階層は西洋とモダニティーの批判，伝統の復興，アイデンティティーを守るために，各々特徴的な方法論とアプローチをもった。例えば，モダニティーの本質を知らず，伝統的空間，環境のみで養育されたシーア派ウラマーは，宗教儀式を強化することで，西洋文化とモダニティーに対して伝統と文化を守ろうとした。

モダニティーの本質をよく知らなかったウラマーとは異なり，知識人は欧米の大学に留学し，その本質を学んでいた。多くの知識人にとって，西洋近代の本質は植民地主義者のものであり，非精神的なもの，攻撃的・破壊的なもの，いわば「悪魔的なもの」であった。このように，方法論とアプローチの観点からして，「民衆的知識人」と「学問的知識人」の間には大きな差異があった。

「民衆的知識人」は主に，社会学，文学，経済学などのような学問を専攻し，サイードのように，植民地主義を標的にした。さらに「民衆的知識人」は，外国人の学者や研究者とあまり関係をもたなかった。こうした「民衆的知識人」に対して，「学問的知識人」は主に，哲学，宗教学，政治学，科学などを専攻し，哲学の観点から西洋の文化とモダニティーを批判しようとした。さらに，「学問的知識人」は宮廷と関係が深く，自分たちの研究に対して政府から経済的支援があったので，外国人の学者を，イスラーム哲学の復興や世界におけるイスラーム哲学研究の発展，西洋とモダニティー批判のためにイランに招待していた。

イランに招聘された学者は，西洋の文化やモダニティーを擁護するのではなく，それらを批判的に解体することで，東洋的な伝統の再構築，復興を目標にした人々であった。ナスルがイラン王立哲学アカデミーにおける研究員や教員の募集のために準備したリストに，コルバン，井筒，黒田壽郎，マレーシアの哲学者アル＝アッタース（Seyed Muhammad Naquib al-Attās：1931-）などの伝統主義者やモダニティーの批判者の名前を確認することができる（本書巻末の資料2）。

「学問的知識人」と彼らの外国人の協力者に関して，以下の二点にも注意が必要である。① 彼らはイスラーム哲学の研究とともに，インド

哲学，仏教哲学，道教哲学といった南アジア，東アジアの哲学について
も研究していたこと。② イスラーム哲学と東アジアの哲学に関する研
究は，両者の歴史的接点が乏しいため，モダニティーの批判に際して比
較的な方法論を必要としたこと。比較哲学と比較宗教研究が，彼らの方
法の中核を形成している。

　筆者は，続いて，井筒とコルバンの思想，および彼らのイラン人の協
力者における反対のオリエンタリズムの課題を示すために，ここでは
「学問的知識人」における「民衆的知識人」とシーア派ウラマーに関す
る議論を避けようと思う。

　なぜなら，まず「民衆的知識人」の方法論とアプローチは，本書の企
図とは関係ないからである。本書は，哲学とそれをめぐる状況や意義，
問題を主題にするため，哲学，宗教学，政治学などに活動の基礎をおく
「学問的知識人」とそれに関連する哲学者，思想家，特に井筒とコルバ
ンを取り上げる必要がある。しかし，「民衆的知識人」と「学問的知識
人」のアプローチは全く異なるので，ここでは主題から外す。

　また，シーア派ウラマーに関する議論をここで避ける理由は，シーア
派ウラマーと，井筒とコルバンの立場に関係する。第9章で坂本勉から
の引用文で確認したように，井筒はナスルのような知識人に加え，アー
シュティヤーニーのようなシーア派ウラマーとも面識があった。そして
イラン革命以降，井筒は，アーシュティヤーニーのように，「存在一性
論」を研究し続けた。しかし，坂本勉，松本耿郎，ランドルトの意見と
は異なり，井筒とシーア派ウラマーとの関係はアーシュティヤーニーと
タバータバーイー師に限られており，井筒とコルバンの思想は現在にお
いても，イランの神学校（マドラサ：ḥawza ‘ilmiyya）で学ばれることが
ない。さらに，井筒・コルバンとアーシュティヤーニー・タバータバー
イー師との関係は，通常，先生と弟子の関係として理解されている。す
なわち，シーア派の立場からは，井筒とコルバンはシーア派の精神的
源泉に魅了され，シーア派ウラマーがシーア派の豊かな伝統の代理人と
して，彼らをこの精神的な伝統の深みに導いていると理解される。さら
に，その結果として，シーア派ウラマーにとって，井筒とコルバンはイ
スラーム哲学とシーア派の精神的伝統の従者とされており，両者に課さ
れた義務も，世界におけるイスラーム哲学とシーア派の精神的伝統を開

拓し広げ喧伝することとされている。

1960年頃からコルバンとタバータバーイーは，テヘランにあるヴェレンジャクという地区で毎週，勉強会を開催していた。この勉強会には彼らに加えて，ナスル，シャイガン，モルテザ・モタッハリー師（Morteza Motahharī：1919-79）なども参加していた。この勉強会は，当時の代表的知性とともに，伝統的知性の代表者であるウラマーの中心人物をも一つの場所に集めていたといえる。その勉強会で取り上げられた主題は主に，シーア派の信仰，東洋の精神性，西洋における哲学の状況に関することであった。この勉強会について報告している著作には，タバータバーイーはイスラーム（シーア派）の代表者として，コルバンはタバータバーイーの指導の下にシーア派を学んでいる西洋の代表者として描かれており，勉強会そのものも，イスラームと西洋の間の対話の代表として紹介されている。コルバンをタバータバーイーに紹介したナスルは，この勉強会について，「中世以降に〔つまりイブン・ルシュド以降に〕イスラームと西洋の間にそのような対話はなかったであろう」と述べている（Nasr, 1393/2014: 205）。ナスルはこの勉強会を非常に重要な会としてとりあげるが，井筒はこの勉強会に一度も参加することはなかった。筆者のインタヴューにおいて，ナスルは次のように証言している。

　　私は何回も，その勉強会について井筒と話し，井筒に参加することを頼んだが，彼は，私が知らない理由で引き受けなかった。

モハッゲグが述べているように，かつて彼が井筒とともにセパーサラール神学校に赴いた日に，モタッハリー師ら伝統的シーア派ウラマーも同校を訪れていた。彼らはそこでともに昼食をとりながら，イスラーム哲学とシーア派の伝統について話し合った。その会議の終わりに，井筒はモハッゲグに次のように述べたという。「私は人生ではじめてこのような精神的な会議を経験できました」[2]（筆者とモハッゲグとの対談）。とはいえモハッゲグ自身も，このような会議は，1，2度しか開催され

---

2)　モハッゲグはこの逸話を様々な著作やインタヴューの中でも語っている。

なかったと証言している（筆者とモハッゲグとの対談）。

　ここでわれわれは一つの問いに直面する。コルバンとタバータバーイーの勉強会には重要性が認められ，また，モタッハリー師らの伝統的なシーア派ウラマーとの会議の意義を井筒もまた認めているものの，なぜ井筒はそれらの勉強会と会議に参加することに積極的ではなかったのか。ここには，井筒の保守的な側面が関係しているのではないだろうか。つまり，彼はシーア派ウラマーと積極的に関係することにそれほど関心をもたなかったのではないだろうか。

　以上の叙述に基づいて，井筒とシーア派ウラマーとの関係は非常に曖昧であり，井筒とアーシュティヤーニーとの親交の強調のみによっては，井筒とシーア派ウラマーとの関係を説明することはできないと思われる。以下では，「学問的知識人」としての井筒とコルバンの関係ついてのみ論じ，本部の主題に関係するかぎりで，ナスル，シャイガンと，井筒・コルバンの関係についても論じようと思う。


## 第1節　ナスル，井筒，コルバン ──イラン王立哲学アカデミー

　井筒の弟子である岩見隆は，イランにおける伝統の重要性について井筒がどのように考えていたかについて，次のように述べている。

　　ある先生にアラビア語を習っていたんですが，留学する気があるなら紹介してやるから，とおっしゃっていただいたんですね。その留学先というのがサウジアラビアだったんです。そのことを井筒さんにお話ししたら，それはやめておいた方がいいと言われました。サウジアラビアで教えているような人は大体エジプトの大学を出たエジプト人ばかりで，それなら直接エジプトに行った方がいいだろうと。留学に関しては考えていましたが，先生にもその件に関してご配慮いただいたわけです。先生はアラビア語をやるならイランがいいとおっしゃいました。マドラサ，つまりイスラーム学をやるための旧式の学校の伝統がまだ生きて残っているから，どうせ勉強するならそういう場所へ行った方がいいと（岩見，2012：99頁）。

第 11 章　伝統復興と反対のオリエンタリズム　　223

　井筒が「旧式の学校の伝統」について語っていることは，ナスルとコルバンの意見でも確認することができる。そもそも，「旧式の学校の伝統」の復興は，ナスルの夢であった。ナスルはハーバード大学の卒業者であったが，伝統の復興のためにイランに帰国し，シーア派ウラマーの指導の下にイスラーム哲学を学んだ。ナスルは，イブン・スィーナー，スフラワルディー，モッラー・サドラーの哲学を読み直し，井筒とコルバンのように，イスラーム哲学を西洋の批判と伝統の復興のために研究した人物である。

　第Ⅱ部で論じてきたように，シーア派的イスラーム哲学において意識と認識の源泉は，「能動知性」，指導者の天使，イマームである。すなわち，それらは人間を精神的な領域（M 領域）へ導く。しかし，西洋ではデカルト哲学の出現によって，「能動知性」は「コギト」に変更された。それゆえナスルは，コルバンのように，デカルト哲学と近代性を批判的に解体するために「精神体験と能動知性から離れた理性は，悪魔の道具以外のなにものでもない。この理性は，ついに，四散と消滅に至る」（Nasr, 1994: xxxii）と述べる。

　さらに第Ⅱ部で述べたように，井筒のいう A 領域は，シーア派哲学では「光」の空間，〈東洋〉，精神性であり，同じく B 領域は闇の空間，〈西洋〉，反精神性，物質である。スフラワルディーは『西方への流浪の物語（*Ghorbat al-gharbiyah*）』で，精神的昇華の物語を物語る。この物語では，英雄が〈西洋〉の領域に亡命し，彼は〈東洋〉へと戻るために，すべての物質的属性が剥落していく精神的体験によって，〈東洋〉の精神の源泉を「理解」しようとする。ナスルは，スフラワルディーのこの比喩を，モダニティー批判の文脈で読み直し，神と自然の間の調和がモダニティーの支配によって消滅させられたと述べる。さらに彼にとって近代思想は，「神に対する人間の反乱」，「能動知性と理性の区別」，「精神性の衰退」をもたらすものであった。それゆえ，西洋の近代的な人間は，アイデンティティーの危機，精神性や道徳の衰退などの問題と直面している。その結果，西洋の文明は敗北した文明であるとナスルは述べる（Nasr, 1975: 12, 参照）。

　西洋の文明に対するナスルの向き合い方からは，オリエンタリズムと反対のオリエンタリズムの理論が導き出されるように思われる。オリエ

ンタリズムの観点からすれば，西洋の物質的・非精神的な文明が東洋の精神的な文明へと侵入し，東洋の精神的な文明を征服していくことになる。反対のオリエンタリズムの観点からすれば，東洋は自らの精神的な伝統とアイデンティティーに戻り，自己に固有の精神的な伝統を守りつつ，反対の言説によって，東洋の精神性を西洋に与えるべきであると理解される。こうした理解のもと，ナスルは，テヘラン大学人文学部長，アリーヤーメフル大学（革命後の名はシャリーフ大学）の学長，イラン王立哲学アカデミーのアカデミー長として選任され，各所で以下のような，イラン・イスラームの伝統の復興，西洋と近代化の批判，アジアの諸文明との関係についての計画を準備することになる（Nasr, 1361/1982: 47-48 参照）。すなわち，

①　イスラーム哲学とイスラーム神秘主義の解釈と読み直しによる，イランの真の伝統の復興。
②　西洋の技術，哲学，科学の本質が，イラン文化に対してもつ危険性に関して，イラン人たちへ警告すること。
③　アジアの諸文化と諸文明についてイラン人に自覚を促し，西洋の文明の侵入に抗して，アジアの諸文化と諸文明を方法として用いること。
④　イランの伝統的な文化を守りつつ，西洋の文化，科学，技術を批判すること。

　ナスルは ① のために，アーシュティヤーニーやモタッハリー師といったシーア派ウラマーに協力を呼びかけ，彼らを教授として招聘した。実際のところ，ナスルはこうした計画によって，「旧式の学校の伝統」を大学に移すつもりであった。② と ④ のためにナスルは，コルバンと他の西洋人とともに多くの共同研究を行った。③ の課題は，井筒や黒田壽郎，村田幸子といった，井筒の日本人の弟子たちに任せた。
　上に提示したナスルの四つの計画の前提ともなる基本的なものがある。それは，あらゆる計画は比較研究によって行われ，イスラーム哲学（とくにイブン・ルシュド以降の哲学）がその中心を担うということである。それゆえナスルは，テヘラン大学でもイラン王立哲学アカデミーで

も，コルバンと井筒とともに比較哲学の基本的な研究を準備していた。

　テヘラン大学でナスルは，コルバンと井筒に名誉学位（1354/1975 年。巻末の写真 2）を授与したことに加え，コルバンとともにテヘラン大学の博士課程で比較哲学，イスラーム哲学を中心テーマとする様々な演習を準備した（Nasr, 1391/2012：103 参照）。井筒に対しては，ナスルはテヘラン大学主催で彼の講演会をいくつか準備した。それら井筒の講演会のうち，「創造不断——東洋的時間意識の元型」は，とりわけ重要である。

　イラン王立哲学アカデミーの設立は，そもそもナスル，井筒，コルバンの発案による。第 II 部で述べたように，1961 年にナスルは井筒と親交を結んだ。ナスルはこのことについて，「井筒は哲学の分野で非常に才能があった。私は〔その時から〕イスラーム哲学を伝道するために井筒を招聘する予定であった」と述べている（Nasr, 1393/2014: 194）。ナスルは，イラン王立哲学アカデミーで井筒を，1 万 2,000 トーマン（約 1,714 ドル）の週給（巻末の資料 3）[3]で採用した。

　すでに述べたように，井筒と彼の日本人の弟子たちは，イラン王立哲学アカデミーにおいて，ナスルの企画の③の課題を任されていた。イラン王立哲学アカデミーでの井筒の演習と講演会という教育活動に加えて，彼らはこの企画を以下のように実行している。

① 『スーフィズムとタオイズム』の再出版のための契約。これについては第 II 部で論じた。
② *Toward a Philosophy of Zen Buddhism* の出版のための契約，この著作は英語で書かれ，イランで出版された（巻末の資料 4）。
③ 『知性の永遠（*Javidān Kherad*)』という雑誌の発行。この雑誌は現在も出版されている。
④ イラン王立哲学アカデミーにおける日本と東アジア研究所の設立。

---

　3）　週給のうち，1 万 2,000 トーマン（約 1,714 ドル）は給料であり，4,000 トーマン（約 571 ドル）は家賃（月給）としてのものである。資料 3 はナスルによる筆記と推定される。筆者はナスルとの対談でこの資料について話した。ナスルはその書類を確認したが，実際の月給額は覚えていなかった。

井筒とナスルは日本と東アジア研究所の設立のために，2,000冊から3,000冊の本を日本から購入し，哲学アカデミーの図書館へと納入させた。アーヴァーニーはそれらの本の数を2,000冊と言及し，当時のイランにおける元駐日本大使がそれらを購入して，哲学アカデミーに移したと証言している（筆者とアーヴァーニーとの対談）。しかし，アーヴァーニーのこの意見は正しくないように思われる。筆者はこのことについて，イランの研究者であり，イランにおける元駐日本大使であった駒野欽一氏に尋ねてみた。駒野氏はイラン革命前に，日本大使館の参事官として勤務していた。彼は当初，「全くこのことについて何も聞いたことがない」と証言した。駒野氏はこの件について，当時のイランにおける元駐日本大使であった井川元氏に尋ね，氏は筆者に以下のように回答した。

　　昨日久し振りに井川元大使にお会いする機会がありました。
　　井筒先生から日本の図書寄贈を頼まれたことがあるかと聞きましたが，大使は，井筒先生のことも図書寄贈のことも知らないとはっきり断言していました。（筆者と駒野氏との対話，2015年4月18日のメールにて）

　さらに筆者は，この件についてナスルにも直接尋ねてみた。ナスルからは次のような返答を受けた。

　　私はこのことをよく覚えてないが，確かに私はこうした契約にサインした。しかし，いかにしてそれらの本が哲学アカデミーの図書館に移されたかまでは覚えていない。（筆者とナスルとの対話，2015年4月の電話にて）

　それらの書物の運命は推理小説に似通っている。アーヴァーニーの話によれば，イラン革命後にそれらの書物は他の研究所へと移され，その地下室に所蔵された。しかし，雨水の地下室への浸入のため，半分以上の書物が使いものにならなくなったという。その後，アーヴァーニーが残った本を哲学アカデミーへと移した。2005年には，残されていた書

物をアーヴァーニーが，ベヘシティー大学の図書館へと移した。筆者は2015年にイランに赴いたとき，ベヘシティー大学の図書館に行き，3日間の調査の後にそれらを発見した。本書の付録に，それらの写真を付しておく（巻末の写真5）。

イスラーム哲学の復興に向けたナスルの計画は，イラン国内に留まるものではなかった。日本では井筒が，可能な範囲でナスルの計画を分担した。井筒は1970年にナスルを日本に招き，大阪大学でナスルのために講演会を準備した。さらに，井筒の指導のもと，黒田壽郎がナスルの著作『イスラームの哲学者たち（*Three Muslim Sages: Avicenna—Suhrawardi—Ibn Arabi*)』を日本語に翻訳した。これに加えて，井筒の指導のもとに，コルバンの著作『イスラーム哲学史（*Histoire de la philosophie islamique*)』も黒田壽郎と柏木英彦によって日本語に翻訳された。

まとめると，ナスルの思想は基本的には反西洋の立場であり，彼は現在まで西洋の思想に対して，イスラーム伝統と東洋の伝統を守り続けている。ナスルにとって，イスラームの伝統は「永遠の叡智」であり，歴史的な出来事によってはその本質を消滅させることはできない。ナスルは井筒とコルバンとともに，イスラーム哲学を超歴史の立場から読み直し，反対のオリエンタリズムの支持者に対して，イスラームと東洋の精神的な伝統が今でも生きており，東洋の世界観が西洋近代に対して意義をもつことを説得的な仕方で提示しようとした。しかし，彼らの方法論では，次章で論じるように，多くの歴史的な事実が無視されており，イスラームと他の諸社会との不安定な状況という，歴史的な現実を忘却しているという側面も確かにみられるのだ。


## 第2節　シャイガン，井筒，コルバン ——イラン文化の対話研究所

第I部で，比較哲学と政治体制，政府の支持との関係について論じ，それらの関係の具体的な事例として，ハータミー大統領の「文明の対話国際センター」（1998-2008年）とその活動を取り上げた。しかし，「文明の対話」というテーゼはハータミー独自の理論ではなく，彼は国際連

合で「文明の対話」の復興を主唱したに過ぎない（1998 年）。

「文明の対話」というテーゼの誕生は，1972 年に遡る。フランス人哲学者ロジェ・ガロディ（Roger Garaudy；1913-2012）は，1972 年に「文明の対話」のテーゼをユネスコに提案した（Garaudy, 1979: 93-95, 参照）。ガロディはそもそもマルクス主義者であり，「文明の対話」を哲学的にではなく，市民間で展開せねばならないと主張した。なぜならば，市民層においてこそ，西洋の文明とその支配が明らかにされるべきだからである。ガロディは 1982 年にキリスト教と西洋の文明を厳しく批判し，イスラームに帰依した。さらに 1990 年にホロコーストを否認し，その結果，1998 年の控訴審で有罪（執行猶予付きの 6 か月禁固）・罰金刑判決を受けている。

マルクス主義からイスラームへと向かうガロディの歩みは，クリスチャン・ジャンベと，イラン人社会学者でユネスコ局長であったエーサン・ナラーギー（Ehsan Naraghi；1926-2012）の歩みと似ている。ジャンベもナラーギーも，ガロディのようにマルクス主義者であった。この 3 名は，共産党とマルクス主義のイデオロギーをめぐる様々な困難に遭遇することで，マルクス主義から離れていき，イスラーム神秘主義，東洋思想，文明の対話などの思想に近づいていった。これ以外にも理由を挙げることができるが，しかし，次の点には注意が必要である。一部のマルクス主義者や，コルバン，さらにはフーコー，ニーチェ，ジュリア・クリステヴァ（Julia Kristeva；1941-）ら哲学者たちは，西洋の文明や西洋のイデオロギーという困難に遭遇したとき，イスラームあるいは東洋思想をオルタナティヴとして選択したということである[4]。

とりわけ「文明の対話」のテーゼは，1976 年以降，イランの王妃であったファラー・パフラヴィーの支持を受け続けた。シャイガンはナ

---

4）　このことについて，現在カタールにおけるジョージタウン大学外事研究科（Georgetown University School of Foreign Service in Qatar）の教授であるイアン・アーモンド（Ian Almond）の研究は非常に有意義である。彼は『新しいオリエンタリストたち——フーコーからボードリヤールまでのポストモダン表象におけるイスラーム』（The New Orientalists: *Postmodern Representations of Islam from Foucault to Baudrillard*, 2007）の中で，オルタナティヴとしての東洋思想について詳しく論じている。彼の研究に加え，ジルーベル・アシュカルもまた，『マルクス主義・オリエンタリズム・コスモポリタニズム』（*Marxism, Orientalism, Cosmopolitanism*, 2013）において西洋の哲学者たちやマルクス主義者のアプローチを批判している。

## 第 11 章　伝統復興と反対のオリエンタリズム　　　229

ラーギーらイラン人学者たちとともに「イラン文化の対話研究所」を
設立することになった。この研究所は具体的に二つのテーマを扱って
いる。それらは，① イスラームとアジア諸文明との関係と，② 西洋
文明の本質の理解とそれに対するアジア諸文明の状態の解明である
（Shayegan, 1979：356 参照）。

　1976 年から 79 年（つまりイラン革命の発生）まで，この研究所では約
70 冊がペルシア語に翻訳されたが，それらは主に東洋思想に関するも
のであった。さらにこの研究所はユネスコから支持を受け，77 年に「文
明の対話」に関する最初のシンポジウムをテヘランで開催した。そのシ
ンポジウムの主題は「西洋思想の衝撃は諸文明間の実質的な対話を可
能にしたか（L'impact de la pensée occidentale rend-il possible un dialogue
réel entre les civilisations?）」というものであり，1 週間にわたって開催
された。このシンポジウムの発表者は 18 名おり，井筒，インド人哲学
者でハイデガーの弟子であったメフタ（Jarava Lal Mehta；1912-88），
エジプト人哲学者，アンワル・アブドゥル＝マレク（Anouar Abdel-
Malek；1924-）らに加えて，フランス人とイラン人が名を連ねていた。
フランスの発表者は，ガロディ，ジャンベ，コルバンなどであった。イ
ランの発表者は，シャイガンやナラーギー，コルバンそれぞれのイラン
人とフランス人の弟子や協力者であった。このシンポジウムのテーマ
は，主としてコルバンの思想とスフラワルディー哲学を踏まえて決めら
れていた。

　その発表内容に共通するのは，以下の 3 点である。

　　① 　西洋の近代文明，西洋史の支配，技術の支配，実証主義の批判
　　② 　オリエンタリズムの批判
　　③ 　アジアの諸文明との対話

　この 3 点は，比較研究と反対のオリエンタリズムへと向けられたも
のである。実際のところ，このシンポジウムは，ユネスコの「シルク
ロード」という計画の継続でもあった。アマドゥ・マハタール・ムボウ
（Amadou-Mahtar M'Bow；1921-）がユネスコの第 6 代事務局長だった
時期に認可されたこの計画のもと，アジアの諸文明の状態と西洋との関

230 　第Ⅲ部　神的なものと社会的なものの争い

係が，探究の中心主題であった。そのため，テヘランで催されたシンポ
ジウムでは，西洋文明とオリエンタリズムの批判とアジアの諸文明との
対話が，すべての発表者の共通の関心であったのだ。

　テヘランのシンポジウムが終わってから，シャイガンは野心的な計画
に取りかかった。彼は「イラン文化の対話研究所」をユネスコのよう
な国際的な研究所にしようとした。そのために彼は，井筒を東アジアの
代表者として，コルバンをヨーロッパの代表者として，イブン・アラ
ビーの専門家であったオスマン・ヤフヤー（'Uthmān Yaḥyā）をアフリ
カ（エジプト）の代表者として選び，自らもイラン・イスラームの代表
者になった。しかし，コルバンの死とイラン革命の発生によって，彼の
計画は実行されなかった。シャイガンは，この計画と井筒の役割につい
て筆者に次のように証言している。

　　　私はその計画について井筒と連絡し，十分に話した。井筒はその計
　　　画をすぐ引き受けてくれた。しかし，賃金については何度も井筒の
　　　妻と話した。ところが，残念ながら革命の発生によって，すべては
　　　消滅してしまった。

　イラン革命の1年前にシャイガンは，コルバン，井筒，中村元（とく
に中村の『東洋人の思惟方法』）の思想の影響のもとで『西洋に対するア
ジア』を出版した。この著作は「文明の対話」の目的を表現するもので
あり，その内容は2部からなっている。第1部でシャイガンは，コル
バンの思想に即して，西洋史の支配とニヒリズムを批判し，第2部で
は，井筒と中村の思想の影響のもとに東洋の諸伝統を読み直し，それら
を比較している。

　一部のイランの知識人は，この著作は革命前のイランにおける西洋
と東洋の状態をよく分析していると指摘する（Boroujerdi, 1996: 147）。
シャイガンは自分の師であるコルバンにならって，ニヒリズムと世俗主
義が人間の思想を支配するとき，その「解毒剤」は神秘主義と東洋の精
神性にしかないと主張する。彼にとってニヒリズムと世俗主義は，西洋
思想における四つの下降運動の産物，つまり，① 精神的な思想から技
術的な思想への下降，② 元型イマージュ（想像的イマージュ）から技術

第 11 章　伝統復興と反対のオリエンタリズム　　　231

的な概念への下降，③ 天使界から質料界への下降，④ 神話から歴史への下降，を表現するものである（Shayegan, 1382/2003: 47-48）。それらの下降運動の結果，① 文化の衰退，② 神の黄昏，③ 神話の死，④ 精神性の衰退に至ったのである（Shayegan, 1382/2003: 168）。彼はこのような結果を，いわゆる「西洋かぶれ」（Charbzadegi）と呼んでいる。

　「西洋かぶれ」という用語は，ハイデガー哲学における「存在の忘却」という問題を記述するために，アフマド・ファルディードが造ったものであった。彼はコルバンの最初のペルシア語訳者であり，「学問的知識人」を代表する一人でもあり，イラン王立哲学アカデミーでコルバン，井筒，ナスルの協力者でもあった。ハイデガーは，『存在と時間』の序論から存在への問いの必然性を訴え，「存在問題は今日では忘却されてしまっている」と嘆いていた（ハイデガー，1971 年，66 頁）。ハイデガーにとっては，ギリシアの形而上学によって存在問題が忘却されてしまい，人間は存在に対する問いの代わりに存在者に対する問いをたてるようになった。結局，存在者への注目は，人間の喪失とニヒリズムをもたらした。ハイデガー哲学から見れば哲学史は，ギリシアから今日までを通じて「存在の忘却」の歴史なのである。ファルディードはコルバンの解釈の影響のもとに，「存在の忘却」の歴史（西洋思想史）を「西洋かぶれ」と呼んだ[5]。すなわち，人間が存在を忘却してしまい，存在者について考えたことが，「西洋かぶれ」を意味するのだ。しかし，存在の忘却がなぜ「西洋かぶれ」と解釈されたのだろうか。この問いに対する答えを，われわれはスフラワルディー哲学における形而上学の構造のうちに検討しなければならない。

　第 II 部で論じたように，A 領域と M 領域は〈東洋〉，真実在（真理）と「光」の領域であり，B 領域は〈西洋〉，物質と「闇」の領域であった。だからこそ，ファルディードはスフラワルディー哲学の概念を，ハイデガー哲学の「存在の忘却」の問題に結び付け，「西洋かぶれとは真

---

　5）「スフラワディー哲学と古代イランとの関係」という論文が，ペルシア語に翻訳されたコルバンの最初の著作であった。1946 年にペルシア語に翻訳されたこの著作では，スフラワディー哲学におけるゾロアスター教の要素が紹介されながら，〈東洋〉と〈西洋〉の形而上学的概念が解説されている。この著作の翻訳者がファルディードである。この著作の翻訳作業とその内容が，彼に「西洋かぶれ」のアイディアを与えたのかもしれない。（Abdolkaraimi, 1392/2013: 67-71）（Corrado, 1999: 29-30）参照。

実在に侵入するニヒリズムと存在の忘却以外のなにものでもない」と述べたのだ（Maref, 1380/2001: 413）。

しかし，シャイガンは『アジアに対する西洋』の第2部で，「西洋かぶれ」に別の意味を与えた。その意味が，「アジア文明の分裂」に他ならない。アジア文明の構造は同一であり，東洋思想はそもそも精神的体験と宗教の信仰に基づいて形成されている。しかし，ニヒリズム，世俗主義（モダニティー）の出現によって，アジアの諸文明は徐々に自らを共通の構造から引き離し，西洋思想の観点から互いを見てしまっているとシャイガンは主張する。彼はこの「アジア文明の分裂」を，いわゆる「二重の西洋かぶれ」（gharabzadegi-ye mozāʿaf）と呼んでおり（Shayegan, 1382/2003: 51-57, 183-233 参照），「万国の東洋よ，団結せよ！」[6]と言ったコルバンのスローガンに即して，アジアの知識人の団結と東洋の精神性の復興を，「西洋かぶれ」と「二重の西洋かぶれ」を超える道として提示している（Shayegan, 1354/1975: 71）。

イスラームの伝統を守るために，また「西洋かぶれ」を超えるために，そしてナスルや井筒，コルバンのように，シャイガンは，マドラサ（旧式の学校の伝統）をイスラームの伝統的な精神性の相続人および，シーア派ウラマーを伝統の維持者として紹介する（Shayegan, 1382/2003: 296 参照）。

以上の叙述から，井筒とコルバンはイランの知識人たちとともに，具体的には以下の二つの主題を目標にしたことが理解されよう。

① 近代西洋文明の批判。この批判は主に，反対のオリエンタリズムとして行われた。
② 反対のオリエンタリズムの枠組みにおける，伝統の読み直しとその維持。

---

6) コルバンはマルクス主義に対する強硬な批判者であり，それを，西洋に蔓延するペストと腸チフスと呼んでいた。さらに，イランには神秘主義の豊かな伝統が存在するので，マルクス主義がイラン国内に拡がることは無理であろうとも主張した。「万国の労働者よ，団結せよ！」と言ったマルクスに対して，コルバンはニヒリズムとマテリアリズムを超えるために，「万国の東洋よ，団結せよ！」と言う。このことについて，（Corbin, 1382/2003: 166-168）参照。

第 11 章　伝統復興と反対のオリエンタリズム　233

　とはいえ，次の第 12 章で論じられるように，近代化批判は井筒とコ
ルバンの比較哲学のうちに，ある種の他者化をもたらした。この他者化
には二つの側面がある。一つは，東洋が西洋の他者として定義されてい
るということであり，他方でシーア派がスンニー派の他者として定義さ
れているということである。第二の側面は，オリエンタリズムの言説の
枠組みが含意されていることである。

　伝統の読み直しと維持は，最終的には，イランのイデオロギー的な革
命につながった。ホメイニー師の思想とイラン革命の発生は，シーア派
ウラマーの立場，イスラームの精神的伝統，マドラサの権力，井筒の東
洋哲学の未来に対して様々な認識論的な問題を生じさせたのだ。

# 第 12 章

# イラン革命と井筒比較哲学
──その認識論的な問題と帰結──

本章では，井筒とコルバンにおける，他者化，そして伝統の読み直しと維持という二つの主題が詳しく探究される。

## 第 1 節　井筒とコルバンの比較哲学における他者化

### (1)　井筒の比較哲学と西洋

第Ⅰ部では比較哲学の誕生と文明の遭遇との関係について詳しく論じ，われわれの時代には，西洋文明と東洋文明の遭遇によって，共通の「理解」が必要であると結論した。井筒は『意識と本質』の後記で，こうした必要性を次のように述べている。

東と西との哲学的関わりというこの問題については，私自身，かつては比較哲学の可能性を探ろうとしたこともあった。だが実は，ことさらに東と西とを比較しなくとも，現代に生きる日本人が，東洋哲学的主題を取り上げて，それを現代的意識の地平において考究しさえすれば，もうそれだけで既に東西思想の出逢いが実在的体験の場で生起し，東西的視点の交錯，つまりは一種の東西比較哲学がひとりでに成立してしまうのだ。（井筒，2010：414 頁以下）

井筒が西洋と東洋の比較の必要性について言う場合，そこには次のような二つの次元がみられる。第一の次元は，西洋文明と歴史による東洋

の支配である。井筒はこれに関して，次のように述べている。

> 明治以来，一途に欧化の道を驀進してきた我々日本人の場合，その意識——少なくとも意識表層——は，もはや後にはひけないほど西洋化しているのだ。ほとんどそれと自覚することなしに，我々は西洋的思考で物事を考える習慣を身につけてしまっている。つまり，ごく普通の状態において，現代の日本人のものの考え方は，著しい欧文脈化しているし，まして哲学ともなれば，既に引き受けた西洋的学問の薫陶が，それをべつに意図しなくとも，我々の知性の働きを根本的に色付ける。(井筒，同上)

第二の次元は，東洋の諸伝統の復興と読み直しである。

> 東洋の様々な思想伝統を，ただ学問的に，文献学的に研究するだけのことではない。厳格な学問的研究も，それはそれで，勿論，大切だが，さらにもう一歩進んで，東洋思想の諸伝統を我々自身の意識に内面化し，そこにおのずから成立する東洋哲学の磁場のなかから，新しい哲学を世界的コンテクストにおいて生み出していく努力をし始めなければならない時期に，今，我々は来ているのではないか，と私は思う。(井筒，2010：412 頁)

　確かに，西洋化と東洋の諸伝統の読み直しに関する井筒の意見は，ナスル，シャイガン，コルバンの意見と等しいものではある。実際のところ，東洋人は自らの伝統の復興のために，新しい哲学を作り出さなければならない。そうした新たな哲学によって，東洋人は「西洋」と対話をする。とはいえ，ここで「西洋」という言葉が西洋のすべての次元を包摂するわけではないことは，注意されねばならない。井筒やコルバンのいう「西洋」には，「世俗的な西洋」と「存在的な西洋」がある。「世俗的な西洋」はデカルト哲学以来，生じてきたものである。この場合，西洋の本質は，モダニティーや世俗主義，またはニヒリズムや「西洋かぶれ」である。さらに，東洋人が超えなければならない西洋も，「世俗的な西洋」である。

「存在的な西洋」は，モダニティーや世俗主義，ニヒリズムや「西洋かぶれ」を批判することを意味する。この場合，西洋の本質と捉えられているものには，ハイデガー哲学や実存主義の思想がある。シャイガンは『西洋に対するアジア』において，また同様に井筒は「東洋と西洋における実存主義（Existentialism East and West）」（Izutsu, 1971: 26-33, 参照）において，イスラーム神秘主義の思想をハイデガーやサルトルと比較することを試みたのだ。東洋人が対話しなければならない西洋は，この「存在的な西洋」である。「存在的な西洋」との対話は，ある一つの基礎において行われ，そこからは二つの成果が導かれる。

「存在的な西洋」との対話は，その基礎をコルバンの意見に置いているように思われる。ニヒリズムを克服するために，また，精神性をもう一度世界に与えうるために，東洋の〈東洋人〉と西洋の〈東洋人〉は精神性の段階で対話しなければならないとコルバンは主張した。「万国の東洋よ，団結せよ！」というスローガンも，彼のこうした意見を象徴するものである。井筒はコルバンのこの意見を，イランの神秘主義とハイデガーや実存主義との対話の段階へと移し，次の二つの成果を導き出そうとした。

① 井筒，コルバン，シャイガンらと，ハイデガーや実存主義の哲学者たちには，ある共通の目的がある。それは，ニヒリズムの克服である。比較哲学によってニヒリズムを克服するために，イランの神秘思想と西洋の存在的な思想の「対話」を準備することができる。そして，井筒は，イラン神秘主義を東洋の諸伝統に拡げる。彼は東洋の諸伝統を読み直し，その読み直しによって新しい哲学を作り出す。

② イランの神秘思想は形而上学的な思想であり，20 世紀まで政治的・社会的な問題と直面したことがなかった。これに対して，「存在的な西洋」は形而上学的な思想から離れ，政治的・社会的な問題と直面している。比較哲学によって，東洋人と西洋人の経験をお互いへと移すことができる。井筒は『意識と本質』で，自身の体験をイラン神秘思想の段階から東洋の諸伝統へと移している。

238　　　　　第Ⅲ部　神的なものと社会的なものの争い

　井筒らの比較哲学は，「存在的な西洋」との対話を模索するものの，実際には「世俗的な西洋」，あるいは「非精神的な西洋」を，他者として批判して否定してしまう。「世俗的な西洋」，あるいは「非精神的な西洋」は，全世界に入り込んで様々な現代的危機をもたらしたものである。東洋はこの場合，「精神的な他者」として，「非精神的な他者」（西洋）に対置される。さらに，本章第2節で論じるように，世俗主義，世俗化は，井筒とコルバンの比較哲学と完全に対立しており，彼らの方でも自分たちの比較哲学を，世俗主義に対するものとして定義している。

## （2）　井筒の比較哲学における「アラビア哲学」と「イスラーム哲学」

　本書の一つの中心テーマは，イブン・ルシュド以後の哲学の流れを描くことであった。井筒とコルバンは，スフラワルディーから「本当にイスラーム的な哲学が出てくる」と主張する。しかし，スフラワルディーには，両者が評価するほどの意義はないのではないかと筆者には思われる。すでに論じたように，井筒とコルバンの比較哲学において，スフラワルディー哲学は反対のオリエンタリズムの観点から読み直され，オリエンタリズムを批判するものであった。ここで筆者は，井筒とコルバンの比較哲学のもう一つの価値について論じたい。この価値には，確かに反対のオリエンタリズム的な意味はあるものの，アラブ・スンニー派世界とイラン・シーア派世界の間に，ある種の他者化をもたらすものでもある。

　筆者が知る限り，スフラワルディーの名が井筒の著作に最初に現れるのは，1948年の論文「アラビア哲学——回教哲学」（井筒，第1巻：476-478頁）である。この論文で井筒は，スフラワルディー哲学とその注釈を簡単に紹介している。その後1967年まで，井筒は著作の中でスフラワルディーに言及していない。1967年に「コーラン翻訳後日談」（井筒，第4巻：143頁）という小論で，スフラワルディーの名が挙げられてはいるが，それは井筒の知り合いのレバノン人の博士論文に言及した文脈においてにしか過ぎない。1974年の「回教哲学所感——コルバン著『イスラーム哲学史』邦訳出版の機会に」（井筒，第4巻：165頁）という小論でコルバンを紹介する際に，スフラワルディーの決定的重要性が指摘される。そして1975年『イスラーム思想史』（井筒，第4巻：544, 550,

552 頁）の中で，スフラワルディーが注記において短く触れられている。

『イスラーム思想史』はそもそも，1941 年に出版された井筒の処女作
『アラビア思想史』と，1948 年の「アラビア哲学──回教哲学」を統合
したものである。『アラビア思想史』で井筒は，スフラワルディー哲学
やそれ以降の哲学学派について何も述べておらず，「アラビア哲学──
回教哲学」で初めてスフラワルディーの名を挙げている。井筒はその
後，『イスラーム思想史』でスフラワルディーの名を挙げるものの，そ
の哲学については説明することはせず，読者にコルバンの『イスラーム
哲学史』を参照するよう求めるのみである。

注意してみれば明らかなように，井筒のこれら三つの著作は，タイト
ルこそ異なるが，扱うテーマはほぼ同じである。ここで一つの疑問が生
じるかもしれない。三つの著作の内容はほぼ同じであるものの，なぜ，
『アラビア思想史』は『イスラーム思想史』へと変更されたのか。こう
した著作のタイトルの変更の背後には，井筒によるスフラワルディー哲
学の理解が進展したこと，およびコルバン思想からの影響があると筆者
は考えている。

井筒のスフラワルディーに対する評価を考えるうえで，スフラワル
ディーに関する直接的言及以外に注目すべきこととして，「アラビア
哲学」という用語に関するコルバンと井筒の考え方の相違が挙げられ
る。井筒は，「アラビア哲学──回教哲学」の序で「アラビア哲学」と
いう用語について解説し，アラビア語はイスラーム世界の共通語なの
で，「アラビア哲学」という用語を用いたと述べている。（井筒，第 1 巻：
351-354 頁）これに対してコルバンは，「アラビア哲学」の用語をまった
く受けいれることはなく，むしろこの用語を厳しく批判し，その代わり
に「イスラーム哲学」の用語を用いていた。

フランス人の哲学者で，コルバンの弟子であったジャン・ブラン
（Jean Brun；1919-94）が指摘しているように，「アラビア哲学」という
概念は，イブン・ルシュドの死ともに終焉したのである。これに対し
て，「イスラーム哲学」という概念は，「伝統の持続」を意味するのに加
えて，コルバンの哲学における超歴史という概念をも含んでいる（Brun,
1382/2003: 68 参照）。「アラビア哲学」という概念はオリエンタリズムの
影響下に生じたものなのだ。すなわちその概念は，エルネスト・ルナン

などのオリエンタリストたちによって作り出されたものであり，歴史的な意味をもっている。それに対して，スフラワルディー以来の哲学は，精神体験によって得られた哲学であり，超歴史的なものである。また，スフラワルディー以降の哲学は，イラン・シーア派哲学である。したがって，コルバンとの出会いにより，井筒の比較哲学の中で「アラビア哲学」という概念は消滅することになり，「イスラーム哲学」という概念が彼の中に新たに生じてきたと考えられる。

　しかし，井筒の著作においても，コルバンの著作においても，「イスラーム哲学」という概念に加えて，「イラン哲学」あるいは「シーア派哲学」という概念が次第にみられるようになってくる。「イスラーム哲学」，あるいは「イラン哲学」，「シーア派哲学」という用語は，井筒とコルバンの哲学において，聖職者主義あるいは神的な哲学を意味するようになってくる。これに対して，スンニー派思想（おもにアラブ思想）は，世俗主義と世俗的な思想を意味している。われわれはこのような考え方を，井筒の『イスラーム文化』の中に認めることができる。

　　　外面派のウラマーたちのように，イスラームを共同体の宗教として社会化し，法制化し，政治化すること自体が，本来純粋に内面であるはずのイスラームを世俗化すること以外の何ものでもないわけです。つまりスンニー派の構想するようなイスラーム法的世界は，宗教的世界ではなくて，実は政治的権力の葛藤の場であり，まぎれもない世俗世界であるということになる。こうしてシーア派は，その根本的立場上，聖と俗とをはっきり区別するのでありまして，この点においてスンニー派と完全に対立します。

　　　スンニー派の見方では，現世がそっくりそのまま神の国，少なくとも本来的には神の国であるべきものなのです。そこに聖も俗も区別はない。だから人間生活の現実がもし罪と悪とに汚れているとしても，それは偶然的・偶有的な汚れであって，人間の決意と努力次第で正しい形に建て直していけるものであります。〔中略〕スンニー派的な現世肯定，現世構築の態度を，シーア派はそのままの形では決して正しいものとは認めません。

　　　シーア派は根本的にイラン的です。彼らにとって現世は存在の聖

なる次元と俗なる次元との葛藤の場，というよりむしろ，現世は
──タアウィールによって内面化され，象徴的世界として見直され
ない限り──全体に俗なる世界であり，存在の俗なる次元を代表す
るものとして，存在の天上的な次元とあくまで戦うことを本性とす
る悪と闇の世界である，と考えられるのであります。善と悪，光と
闇の闘争という古代イラン・ゾロアスター教の二元論的世界表象
が，きわめて特徴ある形でイスラーム化されてここに働いているこ
とが認められます。(井筒，2008：177-188頁)

「イスラーム哲学」，および「イラン哲学」と「シーア派哲学」の本質
と意味に関する井筒とコルバンの「理解」と解釈から，次の二つのこと
が帰結する。

① スンニー派は世俗的なイスラームに還元される。それに対して
精神的なシーア派は一つの他者として作り出される。この見方
は，スンニー派（アラブ）なき「精神的なイスラーム」を結果と
してもたらす。さらに，シーア派はイランのナショナリズムと密
接に関係するので，ある種の反アラブのナショナリズムをもたら
す。現在のイランにおいても，イスラーム哲学の本質とスンニー
派思想についてのこうした理解は存在している。
② 世俗主義と宗教の世俗化という問題は，その基礎の観点から
も，結果の観点からも，井筒とコルバンの比較哲学の目的と密接
に関係する。このことについて，以下の第2節で論じよう。

## 第2節　伝統と革命

1964年に，イラン国王がホメイニー師をトルコに追放した。1965年
には，ホメイニー師はイラクに亡命した。ホメイニー師は，モッラー・
サドラーとイブン・アラビー学派の信奉者かつ解釈者であり，シーア派
の卓越した法学者でもあった。つまり彼は，マドラサや伝統を代表す
る一人であった。ホメイニー師がイラクに住んでいたとき，彼は『法学

者の監督論（*Velāyat-e Faqīh*）』を書き，イスラームの政体，あるいは，宗教の政体の理論を構築した。

### (1)　ホメイニー『法学者の監督論』と井筒・コルバン

　『法学者の監督論』は単なる法学についての理論書ではなく，イブン・アラビーとモッラー・サドラーの神秘主義に基盤をもつ書物である。以下，同書の理論について簡潔に解説したい。

　第Ⅱ部と第Ⅲ部で，「預言の周期」と「イマームの周期」，および「神の代理人」について繰り返し論じてきた。ここで，この二つの主題を次のように結び付けることができる。

- ・　神の代理人はムハンマドであり，ムハンマドが預言者として人間を「聖なるもの」（内面）へと導く。しかし，ムハンマドが最後の預言者であるので，また，神聖史はムハンマドの死とともに終わるので，シーア派が宗教的・政治的な権力を，「預言の周期」から「イマームの周期」へと移した。
- ・　「預言の周期」から「イマームの周期」への移動によって，イマームが神の代理人になり，人間を「聖なるもの」（内面）へと導く。しかし，第12イマームは隠れ，一般者はイマームに会うことはできない。ここから，非常に重要な神学的な問題が出てくる。イマームが「お隠れ」になっているとき，いかにして彼と関わることができるのだろうか。イマームがM領域にいるとき，誰がシーア派の信徒たちをイマームの「光」の方へと導くのか。この神学的な問題は現在まで，シーア派思想において最も重大で複雑なものである。
- ・　ホメイニー師は，モッラー・サドラーとイブン・アラビーの学派の下に，法学者たちを「イマームの代理人」として提示する。その結果，シーア派の信徒たちは，法学者の指導によってイマーム（内面）と繋がっている。

　ホメイニー師の『法学者の監督論』は，神学の観点からも，また政治的観点からも，三つの大きな問題をもたらしており，コルバンと井筒の

第12章　イラン革命と井筒比較哲学　　243

比較哲学の基礎をなしている（後述）。しかし，その三つの問題について論じるに先立って，「ウィラーヤ」（wilāyah）の意味について論じなければならない。筆者は，コルバンと井筒の比較哲学と，ホメイニー師の理論の，この両者の関係における差異を説明するために，コルバンの意見と解釈に基づいて分析しようと思う。

　「ウィラーヤ」という単語の原語は「ワリー」（walī）である。「ワリー」は，文字通りには「監督」や，「維持者」を意味する。したがって，「ワリー」はある物やある人を監督する人である。そして，「ウィラーヤ」は「監督」することを意味する。この単語はシーア派の思想において，次第に重要な術語となっていった。コルバンがまさしく指摘しているように，「ウィラーヤ」はシーア派の術語で「コーランの維持者」を意味し，「コーランの維持者」はイマームをおいて他にはいない。こうした文脈でコルバンは，「ウィラーヤ」を以下のように定義する。

　　シーア派にとっては，預言（nubwwah）の終末は新たな周期，ワラーヤ（walāyah），もしくはイマーマ（imāmah）の周期の発端であった。換言するならばワラーヤによって最も直截に表現されるイマーム学は，預言者学を必然的に補うものなのである。ワラーヤは，一語にしてそのすべての意味内容を表現しつくすことが困難な言葉である。しかもこの言葉は当初より，歴代イマーム自身の教えの中にしばしば姿を現している。テクスト中には，「ワラーヤとは預言の内的側面である」という文句がしばしば繰り返されている。だがこの言葉は，具体的には《友情，庇護》を意味している。アウリャーウッ＝ラーフ（'awliyā'-l-Lāh，ペルシア語で dūstān-e khodā）は，《神の友》（もしくは神の寵愛をうける者）であり，厳密には天与の霊感により神の秘密を啓示された人類のエリートたる預言者，イマームたちを指しているのである。そして神が特に彼等に示す情愛は，彼等をして人類の精神的指導者たらしめる。彼等信奉者が各自彼等に導かれて自己認識に到達し，結局彼等のワラーヤに参加するようになるのも，もとはといえばこれら神の友にたいする友誼的献身に答えてのことなのである。したがってワラーヤの概念は，本来的教義における奥義を伝受するイマームの秘伝的指導をも暗示してい

244　　　第Ⅲ部　神的なものと社会的なものの争い

る。それはまた認識（marʿifah）の理念と，愛（maḥabbah）の理念
を，それ自体救済的な認識である認識を含むものなのである。シー
ア派は，このような様相においてイスラームのグノーシス〔神秘主
義〕であるということができる。（コルバン，2006: 31 頁）

　コルバンにとって，そもそも預言の内的側面であるワラーヤという概
念と，「イマームの周期」の最後への期待という概念は，一種の神聖史
や精神史に至り（コルバン，2006: 84 頁），その神聖史によって神との関
係が不可分的に保存される。これに加えて，「シーア派はイスラームの
グノーシス〔神秘主義〕である」とコルバンは主張するので，シーア派
の精神史とイスラーム神秘主義の精神史（特にスフラワルディー哲学）の
間に同一性の関係が生じる。このことについて，コルバンは次のように
述べている。

　　神秘主義，つまりスーフィズムをその精神的体験，ならびにシーア
　　派秘教主義に基礎をもつ思弁的神智学の種々の相の下に論ずること
　　なしには，イスラームのヒクマについて云々することはできない
　　であろう。後に検討するように，スフラワルディーのような思想
　　家や，彼につづくすべての照明学派の人々の努力は，哲学的追究と
　　人格的，精神的悟達とを総合することにあった。とくにイスラーム
　　においては，哲学の歴史と精神性の歴史とは不可分のものなのであ
　　る。（コルバン，2006: Ⅹ頁）

　哲学の歴史と精神性の歴史が不可分であることによって，M 領域と
超歴史的な「概念」が導入されている。すなわち，イスラーム哲学史
は，日常世界（B 領域）で成立すべきものではなく，コルバンによって
創造的想像力（M 領域）で理解されているのだ。こうした解釈によって
結果するのは，ヒクマ（叡智）は歴史的な出来事としては「理解」され
ず，信者の心の内で（精神的に）「理解」されるというものである。M
領域での信者の認識が超歴史的な認識であり，その認識は不在イマーム
への認識なのだ。コルバンはこのことについて次のように述べている。

第 12 章　イラン革命と井筒比較哲学　　　　　　　245

信者の認識，彼の現在の生に意味を付与している彼自身の起源あるいは未来についての意識は，具体的な諸事実，ただし超歴史に属する諸事実に基礎をおくことになる，と述べたのである。信者は自らの起源の意味を，アダム的人間が地上にあらわれる以前の《盟約の日》に，神が彼に課した問のうちに認めている。いかなる年代学も，この《盟約の日》の日時を決定することはできない。一般のシーア派によれば，このことは霊魂が現世に存在する以前に行っている。ところでシーア派にとっての他の限界は，思想家たるとたんなる信者たるとの別を問わず，現在身を隠しているイマーム（イマーム・マフディー，シーア派の考えは，イスラームの他のマフディー観とはきわめてことなっている）の顕現のそれである。隠れたイマームを分母とする現在の時間は，彼の隠蔽の時である。そしてこのことから《その時》は，われわれにとって歴史的な時間にすぎない時とは別の性格をもつことになる。この時について語りうるのは預言者哲学のみであるが，その理由はこれが本質的に終末論的であるからにほかならない。信者の一人一人が経験する人間的実存のドラマが演じられるのは，これから二つの限界の間，つまり《天における発端》と，期待されるイマームの顕現によって《他の時》に向かって開かれている終末の間においてのことである。顕現という終末に向かう《隠蔽された時》の進行こそは，預言の周期につづくワラーヤの周期なのである。（コルバン，2006: 75 頁以下）

　顕現という終末に向かう《隠蔽された時》の進行は，M 領域への運動を意味する。井筒とコルバンの比較哲学は，精神的体験の観点からも，歴史の運動の観点からも，創造的想像力（M 領域）の方に向かって動いている。だからこそ，井筒とコルバンの比較哲学は，理論の基礎の観点からも，機能と結果の観点からも，あらゆる歴史的な体系，あらゆる歴史的な「理解」，あらゆる歴史的な出来事について沈黙するのだ。というのも，もし井筒とコルバンの哲学が歴史的な体系や「理解」，そして出来事を扱うならば，彼らの哲学はそれと同時に終わってしまうからである。歴史の運動が「終末の日」に至るとき，不在イマームが自らの姿をあらわし，B 領域が M 領域において「現前」されてしまったと

き，井筒とコルバンの比較哲学も終焉に至る。不在イマームが顕現する
とき，すべての啓示の内面的な意味が開示され，すべての宗教の実在は
真の内面へと解釈される。こうしたアプローチと理解が，「永遠の哲学」
の意味である。したがってコルバンは，イマームの隠蔽と解釈（開示）
の間の論理的関係を，次のように表現している。

　　有名な伝承〔ハディース〕の中で預言者〔ムハンマド〕はいってい
　る。「もしもこの世が残り１日となったおりには，神はこの日を，
　私と同じ名と異名をもつ私の後裔が現れるまで引き延ばされるで
　あろう。そしてこの男は，それまで暴力と圧制で満ち満ちていたこ
　の世に，調和と正義を満ち溢れさせるであろう。」この日は現に引
　き延ばされているが，この日こそ隠蔽の時に当るのである。そして
　この宣言は，いついかなる時にも，またいかなる意識の状態におい
　ても，シーア派の人々の中心にその反響をなり響かせている。霊的
　な信者たちがそこに認めたのは，イマームの到来が，あらゆる啓
　示の隠れた意味を明らかにするであろうということである。これは
　人類に統一を求めさせるタアヴェールの勝利であろうし，同時に隠
　蔽の時を通じて神秘主義が，唯一の真の世界性の秘密を維持しつづ
　けることにもなる。イランのスーフィーにてシーア派の大シェイフ
　たるサアドッ＝ディーン・ハムーイェ（七／十三世紀）が，つぎの
　ようにいっているのもこのためである。「隠れたイマームは，人が
　彼のサンダルの革紐からですらタウヒードの秘密を理解しうるよう
　になるまでは，姿を現すことがないであろう。」ちなみにタウヒー
　ドの秘密とは，神的唯一性の秘教的意味に他ならない。（コルバン，
　2006：84頁）

　上記のコルバンの文章には，次の２点が示されている。① コルバン
と井筒の比較哲学の方法論は，反対のオリエンタリズムにおいて用いら
れている推論のような方法論に代わって，ハディースと神的な叡智を根
拠としたものである。② 彼らの見方と意見は，その基礎からも結果と
機能からも，超歴史的な「理解」であり，歴史的な「理解」と歴史的な
体系とは対立する。以下では，コルバンと井筒の比較哲学の基礎および

結果と機能を，その政治的な本質に照らして論じてみたい。

## （2）　井筒とコルバンの比較哲学の基礎とその政治的本質

　第Ⅱ部で論じたように，井筒はコルバンの影響のもとに『スーフィズムとタオイズム』を著し，その後に，比較哲学（東洋哲学）の本質と構造について具体的に考えた。この段階で井筒は，「相互理解の必要性」について論じる。なぜわれわれの時代に「相互理解の必要性」が価値をもつのだろうか。この問いに対する答えは，比較哲学の本質と20世紀に生まれて来たイデオロギー的な政治体制のうちに探求するべきであるように思われる。

　第Ⅰ部で論じたように，諸々の文明が遭遇する時，その「理解」と「表現」あるいは，その「結果」に対する評価とその「解決方法」を提示するために，比較哲学が必要となる。20世紀において，歴史上はじめて諸々の文明が遭遇し，二つの世界大戦がもたらされることになった。そのため，戦争を克服する「相互理解」が必要とされたのだ。とはいえ，文明の遭遇と二つの世界大戦をもたらしたのは，帝国主義やファシズムによるものであった。

　さらに，これらのイデオロギー的な思想の中心にあったのは，歴史に関する実証主義であった。したがって，第二次世界大戦後に，歴史主義と歴史的な「理解」に対して多様な見方がヨーロッパで生まれたが，哲学者はこれらの動きを厳しく批判した。こうした哲学者として，ハンナ・アーレント（Hannah Arendt：1906-75），アドルノ（Theodor Ludwig Adorno：1903-69），ポパーらを挙げることができる。

　井筒の比較哲学にアーレントやアドルノの影響を見ることはできないが，ポパーの思想は，多少なりとも，井筒に影響を与えたと言えよう。井筒は『イスラーム文化』と『イスラーム哲学の原像』の序論で実際にポパーの思想を参照している。ポパー哲学が井筒に影響を与えたのは，ポパーの「フレームワークの神話」あるいは「文化的枠組」というテーゼである。ポパーは自分のテーゼを次のように定義する。

　　多くの見解を共有している人々のあいだでなされる議論は，たとえ楽しいものではありえても，実り多いものにはなりえないであろ

う。他方，非常に異なったフレイムワーク間の議論は，たとえ多くの場合きわめて困難であり，おそらくそれほど楽しいものではないにしても，きわめて実り多いものになりうる。（藤田，20頁による）

　この定義に基づいてポパー哲学は井筒の比較哲学と共通点があり，それは異なる枠組みの間の議論あるいは「対話」であると言ってよいだろう。したがって，異なる枠組み（イスラーム，仏教，道教，ヒンドゥー教，キリスト教，ユダヤ教などのような枠組み）の間で議論して対話したいと考える井筒の比較哲学はポパー哲学を受容し，それから影響を受けている。さらに，ポパーの哲学はヘーゲルとマルクスの弁証法的唯物史観や民族主義に基づくファシズムと共産主義などのようなイデオロギーを否定するので，彼の哲学は井筒の比較哲学のアプローチと非常に近くなる。但し，もしわれわれがポパーの哲学によく注意するなら彼の哲学は井筒の比較哲学をも否定すると言えよう。

　ポパーの「フレームワークの神話」テーゼは具体的・直接的に彼の中心的なテーゼ，つまり「開かれた社会」論と関係がある。ポパーは『開かれた社会とその敵』の中でヘーゲル・マルクスの歴史観を厳しく批判する。要するに彼にとって，ヘーゲル・マルクスの歴史観は「狭い枠組み」を定義して立ち上がり，この狭い枠組みは，結局は「閉じられた社会」や「全体主義」に基づく体系に至る。ゆえにファシズムと共産主義は「閉じられた社会」の産物である。歴史主義の否定の観点からポパーと井筒の意見は近くになる（なぜならば，井筒も歴史主義の「狭い枠組み」を乗り越えることを目指している）。しかし，ポパーは『開かれた社会とその敵』においてヘーゲルとマルクスの哲学に加え，プラトンの哲学に対しても激しく否定する。

　プラトンの形而上学の構造は政治哲学の観点からユートピアと「哲人王」の支配に至る。それゆえポパーは「哲人王」の支配は民主主義に対立する体制であり，それはついに「閉じられた社会」や「全体主義」にならざるをえないと主張する。すでに述べたように井筒の比較哲学は，政治や社会の問題を具体的・直接的に論じないが，彼の比較哲学には政治的・社会的な基盤と目的がある。もしわれわれが井筒の比較哲学のために，一つの政治を想定するなら，その政治理論は，間違いなくプラト

ンの政治理論である。それは，完全に井筒の比較哲学の基礎と構造と対応している。さらに，本章を通じて論じるように，井筒と彼のイランの友人たちと協力者たちの神秘的・本質的な理解は，ホメイニー師のテーゼとなり，ホメイニー師の神秘的な解釈はプラトンの「哲人王」テーゼを「法学者の支配」に変化させた。このように，ポパーの「開かれた社会」論は井筒の比較哲学の反対のテーゼであると考えられる。

　ポパーと井筒のアプローチの違いに加え，次の大きな点にも注意しなければならない。

　前述のように井筒の比較哲学は存在論的なものであり，イスラーム哲学の観点から，それは「存在の優先性」（’aṣālat al-wujūd）に基づく哲学である。それは井筒の哲学でエネルギーのゼロ・ポイントと見なされるものである。ポパーは「文化的枠組」に関する議論を B 領域で探求している。なぜならば，「開かれた社会」は基礎的に B 領域に属するからである。「閉じられた社会」や「全体主義」の体系を乗り越えるために，民主主義に高い価値を見出す。彼にとって「開かれた社会」とは民主主義の成果である。しかし，井筒の比較哲学は「文化的枠組」に関する議論を M 領域で探求している。そのため，井筒の哲学は民主主義を乗り越え，その代わりに神秘的な構造を提案する。だからこそ，ポパーの哲学は，「閉じられた社会」を「開示」し，井筒の比較哲学は「隠れたもの」を「開示」することを目指す。したがって，井筒の比較哲学はM 領域の出来事にのみ着目し，B 領域の問題を分析することを放棄したため，B 領域に臨んで様々な認識論的な問題と直面する。興味深いことに井筒自身が曖昧な仕方でこの問題に言及している。彼は『イスラーム哲学の原像』の序論で次のように言う。

　　ユダヤ神秘主義，わけてもカッバーラー（qabbālā）の世界最高の権威としてヨーロッパの学界に君臨するゲルソム・ショーレム博士，イスラーム哲学とユダヤ哲学についての該博な知識，新プラトン主義哲学の自然学，空間論，時間論で前人未到の研究領域を拓きつつある原子物理学者サンブルスキー教授をはじめ，人文科学関係のお歴々を「聴衆」とするといういっぷう変った講演会で，私にとっては意義深い経験だった。講演の後で，イスラーム哲学がこれ

ほどまでにユダヤ神秘主義と通じ合う面をもっていたとはいままで知らなかった，とショーレム夫人が洩らされた言葉がなんとなく印象深く耳に残った。

　しかし時あたかも，アラブ・イスラエル紛争をめぐって中東の風雲ようやく急を告げる一九七〇年の冬，大学の構内を一歩外に踏み出せば，古都エルサレムの市街にも銃器に身をかためた兵士たちが往来し，緊迫の気が重苦しくたちこめていた。それがひどく対照的だった。（井筒，1980: x-xi）


　引用した段落は M 領域と B 領域における「理解」と「矛盾」をよく示していると思われる。M 領域でイスラームとユダヤ教の間に何ら問題はないようだ。しかし B 領域で激しい紛争が起きている。ということは M 領域の分析とその「本質的・神秘的な理解」は B 領域の問題を解決することが出来ないことを示唆しているように思われる。B 領域の問題を解決するためには社会的・政治的・歴史的・民主主義的な理解を必要とするからであろう。

　上に例として挙げた哲学者や思想家たちは，歴史主義の批判を様々な科学と理論を背景として行った。彼らに対して，コルバンと井筒は歴史主義批判を，創造的想像力（M 領域）へと諸概念を還元することで行う。すなわち両者においては，すべての現象はある宗教的なもの，ないしはある宗教的な本体へと還元されて解釈される。こうしたアプローチは，歴史主義の一つの成果である，あらゆる宗教の世俗化と明らかに対立する。宗教の世俗化が，井筒とコルバンの比較哲学に対抗するアプローチとなる。

　歴史主義による宗教の世俗化は，ヘーゲル哲学から始まるとコルバンは主張する。コルバンは『イランの哲学と比較哲学』において，シーア派の終末論のもとに，ヘーゲルと彼の学派を激しく批判する。簡単に言えば，ヘーゲルにとって，世界精神は東洋から西洋に動き，最終的に西洋で世界精神は「自覚」される。しかし，世界精神の「自覚」は，プロイセン王国へのナポレオンの侵攻によって終わる。このことを，コルバンの比較哲学の枠組みで探求してみよう。シーア派の終末論においては，「終末」は不在イマームの顕現によって起き，すべての現象や出来

事が創造的想像力（M 領域）で解釈される。しかし，ヘーゲル哲学においては，創造的想像力（M 領域）に属する「終末」という出来事は，この世（B 領域）で起きている。すなわち，歴史はこの世（B 領域）で終焉しており，創造的想像力（M 領域）に至るという歴史の目的を喪失してしまった。

　とはいえ，ヘーゲル哲学には歴史の目的を復興するための一つのチャンスがあった。そのチャンスとは，老ヘーゲル派によるヘーゲル解釈であった。老ヘーゲル派は神学者たちが代表し，彼らはヘーゲル哲学をヤーコプ・ベーメ（Jakob Böhme：1575-1624）とエックハルト（Meister Eckhart：1260-1328）の思想のように読み直し，解釈していた。しかし，青年ヘーゲル派が老ヘーゲル派に対して優位を占め，その結果として，マルクス主義などのようなイデオロギーおよび宗教の世俗化が導かれた。これが，コルバンの主張である（Corbin, 1382/2003: 25-34 参照）。それゆえ，コルバンのスローガンであった「万国の東洋よ，団結せよ！」は，コルバンと井筒の比較哲学に内在していた反対のオリエンタリズムの要素を摘出することに加え，歴史主義と宗教の世俗化を否定することをも謳うのだ。こうした理念のもと，コルバンは比較哲学（創造的想像力の領域に至る比較哲学）に至るために，次のような問いを発する。

　　〔まず，比較哲学に至るために〕歴史の場所はなにか，歴史はどこ
　　で演じられているか，人間の歴史性は何から成り立ち，何からなっ
　　ていないのかとわれわれは自分自身に問わねばならぬ。（Corbin,
　　1382/2003: 24）

　コルバンの問いに対しては，歴史の動向をもって回答されうる。すなわち，歴史の動きと人間の歴史性は，日常的経験世界と創造的想像力の領域の間のせめぎ合いなのだ。もしわれわれが歴史の流れを日常的経験世界において取り上げれば，そしてすべての出来事を歴史的な出来事として「理解」すれば，コルバンと井筒にとっては，宗教の認識の「理解」は不可能なものとなる。しかしこれに対して，もしわれわれが歴史の流れを創造的想像力の領域への動きとして取り上げれば，そしてすべての出来事を超歴史的な出来事として「理解」すれば，われわれは，す

べての出来事を自分の心で「理解」する信者のように，すべての出来事を超歴史的に理解できるだろう。「万国の東洋」は超歴史的な「理解」によって，世俗主義やニヒリズム，イデオロギーなどの歴史的な「理解」を超え，創造的想像力の領域で「対話」できるようになるのだ。

　しかしそれにもかかわらず，井筒とコルバンの比較哲学はヘーゲルのような哲学体系を否定するのみならず，彼らの比較哲学の基礎と対立する宗教的な体系，あるいは宗派をも否定し，ないしはそれらに対して沈黙する。

### (3)　コルバンと井筒の比較哲学の結果と機能，ならびにその政治的本質

この課題について，以下二つの主題で探求しよう。

　(a)　スンニー派思想とイスラーム法学　　井筒とコルバンの超歴史的なアプローチにおいては，スンニー派思想とイスラーム法学は，宗教的なものであるものの経験世界の領域に属し，歴史的なものとして理解される。こうした理解は，ウィラーヤという概念の理解と密接に関係している。すでに論じたように，ウィラーヤとは，まさしく「イマームの周期」と宗教の内面的な解釈から導かれた概念である。ところがスンニー派思想では，ウィラーヤの概念はイマームではなく，預言者に属する。しかしすでに論じたように，預言者は宗教の外面（「外面的預言者」）であり，「降下の円弧」の終焉にある。したがって，スンニー派思想には，創造的想像力の領域（内面）への動きのための何らの可能性もない。その結果，政治的な勢力をも持つスンニー派思想は，法学的な思想に関心を向けることになり，ある種の法学的・政治的な体系を獲得するようになる。それゆえ，スンニー派思想は外面の段階に留まり，宗教の諸概念を歴史的な世俗的な概念として理解してしまう。これについてコルバンは，次のように述べている。

　　さらにこのあたりでワラーヤの概念がシーア派そのものに起源をもっていると同時に，それがシーア派と不可分の関係にあるように思われる，ということを簡単に述べておく必要があろう。ただしこ

第12章　イラン革命と井筒比較哲学　　253

れは実際には切り離されていたが，すでに述べたようにそこには
いまだ起源が充分に解明されていない非シーア派スーフィズムの歴
史が存在する余地がある。その場合ワラーヤはその支柱，源泉，一
貫性を失い，イマームに関するものは直接預言者に関係づけられ
る。だがひとたびワラーヤがこのようにイマーム学から切り離され
ると，これに他の由々しい事態が生じてくる。その結果正統派イ
スラームの四派学派（ハンバリー，ハナフィー，マーリキー，シャー
フィー派）の創立者である《四人のイマームたち》が，預言者たち，
ならびにムハンマドの後継者とみなされることになる。そしてシャ
リーアとハキーカとの有機的な関係，双極性は破壊され，それに
よって宗教の法的側面，イスラームの純粋に法律的な解釈が強化さ
れるのである。ここに極めて特徴的な世俗化，社会化現象の根源が
認められる。〔中略〕その第一の理由には，完全に非秘教的な性格
の彼等〔スンニ派の四人のイマーム〕の学問が，精神的遺産の学と
いう性格を少しももち合わせていないことがあげられる。第二の理
由は，ワラーヤこそイマームたちをしてバーティン〔内面〕の相続
人たらしめるものだ，ということである。（コルバン，2006: 60頁）

　コルバンからの引用文中には，二つの論点が示されている。① スン
ニー派の法学は，宗教の内面的な諸概念を世俗化し，社会化したこと。
② 本部で論じたように，預言者の代理人という問題，および宗教の内
面的な理解は，部族的血統（血筋）と遺産に関係すること。その結果，
宗教の諸概念を政治的・社会的な概念へと還元することが不可能になっ
た。宗教の諸概念は，政治的な勢力をシーア派の信徒たちに与える不在
イマームの顕現の時まで，創造的想像力の領域に残されている。した
がって井筒は，イスラーム法学（井筒がそれを「外面主義」や「外面への
道」と呼ぶもの）と政治との関係，およびイスラーム神秘主義（井筒が
それを「内面主義」や「内面」への道と呼ぶもの）のアプローチについて，
次のように述べる。

　　ウラマーたち〔法学者たち〕は，イスラームをそっくりそのまま
　シャリーア体系に集約してしまうことによって，これに強固な社会

254 　第Ⅲ部　神的なものと社会的なものの争い

制度としての形態を与え，それを世界史に有名なサラセン帝国の基
礎として確立することに成功した人たちでありまして，そのことか
らも当然予想されますように，政治の分野では体制派であり，保守
勢力を代表いたします。イスラームの歴史を通じてこの人たちは，
たいていの場合，そのときそのときの政治勢力と結びついて，それ
によって自らを政治的勢力構造の一部に組み込むことに成功しまし
た。こうして西暦九世紀以後，イスラーム共同体内部におけるウラ
マーは宗教本来の領域だけでなく，政治的にも一大勢力として共同
体の事実上の支配者にまごうばかりの位置にのし上ってくるのであ
ります。
　これに反して「内面への道」を行く人たち，ウラファー〔神秘主
義者たち〕は，外面主義者ウラマーに対抗し，これと闘う立場にあ
りましたので，ウラマーと固く手を結び，ウラマーに全面的支持を
与えたその時の政治的主権体制に対抗することを余儀なくされまし
た。つまり反体制派であります。（井筒，2008：174-175頁）

　コルバンと井筒からの引用文には，二つの意味がある。① 宗教の諸
概念と神秘主義の伝統（彼らはそれを「永遠の哲学」と呼ぶもの）には一
つの「内面」があり，その内面は永遠であり，決して政治的・社会的
な段階に還元されることはないこと。なぜならば，政治的・社会的な
段階への宗教の諸概念の還元は，宗教の世俗化を意味するからである。
② 宗教の諸概念への井筒とコルバンのアプローチは，ある種の「本質
主義」を意味すること。とはいえ，スンニー派の思想とイスラーム法学
に関する井筒とコルバンの分析は，歴史の出来事に一致しているとはい
いがたい。スンニー派の法学に加え，シーア派の法学にも，政治的・社
会的な事象が入り込んでおり，様々な政治的・社会的な出来事が干渉
し合っている。その最たる例が，イランにおけるイラン立憲革命（1906-
11）とサファヴィー朝（16世紀から18世紀）である。しかし井筒とコル
バンは，いずれの出来事についても沈黙している。さらに，井筒とコ
ルバンにとって，宗教は一つの永遠的な本性（内面）をもつ。しかしな
ぜこの永遠的な「内面」，あるいは，永遠的な本質が，井筒とコルバン
によって，「内面主義」と「外面主義」，「歴史的もの」と「超歴史的も

の」,「精神的もの」と「非精神的もの」,「神学的もの」と「社会的もの」などの二元論に分割されてしまうのか。なぜ井筒とコルバンの比較哲学は，つねに，ある種の二元論化に至ってしまうのか。さらには，両者はなぜ法学と神学から慎重に距離をとりつつ，イスラームの本質を取り上げるのか。これらの問題は，井筒とコルバンの比較哲学の認識論的な限界を表現しているのではないだろうか。

　(b)　シーア派の政治勢力の問題と歴史　　井筒とコルバンの「本質的な理解」とは，シーア派の歴史的な事実をも単に政治的・社会的な出来事と見なしてしまうことを意味する。第9章で，ムハンマドの代理人とイスラーム共同体の代理人としてのアリーについて論じた。アリーはムハンマドの死から自分の殉教まで，イスラーム共同体における政治勢力と絶えず直面していた。ウマイヤ朝第1代カリフであったムアーウィヤ（Muʿāwiyah；603-680）とアリーの闘いは，具体的には政治的闘争であった。なぜならば，ムアーウィヤはイスラーム共同体のカリフを自認していたが，ムハンマドの遺言によれば，アリーが共同体の代理人であったからである。この問題はアリーとムアーウィヤの間にいくつかの闘いをもたらした。しかしコルバンは，自分の「本質的な理解」の下に，アリーとムアーウィヤとの闘いをも「内面主義」と「外面主義」の二元論として「理解」し，彼らの闘いですら政治的な理解を超えると述べている。

　　　たしかにムスリム社会のカリフとして，アリー・ブン・アビー・ターリブの代わりにアブー・バクルが任命されたこと，三代カリフ，ウスマーンの暗殺，さらにはまたムアーウィヤ，アリー間の血みどろの闘いののちムスリム社会が多くの陣営に分かれたこと等の諸事件は，ムスリムたちがいやおうなしに与えられた問題に対処せざるをえない状況を作り出した。そして思想家たちもまた，決して例外ではなかったのである。
　　　しかしここにおいてすら，これらの闘いの賭金は，われわれが一般に政治的と呼ぶものを無限に越えているのである。イマームがムスリム社会の投票によって決定され，当の社会にたいする責任をも

つ場合，その社会にとり合法的なイマームを任命することは，果して純粋に社会的な問題に止まるものであろうか。あるいはイマームの職能とは，多数の投票などに依存できぬ来世にまで及ぶ社会の運命と密接な関わりをもつ形而上的な意味を有するものなのであろうか。ここで問題とされているのは，シーア派イスラームの真髄というべき事柄に他ならない。〔中略〕ここで問題なのは理論ではなく，具体的，実存的な現実なのである。（コルバン，2006: 128 頁）

　井筒もコルバンのこの意見を確認し，アリーとムアーウィヤの間の闘いを，宗教の世俗化とイマームの宗教カリスマ（精神的なカリスマ）のもとで解釈している。

　　カリフになるためには宗教だとか信仰だとかいってもはじまらない，むしろ世俗的，政治的能力の問題だということでありまして，ここに初期イスラーム思想史上初めて，政治と宗教の分離という重大な考えがはっきり出てまいります。そして，事実イスラームの表側ともいうべきスンニー派のイスラームは，その歴史的発展において，カリフ制度なるものを，ムアーウィヤ的イデオロギーに基づいて次第に世俗化してまいります。つまり，カリフは事実上，宗教的最高権威ではなくなってしまうのであります。
　　これに反してシーア派のほうでは，イスラーム共同体の長たるものは，イスラームの預言者を通じて神に直結する宗教的カリスマを身に体した人物でなくてはならないと考えます。元来イスラーム共同体なるものは，霊性的共同体なのであって，ここでは宗教と政治の分離などということは考えられない。（井筒，第9巻：434頁）

　すでに述べたように，第3代イマーム以降，シーア派における政治の勢力という問題は，不在イマームの顕現と次第に結びついていった。だがシーア派における政府という問題は，神学の観点から，「終末の日」に移された。しかし，歴史上シーア派は何度も政治の勢力をとりあげ，政府を形成してきた。その一つの政府が，エジプトのファーティマ朝（909-1171）であった。ファーティマ朝は，シーア派の一派，イスマー

第12章　イラン革命と井筒比較哲学　　　257

イール派が建国したイスラーム王朝である。イスマーイール派はそもそも，シーア派の内面的な学派である。井筒もコルバンも様々な著作の中で，詳しくイスマーイール派の内面的なアプローチについて論じている。本書の中心的概念の一つである「解釈＝開示（taʾwīl）」という概念は，そもそもイスマーイール派の思想から出て来たものである。しかしそれにもかかわらず，イスマーイール派はエジプトで政府を形成した。この課題も，コルバンにとって矛盾を突きつけるものである。なぜならば，「内面的な理解」は基本的に創造的想像力の領域に属し，政治は経験世界の領域に属しているからである。コルバンはファーティマ朝の政府について，次のように述べている。

　　　だがここでもまた外的な歴史，人間関係の諸問題の背後に精神的な賭け，本質的な動機が働いている。カイロにファーティマ朝が建てられたという政治的勝利は，実のところ逆説のように思われる。秘教的連帯とは，いかなる尺度によって，国家という公的組織と相容れうるものなのであろうか。（コルバン，2006: 112 頁）

　このように，歴史に関する井筒とコルバンの「本質的な理解」は，歴史上の諸々な事実的出来事と対立している。彼らは歴史上の事実的な出来事を，仮構（iʿtibārī）化し，ないしは純粋歴史的な出来事に回収してしまっているのではないだろうか。
　以上の叙述から，井筒とコルバンの比較哲学がある種「永遠の哲学」のもとに形成されていることが理解されよう。「永遠の哲学」を引き受けることは，哲学，叡智，伝統の持続を意味する。すなわち，井筒とコルバンにとって，イスラームの叡智と伝統の間には全く断絶が起こっておらず，叡智と伝統が不在のイマームの顕現まで持続するのだ。「永遠の哲学」と「叡智あるいは伝統」の持続の理論は，超歴史的な本質を認めることにつながり，あらゆる歴史上の事実的な出来事を政治的・社会的な諸概念に還元することに慎重であるといえよう。
　すでに論じたように，彼らの方法論は現象学に基づいており，現象学は宗教の出来事と諸概念を，歴史的ではなく，信者の心で「理解」しようとする。なぜならば，彼らが提示する現象学では，信者の心的な認識

が，あらゆる歴史上の事実よりも重要であり，価値があるのだ。それゆ
え，井筒とコルバンは叡智を，歴史的な断絶を超える永遠のものとして
とりあげる。そのために，井筒とコルバンの比較哲学は，ファーティマ
朝による政府の形成といった政治的・社会的事実について語ることがで
きないのである。

　実際に，宗教界で生じた政治的・社会的な出来事は，井筒とコルバン
の比較哲学における「本体的な理解」の有効性に疑問をつきつける。そ
のため，井筒とコルバンはこの認識上の陥穽を埋めるために，すべて
の現象と出来事を「内面主義」と「外面主義」，あるいは「歴史的」と
「超歴史的」という二元化において理解し，「内面」と「外面」の間に踏
み越えられない高い壁を作ってしまったのではないだろうか。というの
も，こうした高い壁は，少なくとも，創造的想像力の領域における宗教
の諸概念と出来事を守ることには適しているからである。

　しかし，1979年のイラン革命において，ホメイニー師の『法学者の
監督論』がこの高い壁を壊した。イラン革命とホメイニー師のテーゼの
出現によって，シーア派の歴史は新たな時代に入ったといえる。イラン
革命以降の出来事には，一方でイスラームの伝統的な哲学の死が確認さ
れ，他方では宗教のイデオロギー化と世俗化を認めることができる。コ
ルバンと井筒にとってイランとシーア派の思想は，近代化や世俗主義，
ニヒリズムに対抗するのに適した思想であったが，精神的なイスラー
ム，あるいは神秘的なイスラームを代表していたイランは，20世紀の
すべてのイスラームイデオロギーのなかで，政府を現実的に形成するこ
とを可能としていた唯一のイデオロギーであったといえるのではないだ
ろうか。

　ホメイニー師はまた同時に，二種類の展開を指導してもいた。彼は政
治的・社会的な指導者であり，オリエンタリストや帝国主義，近代化に
対する運動を指導していた一方で，彼はまた，伝統的なイスラームと
マドラサの代表者でもあった。いずれの流れをも結びつけているのが，
シーア派の伝統であったことはいうまでもないだろう。

　ホメイニー師は1978年10月5日にイラクからパリに亡命した。2日
後（10月7日）に，コルバンはパリでこの世を去った。パリへのホメ
イニー師の亡命と，コルバンの死について，井筒はプールジャヴァー

ディーに次のように語っている。

> パリへのホメイニー師の亡命とコルバンの死が，ほぼ同じ時間であ
> ることには，非常にシンボル的な意味がある。コルバンの死ととも
> に伝統的なイスラームも死んだ。コルバンが伝統的なイスラームの
> 最後の代表者であった。パリへのホメイニー師の亡命によって，政
> 治的なイスラームが生まれて来た。（筆者とプールジャヴァーディー
> との対談，2016 年 11 月，東京）

　イラン革命の後に，コルバンの一部の弟子たちが，「コルバンは自分
の死によってイラン革命に答えた」と述べた。井筒もイランを去り，日
本に帰国した。井筒の帰国は二つの意味をもった。
① 　日本人の弟子たち（特にイランで勉強した人々）は，具体的にはイ
　　ラン革命とワラーヤについて研究した。黒田壽郎が『イスラームの
　　心』を著すことで，イラン革命の本質とイスラームの政治的・社会
　　的運動について研究した。さらに，黒田は次第に神秘主義の思想
　　から離れ，具体的にイスラーム神学と法学について研究した。黒
　　田は，イラン革命のイデオローグの一人で知識人であったアリー・
　　シャリーアティーと，イスラームの改革主義者たちの影響のもと
　　に，イスラーム社会学，政治学，経済学について様々な著作を翻訳
　　し，自らも著した。アーシュティヤーニーの弟子であった松本耿郎
　　もイスラーム政治神学に興味を抱き，『イスラーム政治神学──ワ
　　ラーヤとウィラーヤ』を著した。
② 　井筒は『意識と本質』といった著作によって，自分の東洋哲学
　　（比較哲学）を拡げたものの，イラン革命の動向について不安を抱
　　いていた。彼は『イスラーム文化』で，イラン革命の結果とその認
　　識論的な問題を超えるために，「内面主義」と「外面主義」という
　　二元論化をもう一度作り出した。井筒は「シーア派イスラーム──
　　シーア的殉教者意識の由来とその演劇性」において，自分の不安を
　　以下のように述べている。
　　　皆様よくご存じのホメイニー師は，新聞，放送などでイマーム・
　　ホメイニーと呼ばれておりますけれども，あれは一種の通俗的，大

衆的称号でありまして，本当の意味でのイマームではありません。
本当はイマームの代理人です。ホメイニーに倒された前のシャー
も，本来的には第12代イマームの代理人という資格でのみイス
ラーム共同体の最高主権者たり得たわけなのですけれど，シャー自
身としては，古代イラン帝国の王の意識のほうが圧倒的に強かっ
た。つまり，シャー的イスラーム共同体の長としてよりも，イラン
帝国の王として国民に君臨していたのでありまして，イスラーム的
立場から見れば，そこに大きな問題があった。つまり，非イスラー
ム的である古代イランの帝王神権政治理念をもって，イスラーム的
宗教共同体を支配するということに根源的矛盾があったのでありま
す。

　シャー体制のこの根源的矛盾を，ホメイニー師は「革命」によっ
て一挙に解決してしまった。イスラーム的主権者が，イスラーム的
政治理念によって，イスラーム共同体を治める。しかし，ホメイ
ニー体制にも問題がないわけではありません。もしホメイニー師が
イマームその人であったならば問題は簡単にそこで解決してしまう
わけでありますが，代理人ですから完全無欠ではない。元来，シー
ア派のイマーム論においては，イマームは絶対無謬ということにき
まっておりますが，代理人はそうではない。絶対無謬性は，もとも
と，人間の性質ではなく，神あるいは神に極限的に近い人のみのも
ち得る属性なのですから当然のことです。どれほどホメイニー師が
偉大であっても，預言者でもイマームでもない以上，絶対無謬性か
らは程遠いわけです。だから時勢の流れによっては，どういうこと
になるのか，それはだれにもわかりません。ホメイニー師自身にも
わからないはずです。イマーム不在の状態にまつわるそのような一
種の不安，不安定性を背負って，いまイランは，激動する国際関係
の現状の中におのれの生きる道を手探りしているのであります（井
筒，第9巻：446頁以下）。


　井筒が述べる不安は，シーア派の在り方とイランの同時代的な政治
的・社会的状況にかかわっている。今まで繰り返し述べてきたように，
井筒にとって宗教の諸概念は基本的に創造的想像力の領域に属し，それ

第 12 章　イラン革命と井筒比較哲学　　261

らの概念は政治的・社会的な段階に還元することは不可能である。もし
宗教の諸概念を政治的・社会的な段階に還元すれば，それらは「外面的
なもの」に過ぎなくなってしまう。しかしそれにもかかわらず，井筒の
比較哲学において一つの重要な点に注意する必要がある。それは，世俗
主義や宗教の世俗化に対立する方向にも，ある種の還元主義があること
だ。

　この還元主義は，「本質主義」を意味する。すなわち，第Ⅱ部で論じ
たように，井筒の比較哲学はすべての現象を創造的想像力の領域へ，あ
るいは不変的な本性へと還元してしまう。その結果，彼の比較哲学は
「本質主義的な哲学」として構築され，この哲学では歴史的な出来事が，
「外面的なもの」としてしか取り上げられない。しかし，ホメイニー師
のテーゼとイラン革命は，こうした「内面」と「外面」の間の壁を壊し
たといえる。次に，第Ⅲ部の結びとして，このことを3点において解
説する。

## 第Ⅲ部の結び

### (1) イランの知識人とイラン革命

ホメイニー師は，政治的・社会的な観点からすれば，近代化やオリエンタリスト，そして帝国主義に対抗するための指導者であった。実際，彼は伝統の内側から，そして伝統の流れに即して西洋文明を批判し，否定していた。この意味でも，彼は反対のオリエンタリズムの代表者の一人であったといえよう。しかし，ホメイニー師一人が独力で，イラン革命を準備したわけではない。すべてのイランの知識人が，西洋の批判者であったアジア人や西洋人の思想家とともに，イラン革命の理論と思想的基盤を構築したのだ。ナスルやシャイガンらイランの知識人たちはシャーと密接に関係していたので，伝統の読み直しを行うことで，イラン国王による近代化を批判していた。ホメイニー師は革命を通じて，知識人たちの理論的なテーゼを政治的・社会的に実現化した。

井筒とナスルはこうした政治的・社会的な事実を超えるために，革命以降のイランの状況に不安を抱きつつも，「内面主義」と「外面主義」という二元論を再興させ，イラン革命をも「外面的なもの」へと還元してしまった。しかしシャイガンは，イラン革命の歴史的な事実が有する意義をよく理解していたので，『宗教革命とは何か』（*Qu'est ce qu'une révolution religieuse?*）を著すことで，『西洋に対するアジア』における自らの意見を自覚的に反省するようになった。彼はこの著作で，イラン人知識人は，伝統とその危険に関して正しい「理解」をしてこなかったと述べている。

結局，シャイガンは，『光が西から上る』（*La lumière vient de l'Occident*）を著すことで，伝統と近代との壁を壊し，現在の人間は純粋に伝統的な人間ではないし，また純粋に近代的な人間でもないことを暴いたのである。現在の人間は「流れている人間」である。こうした人間は，一日の生活の中で，伝統のアイデンティティーと近代のアイデンティティーの狭間に生きている。実際のところシャイガンは，超歴史的

な思想の立場からは離れ，歴史的な事実を引き受けていくようになる。

## （2）　神秘主義から法学へ

第12章で論じたように，「ワラーヤ」（監督すること）という概念はイマームに属し，不在イマームは「終末の日」に，内面的な「ワラーヤ」によって，政治の勢力をシーア派の信徒に与える。だが，シーア派における政治の勢力は，超歴史的な問題である。ホメイニー師は「ワラーヤ」という概念を読み直すことで，「ワラーヤ」を神秘主義的な概念から法学的な概念へと移した。「ワラーヤ」という概念はそれまで法学的な概念ではなかった。それは最初から神秘主義的な概念であり，イブン・アラビーの神秘主義に遡るものであった。ホメイニー師自身の素養は，法学よりもむしろ神秘主義（特にイブン・アラビーとモッラー・サドラーの神秘主義）の領域にあった。したがって，ホメイニー師が自分のテーゼを表現した当初，モンタゼリー師のようなイスラームの純粋法学者はそれをよく「理解」できなかった。しかしその後，ホメイニー師のテーゼは，シーア派における完全に新しいテーゼとして認められることになった。

とはいえ，ホメイニー師のテーゼをアーシュティヤーニーの思想と比べることは不可能であろう。アーシュティヤーニーの思想はモッラー・サドラー個人への註釈であり，イスラーム法学について何の意見も提示していないからである。モンタゼリー師（純粋法学者として）の意見とホメイニー師の意見を比較することで，ホメイニー師のテーゼの神秘主義的な次元が最も鮮明に現れてくる。これに加えて，イラン革命によってシーア派の政府が組織されたとき，シーア派の政府の時期が「終末の日」から現在に移されたことになる。実際，ホメイニー師は「聖なる時間」を「世俗的な時間」に移した。確かに，「終末の日」を待っている井筒の比較哲学は，ホメイニー師のテーゼを「外面的なもの」として「理解」せざるをえないであろう。

## （3）　イマームの代理人と世俗化

井筒が適切にも述べているように，預言者とイマームは絶対無謬である。彼らは宗教の観点から創造的想像力の領域にいるし，宗教の内面的

な諸概念を開示する。信者はイマームと直接的に関係することで創造的想像力の領域に旅することができる。これに対して，ホメイニー師は自分のテーゼによって，法学者たちを「イマームの代理人」と呼んだ。その結果，信者は宗教の実在にいたるために，最初は「イマームの代理人」に直面し，そして「イマームの代理人」によってイマームにつながっている。もちろん，井筒が言うように，「イマームの代理人」は無謬ではない。また，「イマームの代理人」はイマームと関係することで，自らの神的な立場を作り出すことができる。すなわち，「イマームの代理人」はイマームと直接的に関係し，イマームの話を正確に共同体に移す課題を担うので，わずかばかりではあるが無謬性を持つ。もし「イマームの代理人」が，まったく無謬性を持たないのであれば，イマームの話は改竄されるだろう。こうした議論から，以下の三つの立場が帰結する。

① 「イマームの代理人」によって，聖なるものは世俗的なものに変更される。なぜならば，「イマームの代理人」は経験世界の領域で政府を形成し，宗教の諸概念を創造的想像力の領域から経験世界の領域へ移したからである。その結果，シーア派の中でウラマー階級は宗教現生勢力の主となった。これは明らかに，シーア派の世俗化を意味する。

② 宗教と現生勢力との混交は，全体主義の政治体系を作り出す。すなわち，宗教と現生勢力である「イマームの代理人」は，自分の意見すべてをイマームの意見として，社会に命令してしまう。

③ ホメイニー師はヘーゲルのように歴史の方をA領域から，B領域へ移動し，シーア派の世俗主義をもたらした。それゆえ，井筒の比較哲学は様々な認識論的な問題と直面することになった。

上記三つの結果は，コルバンがそれらを「イスラーム〔シーア派〕における危険性」と呼んでいたものである。つまりこれが，シーア派の世俗化の内実である。

# 結　語

──────────

　巻頭の序論で論じたように，何よりも本書は筆者が井筒という偉大な思想家の思想に 10 年ほど取り組んだ成果である。したがって，本書は単にアカデミックな研究に留まるものではなく，筆者自身が井筒の著作を通して日本とイランに共通の近現代思想史を読み直し，自分の問いとして答えを導き出したものである。筆者はこの歴史の読み直しのために，フーコーのテーゼを比較哲学の分野に導入して，井筒の東洋哲学（比較哲学）から新しい解釈を提示することを試みた。

　それと同時に，多変数的な要素や条件の中で，井筒の宗教思想とそれが同時に持ち合わせてしまう社会的・政治的意義について論じてきた。フーコーによれば，知は一つの権力であり，この考えはフランシス・ベーコンが述べた「知は力なり」の現代版とも言える。しかし知は権力であるという事態にも，多くのモードがあるに違いない。そのモードの一つとして，多変数要因の中で「裏返された社会・政治的派生効果」を明らかにしてきた。

　以下に，それぞれの部の概要と論点を明示したい。

## （1）　第 I 部の論点
　第 I 部において，筆者は三つの課題を明らかにした。

　（a）　比較哲学の規定　　まず，筆者は五つの点で比較哲学の目的と意味を規定した。それらの点は比較哲学に関する一般的な定式でもある。それらの定式は，比較哲学について書かれた様々な著作で見ることができる。その五つの点に加え，筆者は比較哲学に関して新たな規定を提示した。その規定とは，「一方の A 文明のすべての次元が，他方の

B 文明の「中心」に入り込んで，B 文明の政治的・社会的な状態を大きく変化させる場合に，比較哲学そのものの誕生が不可避である」とするものである。この規定の下に，「比較哲学の課題は，A 文明と B 文明の遭遇の後に生まれて来た新しい諸状況と諸条件の「理解」と「表現」である」とした。この規定は派生的に一つの枠組みを作り，その枠組みによって，井筒の比較哲学と政治的・社会的な事柄との関係を分析することを試みたのである。

　筆者はこの規定を明確にするために，二つの例を挙げた。一つの例は前近代に属するダーラー・ショクーの『両海の一致』と彼の『ウパニシャッド』のペルシア語訳であり，もう一つの例は，近代に属するマッソン＝ウルセルの『比較哲学』である。マッソン＝ウルセルの『比較哲学』は，比較哲学に関して提示した規定のための事例としてだけではなく，第Ⅱ部と第Ⅲ部の内容と目的とも密接に関連している。

　（b）　マッソン＝ウルセルの重要性　　マッソン＝ウルセルの『比較哲学』は本書の目的という観点から，二つの重要性があった。① マッソン＝ウルセルが提案する方法論は，コルバンの『イラン哲学と比較哲学』が出版されるまで，井筒の比較哲学にとっての中心的モデルであった。第Ⅱ部で論じたように井筒は『スーフィズムとタオイズム』でマッソン＝ウルセルが提案するモデルのもとに，イブン・アラビー学派と道教の諸概念を比較し，論じている。

　② マッソン＝ウルセルが提案する「哲学比較年表」は，コルバンにとってオリエンタリズムと密接に関係がある。したがって，第Ⅲ部では「哲学比較年表」とオリエンタリズムとの関係について論じた。

　（c）　比較哲学に対する批判　　確かに，比較哲学に対しては様々な批判がある。筆者も，井筒の比較哲学に関係する批判に光を当て，それらについて論じた。それから，第Ⅰ部で指摘した比較哲学に対する批判を，第Ⅲ部では井筒の比較哲学の構造において示した。そこで提示した「本質主義」，「ナショナリズムの普及」，「他者化」，「社会的・政治的要素の意図的な回避」という項目が，井筒比較哲学に対する主要な批判点であった。

（2） 第Ⅱ部の論点

第Ⅱ部では三つの点の解明を目標とした。

（a） 井筒思想の変化　　第一の点は，意味論と歴史的な研究から比較哲学と超歴史への井筒の移行であった。第Ⅱ部の中心的テーマを形成するこの課題は，三つの局面から井筒思想の変化を解き明かすものである。

第一に，『コーラン』に関する井筒の研究について論じた。第二には比較哲学への井筒の転向と『スーフィズムとタオイズム』の方法論について論じた。第三に，アンリ・コルバンが提案する比較哲学のモデルと，井筒が『意識と本質』で行ったモデルの使用に関して論じた。

（b） スフラワルディー哲学　　コルバンが提案するモデルは，スフラワルディーの「黎明の叡智」と「シーア派思想」に密接に関係している。特に井筒の「精神的東洋」というものは，スフラワルディー哲学の一つの中心的術語である。

スフラワルディー哲学の概略を説明しつつ，〈東洋〉（精神的東洋）の概念について論じた。そして，スフラワルディー哲学の形而上学の段階を明らかにして，「偉大な東洋」（A領域），「あいだの東洋」（M領域），「小さい東洋」（B領域）の意味を明らかにした。スフラワルディー哲学における形而上学の段階の「理解」は，一方で，井筒の比較哲学の構造を明白に照射し，他方で井筒の比較哲学の政治的・社会的な基礎を示す。

（c） 世俗主義と井筒比較哲学の関係　　井筒の比較哲学の目的は，世俗主義とニヒリズムの克服である。世俗主義とニヒリズムは社会的なもの（social）として定義される。両者の克服は，神的なもの（théos）によってなされる。したがって，井筒の比較哲学は，この二元論を前提にしている。すなわち，社会的なものはB領域に属し，神的なものはM領域に属する。

それゆえ，井筒はこの克服のために，自分の比較哲学を神秘体験，あ

るいは，精神体験のもとに構築する。すなわち，世俗主義とニヒリズムの支配によって，人間は「精神的東洋」を忘却したとされ，世俗主義とニヒリズムを克服する道は「精神的東洋」，あるいは，「あいだの東洋」（M領域）を復興することとされる。

### (3) 第Ⅲ部の論点
第Ⅲ部の内容も三つの論点に分割される。

(a) 反シーア派ムーサーとの関係　　第一の点は井筒の第二のアラビア語の先生であったムーサー・ジャールッラーの『シーア派信仰に対する全批判』と密接に関係がある。第9章で触れたように，日本人研究者はムーサーのこの著作に，管見の限り，注意を向けて来なかったと思われる。しかし，この著作は一つの歴史的な重要性があった。

ムーサーのこの著作は，明確に反シーア派のものであり，ムーサーは日本に来る前にそれを書いていた。井筒はムーサーからイスラームの基礎，イスラーム諸学を学んだのであり，この著作の内容やムーサーのシーア派思想についての見解が，その際，ムーサーから井筒へ伝授されたことは，現時点でこれを示す資料はないものの，事の必然であったであろう。しかし，井筒はシーア派思想とコルバンの比較哲学のモデルに対応させて，自身の比較哲学の大部分をシーア派哲学のもとに築き上げることとなった。シーア派哲学の中心を形成するものは，イマーム論であり，イマーム論は不在イマームの役割，立場，超歴史的な次元と密接に関係がある。

(b) オリエンタリズムと反対のオリエンタリズム　　第二に，エドワード・サイードの「オリエンタリズム」のテーゼと，アル＝アズムの「反対のオリエンタリズム」の理論のもとに，井筒とイランの知識人たちとの関係について論じた。井筒はイランの知識人たちとともにある種の「反対の言説」を作り出し，その結果「精神的東洋」と「非精神的西洋」という二元論を形成していく。この枠組みが，「裏返された政治性」を出現させる。思想や概念の配置は，事柄の理解と評価にだけかかわるのではない。物事を過度に単純化させ，選択肢の可能性の幅を限定して

いく。それは現実の事象に対しての自己矛盾さえ生じさせるのである。

　さらに，井筒とイラン王立哲学アカデミーとの関係について，いくつかの資料を指摘した。それらの資料と書簡類を本書の付録とした。

　(c)　反対のオリエンタリズムと井筒比較哲学　　井筒の比較哲学と「反対のオリエンタリズム」との関係を明白にすることは，本書の中心的目的である。それから筆者は，井筒の比較哲学をイラン革命という政治的・社会的出来事によって状況化し再文脈化し，この観点から，井筒の比較哲学とホメイニー師のテーゼとの対照関係を可能な限り，明確にした。第Ⅱ部で論じたように井筒の比較哲学は基本的に超歴史的な哲学であり，第12章で特徴づけたように，それはすべてのものを神的なもの（M領域）に還元する。このことをめぐり，イラン革命とホメイニー師のテーゼは，井筒の比較哲学に対して様々な認識論的難題を生じさせることになった。

　一方では，B領域においては隠されているすべてのものが，現象学的解釈学の契機として理解される「終末の日」に，不在イマームの顕現という解釈学的体験を通して，M領域で開示され，解釈される。他方では，政治的・社会的脈絡では，不在イマームの顕現は，現実的な問題として政治的権能に関するシーア派の見解と密接に結び付いている。すなわち，「終末の日」に，絶対無謬のイマームが，政治的権能をシーア派信徒に与えることになるというものである。

　しかし，ホメイニー師は，解釈学の領域にのみとどまるのではなく，政治的現実化としての「革命」によって，イスラームを神的なものから社会的なものに変化させ，現実的な出来事として不在イマームが顕現する前に，シーア派政府を樹立した。このことは哲学の観点からも，政治的・社会的観点からも，井筒の比較哲学の根本と折り合いの悪さを露呈させる。井筒は革命の結果に関して深く懸念していた。というのも，現実の「革命」は，彼の比較哲学の根本を難しい認識論的問題と直面させることになったからである。第12章では，この問題についてシーア派思想の世俗化に基づいて論じた。

　(d)　まとめ　　総じて本書は，シーア派の歴史についての新たな脈

絡を前景に出し，明るみに出そうとするものであり，そのさなかで井筒
の宗教思想の配置を試みるものであった。井筒において歴史の問題は，
新たな難題を出現させた。井筒の宗教思想では，シーア派の理想国家は
超歴史的である。そして思想はどのようなものであれ，ヘーゲルに倣っ
ていえば，「時代の子」である。この齟齬は，派生的に多くの制約と効
果をもたらすのである。

# 謝　辞

———————

　筆者は本書を準備するにあたって，多くの学問研究と同様，様々な著作を読み込み，活用した。しかし，本書の一部の内容は，様々な研究者との直接的な面談によって得られたものである。協力してくださった方々はあまりにも多いので，すべてのお名前をここに列挙することは難しい。ただ，本書で何度も言及する対談者のお名前だけは，記して，謝意を表したい。

　筆者のインタヴューに快く応じてくださった，アブドッラヒーム・ギャヴァーヒー先生（全世界宗教研究所長，元駐日イラン大使），ダルユシュ・シャイガン先生（元イラン「文化の対話」研究所長），ホセイン・ナスル先生（元イラン王立哲学アカデミー長，ジョージワシントン大学教授），メヘディー・モハッゲグ先生（マギル大学＝テヘラン大学イスラーム研究所長），ナスロッラー・プールジャヴァーディー先生（テヘラン大学名誉教授），ゴラームレザー・アーヴァーニー先生（元イラン哲学アカデミー長），モハマド＝アリー・アミール＝モエッズィー先生（パリ大学教授），松本耿郎先生（聖トマス大学名誉教授），森本一夫先生（東京大学），駒野欽一氏（元駐イラン日本大使）にはとくに感謝いたします。

　筆者と対談してくれた研究者に加え，東洋大学の諸先生方に何よりも謝意を表したい。本書刊行のために種々ご配慮頂いた竹村牧男先生（東洋大学学長）と河本英夫先生（東洋大学哲学専攻長），さらに，小野純一氏（東洋大学）と中山純一氏（東洋大学）は本書の元となる博士論文の日本語表現の訂正を引き受けていただいた。こころより感謝いたします。また，水上遼氏（東京大学大学院），場目健太氏（テヘラン大学大学院），梅澤礼氏（立命館大学）には，ペルシア語，英語，フランス語の引用の和訳を訂正していただいた。ここに記して，感謝いたします。

　最後に，筆者をいつもご支援してくださった松本耿郎先生，鈴木俊也氏，中野坂上にある成願寺の小林方丈様，および筆者の友であり，井筒

に関するオリエンタリズムと反対のオリエンタリズムのヒントを筆者に
提案してくれたモジュタバ・ゴレスタニー（アッラーメ＝タバータバー
イー大学大学院）氏に深く感謝いたします。

　なお本書は、東洋大学平成30年度「井上円了記念研究助成金」を受
けて出版される。

# 引用・参考文献表

Abdolkarimi, Bijan, *Heidegger dar Iran:Negāhi be Zendegi, Asār va Andisheha-ye Seyyrd Ahmad Fardid*, Tehran, Iranian Institute of Philosophy Press, 1392/2013.

Afnan, Soheil-Mohsen, *Philosophical terminology in Arabic and Persian*, Netherlands, Leiden E.J.Brill,1964.

Al-ʿAzm, Sadik Jalal, "Orientalism and Orientalism in Reverse", in: Khamsin 8, 1981.

Algar, Hamid Algar, "The Study of Islam: The work of Henry Corbin", *Religious Studies Review* 6,1980.

Almond, Ian, *The New Orientalists: Postmodern Representations of Islam from Foucault to Baudrillard*, London : I.B. Tauris, 2007.

Amir-Moezzi, Mohammad-Ali, *Le Shiʿisme Imāmite Quarante Ans Apres: Hommage a Etan Kohlberg*, Paris: Brepols Publishers, 2009.

——, "Considérations sur l'expression dīnʿAlī . Aux origines de la foi shiʿiteʾ", ZDMG, 150/1, 2000.

——, "Shahrbānū, Dame du Pays d'Iran et Mère des Imams: entre l'Iran préislamique et le shiisme imamite", JSAI, 27, 2002.

——, The Spirituarity of Shiʿi Islam : Beliefsand Practice, London, I-B Tauris Publishers, 2011.

Aminī, Abdol Hosein, *Naẓraton fī kitab al- washīʿa le Mūsā Jār-Allāh*, Esfahan: Mashʿar press, 1379/2000.

Ashcar, Gilbert, *Marxism, Orientalism, Cosmopolitanism*, Chicago: Haymarket Books, 2013.

Avani, Gholamreza, *Majmue Maghalat-e Hamayesh-e Bozorgdashit-e Toshihiko Izutsu*, Theran: Tehran University Press, 1382/2003.

——, 筆者との対談。2015 年 9 月，テヘラン。

Biruni, Abu Rayhan, "Tarjome-ye do fasl az tahghigh ma lelhend-e Biruni", Translated from Arabic to Persian by Gholamreza Avani, *Javidan Kherad* 1,1355/1976.

Boroujerdi, Mehrzad, *Iranian Intellectuals and the West: The Tormented Triumph of Nativism*, New York: Syracuse University Press, 1996.

Brun, Jean, "La désorientation de l'Occident" , *L'impact de la pensée occidentale rend-il possible un dialogue réel entre les civilisations?*, Paris : Berg International Éditeurs, 1979.

——, "Un philosophe en quête de lʿ ʿOrientʾ" , Transhleted fron Fernce to Persian by

A.Ruhbakhshan, *Yādī az Henry Corbin : majmū'emueī az maqālāt darbāre-ye Henry Corbin be enzemām-e do goftegū bā vei*, Tehran : Iranian Institute of Philosophy Press, 1382/2003.

Corbin, Henry, *L'homme de lumière dans le soufisme iranien*,Paris: Editions Présence, 1971.

———, *Alone with the Alone: Creative Imagination in the Sūfism of Ibn 'Arabī*, Translated by Ralph Manheim, New Jersey: Princeton University Press, 1997.

———, "De la théologie apophqtique comme antidote du nihilisme,"*L'impact de la pensée occidentale rend-il possible un dialogue réel entre les civilisations?*, Paris, Berg International Editeurs, 1977.

———, *Shī 'ah: Mozākerāt va mokātebāt-e Henry Corbin ba 'allāme Tabātabāī*, Tehran: Iranian Institute of Philosophy Press, 1382/2003.

———, *Spiritual Body and Celestial Earth: From Mazdean Iran to Shī 'ite Iran*, Translated by Nancy Pearson, New Jersey: Princeton University Press, 1989.

———, *L'École Shaykhie - en Théologie Shi'ite*, Théran : Imprimé Taban.1346/1967.

———, "Mashreq ī yun-e jahān mottahed shavīd : Goftegū bā Henry Corbin", *Yādī az Henry Corbin : majmū'emueī az maqālāt darbāre-ye Henry Corbin be enzemām-e do goftegū bā vei*, Tehran : Iranian Institute of Philosophy Press, 1382/2003.

———, *Philosophie Iranienne et Philosophie Comparée*, Theran :Iranin Institute of Philosophy Press, 1382/2003.

———, *Cyclical Time and Ismaili Gnosis*, General Editor Hermann Landolt, London: Routledge, 2010.

———, "Mīr Dāmād yā Moalem sales: makteb-e elahi-ye esfahan", Translated from French to Persin by Isa Sepahbodi, *Qabasāt*, Tehran: Tehran University Press, 1367/1988.

———, "From Heidegger to Suhrawardi", PDF File, http://www.imagomundi.com.br/ espiritualidade/corbin_heid_suhr.pdf

———, Az Heidegger ta Schrawardi, Transrated to Persian by Hamed Fuladvand, Tehran: Sāzmān-echāp Waentesnārāt, 1383/2004.

Corrado, Mark, "Orientalism in Reverse: Henry Corbin, Iranian Philosophy and the Critique of the west", PDF File, Simon Fraser University, summit.sfu.ca/system/files/ iritems1/9613/etd0507.pdf

Dara Shokuh, Mohammad, *Majma' al-Bahrayn*, edit and Introduction by Mohammad-Reza Jalani-ye Naini, Tehran: Noqre Press, 1365/1986.

———, *Serr-eakbar: Upanishad*, Notes, Commentary, and Introduction by Seyyed Mohammad-Reza Jalali-ye Naini and Tara Chand, Tehran: Taban Press, 1340/1961.

Davari, Reza, *Falsafe-ye tatbigi*, Tehran: Saghi Press,1383/2004.

Fadai-e Mehraban, Mehdi, *Istadan sar an suye marg: pasokhha-ye Corbin be Heidegger az manzare falsafe-ye shiie*, Tehran:1391/2012.

Fendereski, Mir Abulgasem, *Muntakhab-i Jūg-basasht (Selection from the Yoga-vāsiṣṭha)*, Critical edition of the text and English translation with interoductory studies, notes

引用・参考文献表 275

and glossary by Fathllah Mojtabai, Teharan: Iranin Institute of Philosophy Press, 1385/2006.

Garaudy, Roger, "De la sécession de l'Occident au Dialogue des Civilisation", *L'impact de la pensée occidentale rend-il possible un dialogue réel entre les civilisations?*, Paris, Berg International Editeurs, 1977.

Gavahi, Abdolrahim, 筆者との対談, 2015 年 9 月, テヘラン。

Grosseteste, Robert, *On Light*, Translated from the Latin with introduction by Glare C. Riedl, Milwaukee, Wisconsin: Marquette University press, 2000.

Halm, Heinz, *Die islamische Gnosis - die extreme Schia und die Alawite (Ghonūṣīyān dar Eslām : shīʾayān-e ghalī va alavīyān)*, Transleted to Persian by Ehsan Musavi Khalkhali, Tehran: Hekmat Press, 1393/2014.

Izutsu, Toshihiko（井筒俊彦）, *Sufism and Taoism: A Comparative Study Key Philosophical Concepts*, California: University of California Press, 1984.

――, *The Concept and Reality of Existence,* Tokyo: Keio University Press, 1971.

――, *God and Man in the Quran*, Kuala Lumpur: Islamic Book Trust, 2002.

――, *Ethico-Religious Concepts in the Qur'an*, Montreal: McGill-Queen's Press, 2002.

――, *The Concept of Belief in Islamic Theology*, Kuala Lumpur: Islamic Book Trust, 2006.

――, *Toward a Philosophy of Zen Buddhism*, Tehran: Iranian Institute of Philosophy Press, 1382/2003.

――, "Beyond Dialogue: A Zen Point of View", *L'impact de la pensée occidentale rend-il possible un dialogue réel entre les civilisations?*, Paris, Berg International Editeurs, 1977.

――, "Mīr Dāmād and His Metaphysics", *Qabasāt*, Tehran: Tehran University Press, 1367/1988.

Ivanow[v], W[V]ladimir (Edited), *Umm'l-Kitāb*, Berlin and Leipzig: Walter De Gruyter & Co, 19??.

Jambet, Christian, "La critique de la conception politique du monde et la gnose", *L'impact de la pensée occidentale rend-il possible un dialogue réel entre les civilisations ?*, Paris, Berg International Editeurs, 1977.

――, "Entre islam sprituel et islam lélitaire, le conflit est déclaré", dans Le Monde, 26 juin 2001.

Jarulla, Musa, *Al-washīʾa fī naqd ʿaqāid al-Shīʾa*, Lahor : Suhal Academy Press, 1979.

Kāshef al-Ghetā, Mohammad Hosein, *Al-rad ʿalā Mūsā Jār-Allāh*, Najaf: Moasese-ye Kāshef al-Ghetā press, 1423/2002.

Khalaji, Mehdi, "Henry Corbin va ravāyati sīyasī az tārīkh-e falsafe-ye eslāmī", *Iran nameh* 80, 1381/2002.

Kulainī, Muḥammad ibn Yaʿqub, *Uṣūl al-Kafī*, Vol.1, Beirut: Manšūrāt al-Fajr, 1428/2007.

Landolt, Hermann, "Henry Corbin's understanding of Mullā Sadra", Translated from English to Persin by Mohammad-Ali Niyazi, *Yādī az Henry Corbin : majmūʾemueī az maqālāt darbāre-ye Henry Corbin be enzemām-e do goftegū bā vei*, Tehran : Iranian Institute of Philosophy Press, 1382/2003.

Leder, Stefan (edited), *Studies in Arabic and Islam: Proceedings of the 19th Congress: Halle 1998,* Louvain: Peeters Publishers, 2002.

Maref, Abbas, *Negāhī dobāre be mabādī-ye hekmat-e onsī*, Theran: Rāyzan Press, 1380/2001.

Massignon, Louis, *"*Die Ursprünge und Bedeutung des Gnostizismus im Islam*"*, *Eranos Jahrbuch*, 1937, 55-77; *Opera minor I*, 499-513.

——, "Der gnostische Kult der Fatima im schiitischen Islam", *Eranos Jahrbuch*, 1938, 161-173; *Opera minor I*, 514-522.

——, *Essai sur les origines du lexique tecnique de la mystique musulmane*, Paris : Librairie Orientalste Paul Geuthner, 1954.

Mohaghegh, Mehdi, *Majmue Maghalat-e Hamayesh-e Bozorgdashit-e Toshihiko Izutsu*, Theran: Tehran University Press, 1382/2003.

——, *Zendegi-name va khadamat-e elmi-ye ostad-e eslam shenas va iran shenas-e barjasteh professor Toshihiko Izutsu*, Theran: Anjomane Asar va mafakher-e farhangi press, 1379/2000.

——, 筆者との対談, 2015 年 9 月, テヘラン。

Mirsepasi, Ali, *Intellectual Discourse and the Politics of Modernization: Negotiating Modernity in Iran*, New York: Cambridge University Press, 2000.

Mojtabai, Fathullah, *Naḥw-e hendī va Naḥw-e arabī; hamānandī-hā dar tarifāt, estelāhāt va tarḥ-e ghawāed*, Tehran: Karnameh press, 1383/2004.

——, *Peyvandha-ye Ferhangi-ye Iran va Hend dar dore-ye eslami*, Tehran : Iranian Institute of Philosophy Press, 1388/2009.

Nemo, Philippe, "Que la technique ne résume pas l'Occident: du Heidegger à la Bible", *L'impact de la pensée occidentale rend-il possible un dialogue réel entre les civilisations?* Paris, Berg International Editeurs, 1977.

Nasr, Seyyed Hossein, "In Quest of the Eternal Sophia", *The Complete Bibliography of the Works of Seyyed Hossein Nasr From 1958 Through April 1993*, edited by Aminrazavi and Zailan Moris, Kuala Lumpur, Islamic Academy of Science.

——, *Islam and the Plight of Modern Man*, Longman Group United Kingdom, 1975.

——, "Khaterat-e Seyyed Hossein Nasr", Mosahebe ba Hossein Ziyai, *Mjmu-e tarikh-e Shafahi-ye iran*, Maryland: Bonyad-e Motakeat-e Iran, 1361/1982.

——, *Dar Jostoju-ye amr-e qodsi*, Goftegu ba Ramin Jahanbagloo, Trasleted from English to Pesin by Seyyed Mostafa Shahr-Aini, Tehran: Ney Press, 1391/2012.

——, *oftegū -ye Hāmed Zāre ba Seyyed Hossein Nasr: āfāgh-e hekmat dar sepehr-e sonnat*, Theran: qoqnus press, 1393/2014

——, 筆者との対談, 2015 年 4 月, 電話にて。

Popper, Karl Raimund, ——*The Poverty of Historicism*, London: Routledge, 2002.

——, *The Myth of the Framework: In Defence of Science and Rationality*, London:

引用・参考文献表　　　　277

Routledge, 1995.

——, *The Open Society and Its Enemies: New One-Volume Edition*, Princeton University Press, 2013.

Radhakrishnan, Sarvepalli, *Eastern Religions and Western Thought*, London: Oxford University Press, 1939.

Sabzavārī, Mūllā Hādī, *Sharh-e Ghurara al-Faraid ya Shaeh-e Manzumeh-ye Hekmat*, Editd by Toshihiko Izutsu and Mehdi Mohaghegh, Tehran: Tehran University Press, 1360/1981.

Sadri, Abbas, *Barrasi-ye Tahlili-ye Falsafe-ye eslami*, Tehran:Dodrdane Press, 1384/2005.

Sayyid, Bobby S, *A Fundamental Fear: Eurocentrism and the Emergence of Islamism*, London: Zed Books Ltd, 1997.

Sen, Kshitimohan, "The Medieval Mystics of North India", *The Cultural Heritage of India*, Vol. IV, Calcutta: The Ramarrisina Mission Institute of Culture, 1956.

Shayegan, Daryoush, *Les relations de l'hindouisme et du soufisme, d'après le "majma᾽ al-bahrayn" de Dara Shokuh*, Paris : La Différence, 1979.

——, *Āyīn hendū va ῾erfān-e eslāmī*, transleted from French to Persian by Jamshid Arjmand, Tehran: Farzan rooz press, 1382/2003.

——, *Āmīzesh-e ofoqhā*, Tehran: Farzān rūzPress, 1389/2010.

——, *Āsiyā dar barābar-e gharb*, Tehran: Amirkabir Press, 1382/2003.

——, "Transmutation et mutation en tant que phénomènes de recontre dqns le diqlogue des civilisqtion", L'impact de la pensée occidentale rend-il possible un dialogue réel entre les civilisations?, Paris, Berg International Editeurs, 1977.

——, *Henry Corbin āfāgh-e taffakor ma῾navī dar eslām-e Iranī*, Tehran: Farzan rooz press, 1392/2013.

——, "Bīnesh-e Asāt īrī", in: *Alefbā*, No.5, 1354/1975.

——, *Qu'est-ce qu'une révolution religieuse*, Paris : Bibliothèque Albin Michel des idées, 1991.

——, *La lumière vient de l'Occiden*, Paris : L'aube, 2001.

——, 筆者との対談，2015 年 9 月，テヘラン。

Shayegan, Yeganeh, "The Accidentality of Existence in Avicenna and its Critique by Averroes", *Journal of Persianate Studies*, e.d. Bahman Zakippour and Samaneh Gachpazian, Vol.10, Issue 2, Breill, 2017.

Soroush, Abdolkarim, *Bast-e Tajrobe-ye nabavi*, Tehran, Serat, 1385/2006.

Suhrawardī, Shahāb ad-Dīn, *The Philosophy of Illumination*, English Translation, Notes, Commentary, and Introduction by John Walbridge and Hossein Ziai, Provo, Utah: Brigham Young University Press, 1999.

*Majmū᾽e Mosanafat-e Sheikh-e Eshrāgh*, Vol.1, Tehran: Pazhūheshgah-e ῾Olūm-e Ensānī wa Motā᾽e᾽āt-e Farhangī Press, 1380/2001.

*Majmūe Mosanafat-e Sheikh-e Eshrāgh*, Vol.4, Tehran: Pajuheshgah-e Olum-e Ensani Press, 1388/2009.

Tabatabai, Seyyed Javad, "Henry Corbin filsūfe sīyasī", *Zaire-e Sharq: The Proceedings of the International Congress on the 100th Anniversary of the Birth of Henry Corbin*, Tehran, Iranian Institute of Philosophy Press, 1385/2006.

Turner, Bryan Stanley, *Orientalism, postmodernism and globalism*, New York: Routledge, 2003.

Walbridge, John, *The Leaven of the Ancients: Surawardi and the Heritage the Greeks*, New York: State University of New York Press, 2000.

Wixted, John Timothy, "Reverse orientalism", *Sino-Japanese Studies*, Vol.2.1, 1989.


## 邦　文

井筒俊彦『井筒俊彦全集』第一巻，慶應義塾大学出版会，2013 年。

——，『井筒俊彦全集』第四巻，慶應義塾大学出版会，2014 年。

——，『井筒俊彦全集〔意味の構造〕』第四巻，中央公論社，1992 年。

——，『井筒俊彦著作集』第七巻，中央公論社，1992 年。

——，『井筒俊彦全集』第九巻，中央公論社，1995 年。

——，『井筒俊彦著作集』別巻〔対談・鼎談巻〕，中央公論社，1993 年。

——，『井筒俊彦文庫目録——和漢書・西書の部（稿）』慶應義塾図書館，2003 年。

——，『井筒俊彦文庫目録——アラビア語・ペルシア語図書の部』慶應義塾図書館，2003 年。

——，『意識と本質——精神的東洋を索めて』岩波書店，2010 年。

——，『イスラーム文化——その根底にあるもの』岩波書店，2008 年。

——，『イスラーム哲学の原像』岩波新書，1980 年。

——，『意識の形而上学——『大乗起信論』の哲学』中央公論社，2006 年。

——，『存在の概念と実在性』仁子寿晴訳，慶應義塾大学出版会，2017 年。

岩見隆「鎌倉，軽井沢，テヘラン」『井筒俊彦とイスラーム——回想と書評』慶應義塾大学出版会，2012 年。

ヴァッハ, J.,『宗教の比較研究』渡辺学・保呂篤彦・奥山倫明訳，法藏館，1999 年。

小野純一「井筒哲学における言語論の問題と意義」『東洋大学国際哲学研究』別冊 7，2016 年。

黒田壽郎『イスラームの心』中央公論社，1980 年。

コルバン，アンリ『イスラーム哲学史』黒田壽郎・柏木英彦訳，岩波書店，2006 年。

サイード，E.,『オリエンタリズム』上下，今沢紀子訳，平凡社ライブラリー，2003 年。

——，「オリエンタリズム再考」『オリエンタリズム』下，今沢紀子訳，平凡社ライブラリー，2003 年。

——，『文化と帝国主義』第 1 巻，大橋洋一訳，みすず書房，2000 年。

斎藤慶典『「東洋」哲学の根本問題　あるいは井筒俊彦』講談社，2018 年。

ザキプール・バフマン「現代イランにおける諸宗教の共生の実態と課題」『宗教の壁を乗り越える——多文化共生社会への思想的基盤』ノソベル社，2016 年。

——，「井筒俊彦の東洋哲学における〈歴史〉の意義——アンリ・コルバンの哲学が

引用・参考文献表　　279

井筒に与えた影響について」『比較思想研究』42 号，2016 年。

――，「アンリ・コルバンとイラン革命」『地域文化研究』第 17 号，2016 年。

――，「井筒俊彦の東洋哲学とスフラワルディー哲学」『宗教哲学研究』第 33 号，2016 年。

坂本勉「イスラーム学事始めの頃の井筒俊彦」『俊彦とイスラーム――回想と書評』慶應義塾大学出版会，2012 年。

澤田達一訳『聖クルアーン』啓示翻訳文化研究所，コム，1392/2013 年。

司馬遼太郎『16 の話』中央公論社，1993 年。

――，『20 世紀末の闇と光』〔井筒俊彦との対談〕中央公論社，2004 年。

シャリアティ，E.,「現代の「イラン的イスラム」哲学におけるコルバンと井筒の役割に関する導入的比較研究：ハイデガーからマシニョンまで」影山洋平訳，『東洋大学国際哲学研究』別冊 7，2016 年。

竹下正孝「イスラーム学者としての井筒俊彦」『東洋大学国際哲学研究』別冊 7，2016 年。

タバタバイ，S. M. H.,『シーア派の自画像――歴史・思想・教義』森本和夫訳，慶應義塾大学出版会，2007 年。

――『現代イスラーム哲学―，ヒクマ存在論とは何か』黒田壽郎訳，書肆心水，2010 年。

トインビー，J.,『試練に立つ文明』深瀬基寛訳，社会思想社，1973 年。

永井晋「〈精神的東洋を求めて〉――光の現象学」『井筒俊彦――言語と根源と哲学の発生』河出書房新社，2014 年。

――，『現象学の転回――「顕現しないもの」に向けて』知泉書館，2007 年。

中島岳志「「東洋の理想」の行方――大川周明と井筒俊彦」『井筒俊彦――言語と根源と哲学の発生』河出書房新社，2014 年。

ナスル，ホセイン『イスラームの哲学者たち』黒田壽郎訳，岩波書店，1975 年。

新田義弘「知の自証性と世界の開現性――西田と井筒」『思想』，岩波書店，2004 年，第 12 号（No.968）。

橋本泰元「異宗教間の〈境界〉と〈共生〉」『宗教の壁を乗り越える――多文化共生社会への思想的基盤』ノソベル社，2016 年。

ハイデガー，M.『存在と時間』渡辺二郎・原佑訳，中央公論社，1971 年。

ハタミ，S. M.,『文明の対話』平野次郎訳，2001 年。

ハチントン，S. P.,『文明の衝突』鈴木主税訳，集英社，1998 年。

藤田正勝「比較思想の可能性と意義」『比較思想研究』第 38 号，2011 年。

プールジャヴァディ，N.,「井筒先生との最後の会見」〔井筒との対談〕『井筒俊彦著作集別巻』対談・鼎談集，中央公論社，1993 年，付録 12。

――,「井筒俊彦のイラン神秘主義哲学に対する関心」諌早庸一訳，『東洋大学国際哲学研究』別冊 7，2016 年。

――，筆者との対談，2016 年 11 月，東京。

ヘーゲル，F.『歴史哲学講義』長谷川宏訳，岩波書店，1994 年。

ホメイニー，S. R.,『イスラーム統治論・大ジハード論』富田健次訳，平凡社，2003

年。

マッソン＝ウルセル，P.,『比較哲学』小林忠秀訳，法藏館，1997 年。

松本耿郎『イスラーム政治哲学──ワラーヤとウィラーヤ』未来社，1993 年。

──，筆者との対談，"Az Izutsu…", *Andishe-ye Pouya* 13, 1392/2013.

三浦雅士「言語の政治学」『群像』2016 年 7 月号。

ムッラー サドラー『存在認識の道』井筒俊彦訳，岩波書店，1968 年。

モジタバイ，F.,「アンリ・コルバンの現象学」『東洋大学国際哲学研究』別冊 3，2013 年。

──,「西田幾多郎と近代日本の哲学──「東洋哲学」とは何か」『東洋大学国際哲学研究』3 号，2014 年。

──,「イマジナルの現象学」『思想』(968), 2004 年。

──,「共生の形而上学」『宗教の壁を乗り越える──多文化共生社会への思想的基盤』ノンブル社，2016 年。

若松英輔『井筒俊彦─叡知の哲学』慶應義塾大学出版会，2011 年。

──,「東洋論──中村元と井筒俊彦」『比較思想研究』第 40 号，2013 年。

──外「井筒俊彦特集」『三田文学』69 号，2009 年。

ムーラー，S.,『存在認識の道』井筒俊彦訳，岩波書店，1968 年。

# 付　　録
（資料，写真，書簡）

انجمن شاهنشاهی فلسفهٔ ایران

خیابان فرانسه ـ کوچه نظامی ـ پلاک ۶ ـ تلفن:۶٤٥٤٤٥ صندوق پستی ۱۶۹۹ ـ ۲۱٤

شمارهٔ قرارداد ۳۵

قرارداد

این قرارداد بین انجمن شاهنشاهی فلسفهٔ ایران که از این پس در این قرارداد انجمن نامیده می‌شود و آقای پروفسور توشیهیکو ایزوتسو دارای شناسنامه شماره ٤/٥/ صادره از توکیو به نشانی خیابان کاخ ، پلاک ۳۲ ، طبقهٔ چهارم
تلفن ٦٤٦٤۱۷ که از این پس در این قرارداد مؤلف نامیده می‌شود برای تألیف کتاب
SUFISM AND TAOISM the Basic Philosophical Concepts of Ibn'Arabi and Lao Tsu, Chuang Tzu
که از این پس کتاب نامیده می‌شود بشرح زیر منعقد می‌شود :

مادهٔ ۱ ـ مؤلف متن تألیف شده کتاب موضوع قرارداد را که شامل مقدمه، متن، فهرست مطالب، فهرست اصطلاحات (خارجی ـ فارسی) فهرست اعلام، زیرنویس صفحات و سایر ملحقات است با املاء و رسم‌الخط و نقطه‌گذاری صحیح به صورت کاملاً منقح و خوانا تا تاریخ ۳۷/۲/۲۵ در دو نسخهٔ ماشین شده به انجمن تحویل خواهد داد و رسید دریافت خواهد کرد. هر گاه در تاریخ مذکور کتاب بطور کامل تحویل نگردید، انجمن حق دارد این قرارداد را ملغی کند.

تبصرهٔ ۱ ـ در موقع عقد این قرارداد، یک نسخه از رسم‌الخط مورد قبول انجمن در اختیار مؤلف گذاشته می‌شود، تا نامبرده کار نگارش متن کتاب را طبق آن انجام دهد .

تبصرهٔ ۲ ـ مترجم متعهد است متن کتاب را با حفظ معنی و مفهوم حقیقی آن و با انشای درست و فصیح فارسی نه به شکل ترجمهٔ تحت‌اللفظی و یا آزاد، شخصاً ترجمه و به انجمن تسلیم کند.

مادهٔ ۲ ـ مؤلف بدینوسیله اعلام می‌دارد که قبلاً حق انتشار کتاب موضوع این قرارداد را به شخص دیگری واگذار نکرده است و در صورتی که خلاف این امر اثبات شود جوابگوئی در برابر هر نوع ادعائی و عواقب حاصله از آن با خود مؤلف خواهد بود و انجمن مسئولیتی در این باره نخواهد داشت .

مادهٔ ۳ ـ انجمن حق‌الزحمهٔ مؤلف کتاب موضوع این قرارداد را پس از کسر مالیات از قرار هر صفحهٔ کامل چاپ شده هـــــــزار ریال و در دو قسط به شرح زیر به مؤلف پرداخت خواهد کرد.

الف ـ نیمی از حق‌الزحمهٔ مؤلف براساس تخمین کل صفحات کتاب در تاریخ تحویل دو نسخهٔ ماشین شده به انجمن، به مؤلف پرداخت خواهد شد .

ب ـ بقیه حق‌الزحمهٔ مؤلف پس از چاپ و براساس احتساب کل صفحات کتاب پس از کسر مالیات قانونی به مؤلف پرداخت خواهد شد .

تبصرهٔ ۱ ـ انجمن کتاب را حداکثر در مدت شش ماه پس از تحویل نسخ ماشین شدهٔ کتاب به انجمن، چاپ و منتشر می‌کند. چنانچه انجمن به عللی در کار چاپ و انتشار کتاب در مدت فوق‌الذکر قصور ورزد ، متعهد می‌شود که شش ماه پس از تحویل دو نسخهٔ ماشین شده به انجمن ، بقیه حق‌الزحمهٔ مؤلف را پرداخت کند.

資料 1a 『スーフィズムとタオイズム』再出版のための契約 (p.1)
契約日：1985 年 2 月 27 日（106 頁参照）

ماده۳— مـؤلـف در مقابل دریافت حق‌الزحمهٔ مذکور درمادهٔ ۳ این‌قرارداد، کلیه حقوق مربوط به‌چاپ اول کتاب را که در د و هـزار نسخه چاپ و‌منتشرمی‌شود منحصراً به‌انجمن واگذار‌می‌کند و تا زمانی که تمام نسخ چاپ اول کتاب به فروش نرفته است، مـؤلـف حق تجدیدچاپ و انتشار کتاب را نخواهد داشت، منوط به این که مدت زمان کار فروش نسخ چاپ شده کتاب ازپنج سال تجاوز نکند .

تبصرهٔ۱— تجدید چاپ و انتشار کتاب موکول به وجود یکی از دو شرط زیر است :
الف — کلیه نسخ چاپ اول کتاب‌قبل‌ازانقضای‌پنج‌سال‌اززمان‌چاپ‌وانتشار‌کتاب‌به‌فروش‌رفته‌باشد.
ب — پنج سال از زمان چاپ و انتشار کتاب منقضی شده باشد .

تبصرهٔ۲—حق تجدید چاپ کتاب متعلق به انجمن است، درصورتی‌که مـؤلـف و انجمن درموردعقدقراردادتجدیدچاپ کتاب‌به‌توافق‌نرسند، مـؤلـف می‌تواندکارتجدیدچاپ کتاب را شخصاً انجام دهد و یا به مؤسسهٔ دیگری واگذاری کند .

تبصرهٔ۳— مـؤلـف باید برای تجدید چاپ کتاب بوسیله مؤسسهٔ دیگری غیر از انجمن، اجازه تجدید چاپ کتاب را از‌انجمن دریافت کند ، به‌همین واسطه انجمن متعهد می‌شود که با توجه به تبصره ۱ و ۲ ماده ۴ این‌قرارداد، چنانچه بامـؤلـف در مورد عقد قرارداد تجدید چاپ کتاب به‌توافق رسید، درصورت‌تقاضای مـؤلـف اجازه تجدید کتاب را‌صادر و برای وی ارسال کند .

ماده ۵ — مـؤلـف حق ندارد تمام یا قسمتی ازمتن و مفاد کتاب موضوع قرارداد را بدون دریافت اجازهٔ کتبی انجمن و یا به‌رصورت دیگری چاپ و منتشر کند .

ماده ۶— مسئولیت صحت مطالب کتاب موضوع این‌قرارداد به‌عهده مـؤلـف است .

ماده ۷—کلیهٔ‌کارهای مربوط به‌ویراستاری وطرح پشت جلد کتاب طبق‌ضوابط انجمن انجام خواهدشد .

ماده ۸— مـؤلـف درصورت تقاضای انجمن دو غلط‌گیری آخر نمونه حروفچینی شده را انجام خواهد داد .

تبصرهٔ۱— چنانچه مـؤلـف درموقع غلط‌گیری نمونه‌های حروفچینی‌شده درمتن‌اصلی‌تحویل شده به‌انجمن(موضوع‌ماده‌۱۰ این‌قرارداد)تغییری‌بدهد، کلیهٔ هزینه‌های‌اضافی‌چاپ‌وصفحه‌بندی حاصل ازاین‌تغییر را متقبل‌خواهدشد. کلیه هزینه‌ای‌حاصل از تغییر‌متن کتاب‌بوسیله‌مؤلف درپایان‌کارچاپ کتاب احتساب‌واز‌باقیماندهٔ حق‌الزحمهٔ مـؤلف کسر‌خواهدشد.

ماده ۹ — پس ازچاپ کتاب تعداد سـی جلد‌آن به مـؤلـف داده خواهد شد .

ماده ۱۰— درصورتی‌که‌درتفسیر‌مواد این‌قرارداد بین مـؤلـف و‌انجمن اختلافی بروز کرد، رفع اختلاف بوسیله یك حکم مرضی‌الطرفین صورت خواهد‌گرفت .

ماده ۱۱— هر‌گاه شرایط این‌قرارداد ازجانب هر یك ازطرفین اجرا نشود، تعهدات‌طرف دیگر قرارداد خودبخود منتفی خواهد شد .

ماده۱۲— این‌قرارداد شامل ۱۲ ماده وملاحظات است ودردو نسخه تنظیم شده و هرسه نسخه درحکم واحد است.

ملاحظات

به تاریخ ۳۶ / ۱۲ / ۸
مؤلف ــ مصحح ــ مترجم

پروفسور توشی‌هیکو ایزوتسو

مدیر عامل انجمن

سید حسین نصر

付　録

انجمن شاهنشاهی فلسفهٔ ایران

تاریخ
شماره
پیوست

پیشنهادی در باره اعضای وابسته به انجمن

پیشنهاد میشود فلاسفه و محققان زیر به عضویت وابسته انجمن انتخاب شوند .

از ایران

| | |
|---|---|
| استاد سید جلال الدین آشتیانی  *Sayyed Jalaloddin Ashtiyani* | دانشگاه فردوسی مشهد |
| آقای منوچهر بزرگمهر  *M. BOZORGMEHR* | تهران |
| استاد محمد خوانساری  *M. Khansari* | تهران |
| استاد سید محمد حسین طباطبائی  *S.H. Taba tabai* | قم |
| استاد جواد مصلح  *J. Mosleh* | تهران |
| استاد مرتضی مطهری  *M. Motahhari* | تهران |

از کشورهای خارجی

| | | |
|---|---|---|
| پروفسور موتسوپولوس | E. MOUTSOPOULVS | |
| پروفسور کلیبانسکی | (R. Klibansky) | کانادا |
| اسمیت | (H. Smith) | ایالات متحده امریکا |
| مجسن مهدی | M. Mahdi | " |
| نیدلمن | (J. Needleman) | |
| هنری کربن | H. Corbin | فرانسه |
| دوراند | (G. Durand) | فرانسه |
| العیره زولا | (E. Zolla) | ایطالیا |
| فان اس | (J. Von Ess) | آلمان |
| استاد ابراهیم مدکور | I. Madkour | مصر |
| استاد یوسف ابیش | Y. Ibish | سوریه ـ لبنان |
| آقای بروهی | (A.K. Brohi) | پاکستان |

خیابان فرانسه کوچه نظامی پلاک ۶ تلفن ۴۵۴۴۵ صندوق پستی ۱۶۹۹-۶۴

| | | |
|---|---|---|
| پروفسور ماهادوان | (M.K. Mahadevan) | هند |
| محمد العطاس | M. al-Attas | مالزی |
| ایزوتسو | (T. Izutsu) | ژاپن |
| کورودا | (T. Kuroda) | ژاپن |

資料2　イラン王立哲学アカデミー長としてナスルが招聘を提案した研究員
アンリ・コルバン，アーシュティヤーニー，井筒俊彦，
黒田壽郎，アル＝アッタースなどの名がある。(219頁参照)

付　録　　　　　　　　　　　　　　285

**資料3**　イラン王立哲学アカデミーにおける井筒の週給
ナスルの手書き，最初の名は井筒の名前である。（225頁参照）

**資料 4a** Toward a Philosophy of Zen Buddhism の出版のための契約 (p.1)
契約日：1977 年 3 月 6 日 （225 頁参照）

付　　録

انجمن شاهنشاهی فلسفه ایران

خیابان فرانسه کوچه نظامی ـ پلاک ۶ ـ تلفن ۲۵۴۴۵ ـ صندوق پستی ۱۶۹۹ـ۱۴

تاریخ
شماره
پیوست

خواهد کرد :

الف ـ نیمی از حق التألیف بر اساس تخمین کل صفحات کتاب در تاریخ تحویل دو نسخه ماشین شده به انجمن ، به مولف پرداخت خواهد شد .

ب ـ بقیه حق التألیف پس از چاپ و بر اساس احتساب کل صفحات کتاب پس از کسر مالیات قانونی حق التألیف به مولف پرداخت خواهد شد .

تبصره ۱ ـ انجمن کتاب را حداکثر در مدت شش ماه پس از تحویل نسخ ماشین شده کتاب به انجمن ، چاپ و منتشر می کند . چنانچه انجمن بعللی در کار چاپ و انتشار کتاب در مدت فوق الذکر تصور ورزد ، تمدید می شود کمتشی ماه پس از تحویل در نسخه ماشین شده به انجمن ، بقیه حق التألیف مولفت را پرداخت کند .

ماده ۴ ـ مولف در مقابل دریافت حق التألیف مذکور در ماده ۳ این قرارداد ،کلیه حقوق مربوط به چاپ اول کتاب را در ............... نسخه چاپ و منتشر می شود ،شخصاً به انجمن واگذار می کند و تا زمانیکه تمام نسخ چاپ اول، کتاب به فروش نرفته اســـت ، مولف حق تجدید چاپ و انتشار کتاب را نخواهد داشت ، شرط به اینکه مدت زمان کار فروش نسخ چاپ شده کتاب از سه سال تجاوز نکند .

تبصره ۱ ـ تجدید چاپ و انتشار کتاب موکول به وجود یکی از دو شرط زیر است :

الف ـ کلیه نسخ چاپ اول کتاب قبل از انقضای سه سال از زمان چاپ و انتشار کتاب ، بفروش رفته باشد .

ب ـ سه سال از زمان چاپ و انتشار کتاب ، منقضی شده باشد .

تبصره ۲ ـ حق تجدید چاپ کتاب متعلق به انجمن است ، جز در صورتیکه مولف و انجمن در مورد عقد قرارداد تجدید چاپ کتاب به توافق نرسند . فقط در اینصورت مولف می تواند کار تجدید چاپ کتاب را شخصاً انجام دهد و یا به موسسه دیگری واگذار کند .

**資料4b**　同上 (p.2)

288 付　録

انجمن شاهنشاهی فلسفهٔ ایران

خیابان فرانسه کوچه نظامی ـ پلاک ٦ ـ تلفن ٤٥٤٤٥ ـ صندوق پستی ١٦٦٩ـ١٤

تاریخ : ....................
شماره : ....................
پیوست : ....................

تبصره ۳ـ مؤلف باید برای تجدید چاپ کتاب بوسیله مؤسسه دیگری غیرازانجمن
اجازه تجدید چاپ کتاب را از انجمن دریافت کند ، بهمین رسماده انجمن متعهـد
می شود که با توجه به تبصره ۱و ۲ ماده ٤ این قرارداد ، چنانچه با مؤلف در مورد
عقد قرارداد تجدید چاپ کتاب به توافق نرسید ، در صورت تقاضای مؤلف اجـازه
تجدید کتابرا صادر و برای مؤلف ارسال کند .

ماده ٥ـ مؤلف حق، ندارد تمام یا قستی از متن و مفاد کتاب موضوع قرارداد را بدون
دریافت اجازه کتبی انجمن و یا بهر صورت دیگری چاپ و منتشر کند .

ماده ٦ـ مسئولیت صحت مطالب کتاب موضوع این قرارداد بعهده مؤلف است .

ماده ٧ـ کلیه کارهای مربوط به زیراستاری کتاب و طرح پشت جلد آن طبق ضوابط
انجمن انجام خواهد شد .

ماده ٨ـ مؤلف ، در صورت تقاضای انجمن دو غلط گیری آخر نمونه حروفچینی شده
را انجام خواهد داد .

تبصره ۱ـ چنانچه مؤلف در موقع غلط گیری نمونه های حروفچینی شده در متن اصلی
تحویل شده به انجمن ( موضوع ماده ۱ این قرارداد ) تغییری دهد ، کلیه هزینههای
اضافی چاپ و صفحه بندی حاصل از این تغییر را متقبل خواهد شد . کلیه هزینه های
حاصل از تغییر متن بوسیله مؤلف در پایان کار چاپ کتاب احتساب و از باقیمانده
حق التالیف مؤلف کسر خواهد شد .

ماده ۹ـ پس از چاپ کتاب تعداد ٠٠٠ جلدآن به مؤلف داده خواهد شد .

ماده ٠١ـ در صورتیکه در تفسیر مواد این قرارداد بین مؤلف و انجمن اختلافی بـروز
کرد ، رفع اختلاف بوسیله یک حکم مرضی الطرفین صورت می گیرد .

ماده ۱۱ـ هرگاه شرایط این قرارداد از جانب هر یک از طرفین اجرا انشود تعهدات

資料 4c　同上（p.3）

付　録

انجمن شاهنشاهی فلسفۀ ایران
خیابان فرانسه کوچه نظامی - پلاک ۶ - تلفن ۴۵۴۴۵ - صندوق پستی ۱۶۹۹-۱۴

تاریخ ..................
شماره ..................
پیوست ..................

بارف دیگر قرارداد تجدید بخرد منتش خواهد شد .
ماده ۱۲- این قرارداد شامل ۱۲ماده و ملاحظات است ودر سه نسخه تنظیم شده و
هر سه نسخه در حکم واحد است .
ملاحظات
بتاریخ نهم ازنهم اسفند ماه ۱۳۵۱

مدیرعامل                                               موالف

**資料 4d** 同上 (p.4)

**写真1** イラン王立哲学アカデミーにて
左より黒田壽郎，ホセイン・ナスル，メヘディー・モハッゲグ，アンリ・コル
バン，パルヴィーズ・モラッヴェジュ，井筒俊彦，ウィルフレッド・スミス
（メヘディー・モハッゲグ先生のご厚意により入手）

付　録

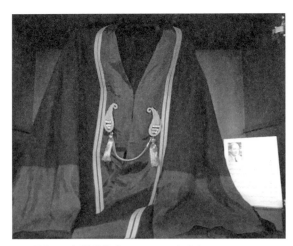

**写真 2　名誉学位式でコルバンが来たユニフォーム**
テヘラン大学でナスルは，コルバンと井筒に
名誉学位を授与した（1975 年。225 頁参照）
（このユニフォームは，現在，全世界宗教研究所で保管されている。
所長アブドッラヒーム・ギャヴァーヒー先生のご厚意により入手）

**写真 3a　老師の講話**
ナスルは，西洋の文明の侵入に対して，イラン王立哲学アカデミーで，アジアの
諸文化と諸文明を紹介し伝統した。彼は 1978 年 5 月に老師をイランに招待した。
（イラン王立哲学アカデミーにて。シャヒーン・アー
ヴァーニー先生のご厚意により入手。225 頁③参照）

付　録　291

**写真 3b**　ナスルと老師 (同上)

**写真4** 井筒と彼の弟子ゴラームレザー・アーヴァーニーの父
（セムナーン市にて。シャヒーン・アーヴァーニー先生のご厚意により入手）

付　録　293

**写真 5**　図書館所蔵の一部
　井筒とナスルは「日本と東アジア研究所」の設立のために，2,000〜3,000 冊の本を日本から購入し，哲学アカデミーの図書館へと移送させた。(225 頁④参照)

294　　　　　　　　付　録

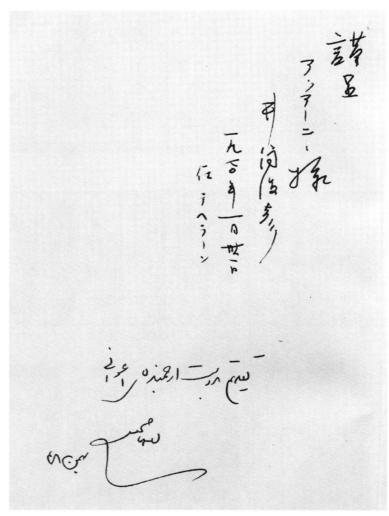

**写真6**　井筒俊彦による献本署名
弟子のゴラームレザー・アーヴァーニーに贈呈した『哲学詩注釈』（英訳本）。
左下は，メヘディー・モハッゲグによるペルシア語の献本署名（102頁参照）
（テヘラン，1970年。ゴラームレザー・アーヴァーニー先生のご厚意により入手）

20 May 1976
Kamakura

Dear Professor Corbin,

Many cordial thanks for your kindness in sending to me a wonderful gift: L'archange empourpré. I congratulate you on the completion of a work of deep "oriental" wisdom, so beautifully produced. I shall carefully read it and I shall learn a great deal.

We came back to Japan from Tehran via London. In London we enjoyed visiting Islam Festival exhibition.

Looking forward to being with you again at Eranos

Yours sincerely

**書簡 1　井筒がコルバンに送った書簡**
この書簡で井筒は『赤い天使（*L'Archange empourpré*）』の出版とこ
の著作における「東洋叡智」あるいは「東洋哲学」(oriental wisdom)
という概念の分析について，コルバンに祝福を述べている。

(以下三通の書簡は Association des amis de Henry et Stella Corbin（AAHSC）の公文書館所蔵。こ
れらは，当公文書館の責任者 Daniel Proulx 氏から筆者の友人マスド・タヘリー氏に与えられ，タヘリー
氏はそれを筆者に送ってくれた。両者に記して謝意を表す。これらの書簡は現在まで未公開である)

Kamakura
27 Oct, 1986

Dear Madame,

Many thanks for your letter. I am glad to know that you are well and in good spirits.

Also it is my happiness that I can tell you that M. Corbin's work is becoming better known among Japanese intellectuals.

As for the Eranos-jahrbuch, we are seriously working on the project in close association with M. Ritsema. He gives us very important and useful advices on every detail. We have, however, not yet taken definitely decisive decisions concerning how the series will be published. As regards M. Corbin's part, it has tentatively decided that two of his relatively short articles should be published in the earlier part of the project. You may go on learning the details of our procedure through M. Ritsema. But in any case, it is a long-term project, expected to take about 10 years for the completion of even the first series. I must ask you to be a little bit patient. Everything will, I hope, go well.

**書簡 2** 井筒がコルバン夫人に送った書簡
この書簡で井筒は日本の知識人にコルバンの思想を
紹介するつもりであるとコルバン夫人に述べている。

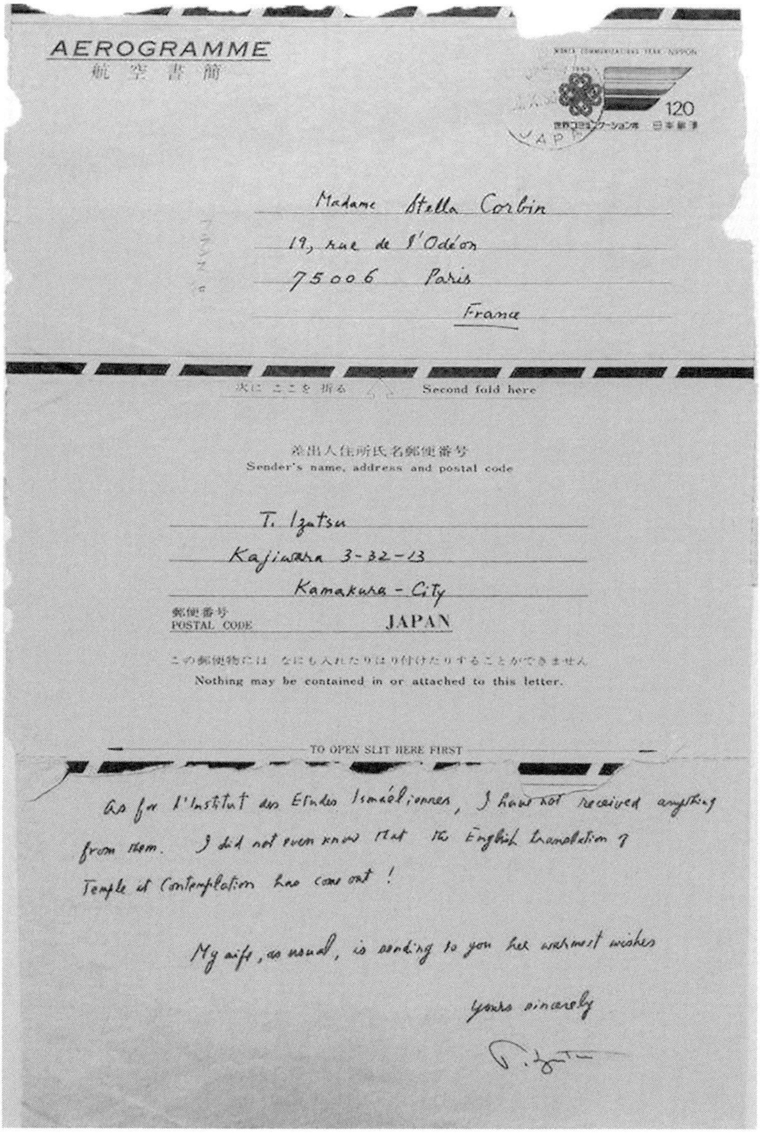

AEROGRAMME
航空書簡

120
日本郵便

Madame Stella Corbin
19, rue de l'Odéon
75006 Paris
France

次に ここを 折る　Second fold here

差出人住所氏名郵便番号
Sender's name, address and postal code

T. Izutsu
Kajiwara 3-32-13
Kamakura-City
郵便番号
POSTAL CODE　JAPAN

この郵便物には なにも入れたりはり付けたりすることができません
Nothing may be contained in or attached to this letter.

TO OPEN SLIT HERE FIRST

As for l'Institut des Etudes Ismaéliennes, I have not received anything from them. I did not even know that the English translation of Temple et Contemplation has come out!

My wife, as usual, is sending to you her warmest wishes

Yours sincerely

T. Izutsu

**書簡３**　井筒がコルバン夫人に送った書簡

# 索 引

## ア 行

アイデンティティー　4, 11, 54, 59,
　　84, 109, 110, 184, 188, 204, 207, 213-
　　15, 217-19, 223, 224, 262
アーヴァーニー、ゴラームレザー　166,
　　167, 174, 226, 227, 271
アリー　37, 143-46, 180-83,217, 224,
　　255, 256
アリー・ミルセパスィー　201
アリー・シャリーアティー　217, 259
アル＝アズム、サーディク・ジャラール
　　9, 199, 213, 268
意識　　3, 10, 12, 15, 45, 47, 71, 82, 83,
　　92, 95, 98, 114, 124, 132-36, 140,
　　146, 153, 154, 156, 157, 178, 181,
　　186, 187, 190, 192, 198, 223, 225,
　　236, 245, 246, 260
『意識と本質』6，77，89，115，116，
　　121，123，125，152，155，158，
　　159，235，237，259，267，278
イスラーム哲学　24, 25, 36, 44, 59,
　　64-66, 75, 76, 78-82, 101-10, 116,
　　126, 132, 160, 163, 166, 198, 199,
　　200, 207-09, 219-21, 223-25, 227,
　　238-41, 244, 247, 249, 278, 279
一者　13, 74, 85, 111, 112, 192
井筒俊彦　1, 3, 5, 7, 48, 82, 90, 91,
　　103, 115, 116, 123, 152, 163, 173,
　　174, 191, 199, 275, 278-80
イブン・アラビー　76, 78, 80, 83-85,
　　104, 106, 107, 109, 112, 116, 119-
　　21, 126, 127, 184, 208, 230, 241, 242,
　　263, 266
イブン・スィーナー　24, 110, 116,
　　146, 223

イブン・ルシュド　75-82, 101, 103,
　　104, 107, 207-09, 221, 224, 238, 239
イマーム　12, 14, 16, 17, 37, 46, 60,
　　78, 81-84, 130, 142-46, 154, 163,
　　178, 180-88, 190, 191, 208, 217, 223,
　　242-46, 250, 252, 253, 255-57, 259,
　　260, 263, 264, 268, 269
イラン革命　4, 7, 9, 60, 65, 89, 99,
　　106, 123, 166, 167, 178, 191, 194,
　　201, 208, 211-13, 215, 217, 220, 226,
　　229, 230, 233, 235, 258, 259, 261-63,
　　269, 279
ウパニシャッド　20, 37, 38, 41-43,
　　266
大川周明　7, 169-71, 199, 279
オリエンタリズム　4, 24, 64, 79, 90,
　　203-07, 209, 211, 212, 228, 230, 233,
　　239, 266, 278

## カ 行

解釈　13, 14, 34, 37, 38, 41-46, 58, 60,
　　64-67, 70, 72, 75, 76, 78, 79, 82, 85,
　　91-93, 98-100, 113, 121, 123, 124,
　　126, 134, 135, 140-42, 145-52, 154,
　　155, 160, 177-84, 187-89, 205-09,
　　215, 218, 224, 231, 241, 243, 244,
　　246, 249-53, 256, 257, 265, 269
隠されたるものの開示　138, 141,
　　146, 149
仮構　110, 112, 114, 161, 257
神的なもの　1, 13, 14, 63, 66, 134,
　　163, 186, 219, 267, 269
ガロディ, ロジェ　228, 229
偶性　108, 110, 194
グノーシス　32, 37, 60, 69, 70-72, 76,
　　81-85, 100, 121, 160, 181, 184, 185,

244

黒田壽郎　168, 199, 219, 224, 227,
　259, 278, 279

現象学　3, 6, 67, 88, 89, 100, 146-60,
　199, 200, 215, 257, 269, 279, 280

権力の言説　210

言葉（コトバ）　13, 26, 37, 40-42, 64,
　74, 75, 78, 95, 99, 106, 108, 111, 114,
　124, 125, 130, 133, 150, 152, 162,
　173, 179, 180, 202, 206, 236, 243,
　250

コーラン　34, 35, 41-43, 45, 82, 86,
　87, 89-99, 101, 108, 121, 141, 142,
　145, 146, 174, 177-79, 181-83, 189,
　199, 218, 238, 243, 267

コルバン，アンリ　5, 6, 9, 13, 15,
　17, 19-21, 28, 34, 37, 43, 50, 61, 63-
　67, 69, 70, 72, 75-78, 81-104, 107-
　09, 114, 115, 118, 119, 121, 123, 125,
　130-36, 140, 144, 146-52, 160-63,
　177, 187, 194, 195, 198-201, 203,
　207-09, 213, 215, 219-25, 227-33,
　235-47, 250-59, 264, 266-68, 278-80

サ　行

サイード，エドワード　4, 9, 135,
　202-05, 207, 209-13, 219, 268, 278

自己顕現　10, 11, 85, 112, 124-26,
　128, 132, 137, 138, 143

シーア派　7, 12-14, 32, 35, 37, 43, 46,
　54, 60, 67, 76, 78-84, 89, 93, 103,
　113, 121, 123, 130, 141-47, 154, 160,
　172, 177-88, 190, 191, 193, 194, 201,
　208, 209, 217-24, 232, 233, 238, 240-
　46, 250, 252-59, 260, 263, 264, 267-
　70, 279

シャイガン，ダルユシュ・　7, 20, 28,
　218, 271

社会的もの　255

シルク　229

植民地主義　176, 202-04, 210-12, 219

神話学　66, 185, 215

スーフィズムとタオイズム　21, 87,
　91, 100, 104-08, 115-17, 119, 121,
　124, 125, 199, 225, 247, 266, 267

スフラワルディー　11, 46, 64, 70-81,
　83-85, 109, 113, 121, 123, 125, 126,
　128-34, 139, 140, 142, 143, 146, 152-
　60, 186, 187, 198, 208, 209, 223, 229,
　231, 238-40, 244, 267, 279

スンニー派　81, 84, 146, 176, 177,
　180, 182, 184, 187, 189, 233, 238,
　240, 241, 252-54, 256

精神性の言説　211

精神的東洋　60, 65, 72, 77, 89, 123,
　125, 132-34, 140, 159, 200, 215, 267,
　268, 278, 279

世俗主義　61, 66, 67, 81, 82, 85, 88,
　160, 194, 195, 197, 207-09, 230, 232,
　236-38, 240, 241, 252, 258, 261, 264,
　267, 268

西洋　4, 11, 28, 31, 32, 37, 43, 46, 47,
　49-51, 53, 54, 59-61, 64, 65, 70, 71,
　75, 76, 78, 79, 81-83, 85, 92, 98, 103,
　116, 118, 125, 129, 133, 134, 171,
　176, 201-05, 207-09, 211-15, 217-19,
　221, 223, 224, 227, 228-33, 235-38,
　250, 262, 268

存在　10, 12, 13, 15, 16, 25, 31, 34, 38,
　39, 41, 45, 58, 65, 66, 73-80, 85, 90,
　94-97, 103-15, 120, 121, 123, 124,
　126-29, 131-34, 137-41, 143-45, 147-
　49, 151-58, 163, 178-80, 184-87, 192,
　193, 199, 202, 203, 207, 208, 212,
　220, 231, 232, 236-38, 240, 241, 245,
　249, 253, 278-80

タ　行

タアウィール（ta'wīl）　13, 14, 37, 82,
　141, 142, 241

大アジア主義　170, 171

ダーラー，ショクー　20, 27, 33, 35,

38-43, 266

タンズィール（tanzīl）　141, 143, 145

デカルト　208, 223, 236

天使　12, 16, 41, 46, 74, 75, 77, 78,
128-32, 137, 140, 141, 146, 157, 186,
187, 208, 209, 223, 231

伝統　4, 11, 12, 23, 25, 29, 32, 35, 39,
52, 54, 63, 66, 71, 72, 77, 79, 80, 84,
85, 92, 93, 97-99, 108, 111, 115-18,
121, 123, 124, 126, 127, 132, 141,
142, 146, 149, 152, 158, 163, 169,
173, 174, 176, 177, 189, 191, 197,
211, 214, 215, 217-24, 227, 230, 232,
233, 235-37, 239, 241, 254, 257-59,
262

トインビー，アーノルド　8, 31, 32,
279

東洋　5, 54, 60, 64, 65, 67, 70-73, 75-
78, 82, 85, 86, 88, 89, 108, 111, 115,
121, 123-26, 128, 129, 132-34, 140,
152, 155, 156, 158, 159, 169, 171,
188, 197, 200, 202-07, 209, 210, 213-
15, 219, 221, 223-25, 227-33, 235-38,
250-52, 267, 268, 278-80

東洋人　4, 11, 195, 204, 205, 210-13,
230, 236, 237

東洋哲学　4-6, 64, 70, 71, 77, 85, 87,
89, 107, 115, 123, 124, 155, 166, 170,
171, 177, 190, 200, 233, 235, 236,
247, 259, 265, 278-80

ナ・ハ　行

ナスル・ホセイン　7, 101, 103,
104, 106, 130, 152, 191, 193,
201, 218-27, 231, 233, 236,
262, 271, 279

新田義弘　6, 279

ニヒリズム　66, 67, 81, 160, 207-09,
230-32, 236, 237, 252, 258, 267, 268

能動知性　130, 207-09, 223

ハイデガー，マルティン　5, 65, 66,
108, 109, 147, 150, 198, 201, 229,
231, 237, 279

ハック　41, 106, 112-14, 126-28, 132,
137, 138, 144, 151, 152

反対のオリエンタリズム　9, 59, 195,
197, 199, 201, 202, 210, 213-15, 217,
220, 223, 224, 227, 229, 232, 238,
246, 251, 262, 268, 269, 272

比較思想　17, 20, 23, 26, 28, 44, 45,
49, 54, 55, 57, 61, 115, 117, 279, 280

比較哲学　1-9, 14, 19-21, 23-29, 31-
33, 36, 40-45, 47-55, 57-59, 61, 63-
67, 69-72, 75, 77, 78, 81, 84-89, 91,
93, 99-101, 104, 106-08, 114, 115,
117-19, 121, 123, 125, 128, 133, 140,
146, 152, 159, 160, 161, 165, 166,
169, 171, 177, 187, 190, 191, 194,
195, 197, 199, 201, 207, 209, 215,
220, 225, 227, 233, 235, 237, 238,
240, 241, 243, 245-52, 255, 257-59,
261, 263-69, 280

光の光　74, 75, 113, 125, 126, 128,
129, 132, 143-45, 157, 181

ファーラービー　108, 198

フーコー，ミシェル　4, 210, 228, 265

文明　7, 8, 23, 26-29, 31-35, 44-51, 53,
54, 59, 61, 72, 73, 81, 107, 108, 167,
204, 205, 212, 215, 218, 223, 224,
227-30, 232, 235, 247, 262, 265, 266,
279

ヘーゲル　25, 49, 50, 203, 205, 206,
212, 248, 250-52, 264, 270, 279

ホサイン・アリー＝モンタゼリー　9

ポパー，カール　198, 247-49

ホメイニー　89, 163, 179, 191, 192,
194, 208, 233, 241-43, 249, 258, 259-
64, 269, 279

本質　4, 8, 11, 14, 19, 20, 27, 31, 47,
49, 50, 54, 58, 61, 66, 74, 79, 83, 85,
87-100, 105, 106, 108-10, 112, 114,
124, 126, 134, 136, 143, 147, 148,

150, 154, 156, 157, 162, 169, 171,
177, 180, 194, 195, 199, 200, 214,
217-19, 224, 227, 229, 235, 236, 241,
245, 247, 249, 250, 252, 254, 255,
257, 261, 266
本体　41, 58, 98, 126, 127, 137, 194,
250, 258

## マ～ワ　行

マッソン＝ウルセル　　8, 20, 21, 24,
43, 49-53, 55, 86-89, 101, 104, 115-
20, 209, 266, 280
松本耿郎　103, 167, 168, 191, 193,
220, 259, 271, 280
マルクス　50, 203, 205, 206, 212, 228,
232, 248, 251
マルクス主義　228, 232, 251
ムーサー, ジャールッラー　173-77,
187, 189, 190, 268
ムハンマド　34, 39, 45, 83, 84, 99,

130, 141, 143-45, 178-88, 242, 246,
253, 255
ムハンマド・ホセイン・カシェフ・ア
＝ゲター　178, 188
モハッゲグ, メヘディー　7, 102-04,
166, 167, 174, 190, 191, 221, 222,
271

預言者　130, 141, 143-46, 179-84,
242, 243, 245, 246, 252, 253, 256,
260, 263

黎明の叡智　64, 70-73, 77-79, 83-85,
119, 129, 139, 140, 152, 208, 267
歴史を超える対話　53, 69, 78, 85, 86,
89, 100, 107, 108, 115-19, 123-25,
132, 133, 160
歴史叡智学　125
歴史哲学　25, 49, 205-07, 279

若松英輔　3, 5, 7, 72, 170, 199, 280

Toshihiko Izutsu's Comparative Philosophy
A Conflict between the Social and the Divine

by

Bahman ZAKIPOUR

Chisenshokan Tokyo
2019

This book proposes a new reading of Toshihiko Izutsu's comparative philosophy in light of Michel Foucault's views on knowledge, power, and their relations. It will be argued that Izutsu's abstract spiritual ideas have socio-political implications that are at odds with their divine underpinnings.

In the Muslim world, Toshihiko Izutsu is regarded as a prominent Islamologist but not as a philosopher, while in Japan he is known as an Islamologist and partly as a philosopher whose philosophy is regarded as a product of Japanese culture. In my view, both the Muslim world and Japan do not have a proper understanding of Izutsu's thought.

In addition to the Islamic world and Japan, in the West, there is no complete and accurate understanding of Izutsu either. He is usually presented as a scholar of Islam and the Qur'an, author of *God and Man in the Qur'an* (1964), *The Concept of Belief in Islamic Theology* (1965), and *Ethico-religious Concepts in the Qur'an* (1966). And even though his book Sufism and Taoism (1966), which is a comparison between Ibn Arabi's Sufism and the Chinese Taoist school, is in the field of comparative philosophy, it is better known as a comparative study of religions or as a work on Islamic studies. As this is the only English work by him in comparative philosophy, we must conclude that until now, there is no sound understanding of the philosophical depth of Izutsu's work; not in the Islamic world, not in the West, and not in Japan. I think that the cause of all this lies in the works of Izutsu himself, be these in English or in Japanese.

During his years at McGill University and the Imperial Academy of Philosophy of Iran, as well as at the Eranos Conference, Izutsu wrote mostly in English, focusing on Islamic and Qur'anic subjects. These publications were therefore inaccessible to most of his Japanese audience. After his return to Japan in 1979, Izutsu started writing in Japanese, creating his own "Eastern Philosophy". Since these works are written in Japanese and have not yet been translated into other languages (except for a few), non-Japanese readers remained unaware of the evolution of his thought and philosophy. Izutsu's Eastern Philosophy is a form of comparative philosophy, in which he strives to find the common metaphysical structure behind all the great traditions in Buddhism, Islam, Taoism, Judaism, Christianity, Hinduism, and so on. This common structure is something like the way in which the absolute manifests itself in the philosophy of Plotinus and the Neoplatonist school. Hence, in the philosophy of Izutsu, written in Japanese, the word "Orient" has several meanings: "Geographical Orient," "Spiritual Orient," and "Orient as Synchronical Structuralization."

"Geographical Orient" is as same as Asia and North Africa. However, according to Izutsu ancient Greece is also part of the geographical orient because of the influence of Hellenistic thought in the East. And due to the influence of Islamic thought in Spain, this area is also called the "East" by him. The "Spiritual Orient," which Suhrawardi as described by Henry Corbin calls the "World of Angels," and "The Universe of Images", is as same as the Realm of Imagination or the World of Ideas. In philosophical terms, "East" is a place in which the intelligibles manifest themselves and wherever the latter is the case, there is the "East". Izutsu and Corbin tried to revive this kind of universe from a contemporary perspective. "Orient as Synchronical Structuralization" refers to the Realm of Imagination. Izutsu's method, following the phenomenological philosophy of Corbin, is to separate all of the Eastern traditions from their historical texture and establish their metaphysical structure based on the manifestation of God or Absolute Existence. In other words, "Orient as Synchronical Structuralization" is the metaphorical dialogue that Henry Corbin and his students intended to embark upon in a big project.

Since Izutsu's book *Consciousness and Quiddity: Seeking the Spiritual Orient,* which is his main work in the field of Oriental Philosophy, is in Japanese, scholars and researchers in Japan always focus on this book and pay less attention to Izutsu's other works and his thinking method, especially the period in which he lived and worked in Iran. Related to this is the fact that Izutsu's philosophy is known in Japan as a mystical philosophy without any political or social orientation. But when Izutsu, at the beginning of *Consciousness and Quiddity* (page 7), announces that his intention in writing this book is to separate all Oriental philosophies from their historical context and complex traditions and transfer them to another dimension of consciousness (Synchronical Structuralization or the World of Imagination) and read them again and define a common structure for them, this makes his philosophy transferable to the most abstract level of thought, implying that it has political and social dimensions as well. In its philosophical polemics against Western supremacy—intellectual, political, economic—Izutsu's work shows strong political and social engagement in defense of the Asian identity and traditions.

I think that Izutsu's philosophy starts out with a critical discussion of Hegel's philosophy, explaining that, in the role given to the East and metaphysics, Hegel's philosophy of history is entirely opposed to his own philosophy. Indeed, Hegel's philosophy of history is actually a kind of contempt for the history and the peoples of the East. Hegel basically considers the British occupation of India and the domination of the East as the historical manifestation of Western supremacy. Metaphysically, Hegel's Movement of Spirit, which travels from East to West, comes to an end when Napoleon conquers the Prussian Empire, symbolizing the end of history as process. However, according to the eschatology of the religions, the end of time—and thus of history—is not decided by a single individual or group, but the common fate of mankind. As a result of Hegel's historicism, history lost its main direction and instead of focusing on the Resurrection (the spiritual orientation in Izutsu's philosophy), it was viewed in terms of man's journey through the material world, expressed in such ideologies as Marxism, Nihilism and Secularism. Izutsu's emphasis on "meta-historical dialogue" is thus an attempt at overcoming Hegel's historicism and its ideological offshoots.

At the outset of the twentieth century, using comparative philosophy in order to resolve the crisis of Western civilization as manifested by Nihilism, Paul Mason Orsel attempted to bring the history of the East, which had been humiliated by Hegel, back into the great cycle of history. He did this because he believed that understanding the East could be a way to solve the crisis that he saw in the West. To this end, he introduced India and China as sources for the history of the East, and adapted Western concepts to their Indian and Chinese counterparts. Besides such efforts as by Mason Orsel, in the East and the Middle-East too, as awareness and dissatisfaction with the status quo increased, there arose what may be called a "discourse of resistance" against Western domination: in Libya in a military fashion with the appearance of Omar Mukhtar, in India in a spiritual fashion with the appearance of Mahatma Ghandi, and more recently in an academic fashion through the works of Edward Said. In another and parallel development, Eastern thinkers too, came to realize that they could apply comparative philosophy as a kind of "discourse of resistance" at the level of philosophy and at the same time assert their Eastern identity.

According to Eastern thinkers, Western civilization had forgotten its spiritual dimension and was trapped in Nihilism. They challenged Nihilism by juxtaposing it with Eastern spirituality as a universal way of thinking, accessible and beneficial to all. Thus, Nihilism would be overcome and the Eastern spirit asserted. Izutsu's thinking is clearly derived from this movement.

As I have tried to illustrate in this book, Izutsu's Eastern philosophy does not achieve the aim for which it had been devised. But this, of course, is only a preliminary conclusion, and it is still possible that other scholars working from other angles will come to other conclusions. One of the reasons why I think that Izutsu has failed is the fact that, despite its claim to modernity, indeed, post-modernity, his philosophy is very strongly rooted in medieval conceptions if not in a medieval view of the world. So, despite its claim to the contrary, Izutsu's philosophy is a movement back in time rather than a leap ahead. Also, and insofar as Izutsu's thought derives from his understanding of the Illuminationist philosophy of Suhrawardi, there has been much criticism of him in Iran over the last few decades, causing serious harm to his philosophy's "Iranian" foundations.

バフマン・ザキプール　　（Bahman　Zakipour）

1984 年テヘラン生まれ。2008 年イスラーム・アザード大
学文学部哲学専攻卒業，2013 年大正大学大学院修士課程
修了。2017 年東洋大学哲学専攻博士後期課程修了。現在，
放送大学と明治大学の非常勤講師。
〔主要業績〕「現代イランにおける諸宗教の共生の実態と
課題」『宗教の壁を乗り越える―多文化共生社会への思想
的基盤』ノンブル社，2016 年。「アンリ・コルバンとイ
ラン革命」『地域文化研究』第 17 号，2016 年。「井筒俊
彦の東洋哲学とスフラワルディー哲学」『宗教哲学研究』
第 33 号，2016 年。

〔井筒俊彦の比較哲学〕　　　　　　　　　ISBN978-4-86285-291-5

2019 年 2 月 25 日　第 1 刷印刷
2019 年 2 月 28 日　第 1 刷発行

著　者　バフマン・ザキプール

発行者　小　山　光　夫

製　版　ジ　ャ　ッ　ト

発行所　〒113-0033 東京都文京区本郷1-13-2　　株式　知 泉 書 館
　　　　電話03（3814）6161 振替00120-6-117170　　会社
　　　　http://www.chisen.co.jp

Printed in Japan　　　　　　　　　　　　　　　　印刷・製本／藤原印刷

## 〈精神的〉東洋哲学　顕現しないものの現象学
永井　晋著　　　　　　　　　　　　　　　　　　A5/276p/5000 円

## 現象学の転回　「顕現しないもの」に向けて
永井　晋著　　　　　　　　　　　　　　　　　　A5/296p/5500 円

## 現象学と形而上学　フッサール・フィンク・ハイデガー
武内　大著　　　　　　　　　　　　　　　　　　A5/256p/4200 円

## 発生の起源と目的　フッサール「受動的綜合」の研究
山口一郎著　　　　　　　　　　　　　　　　　　A5/552p/8000 円

## 存在から生成へ　フッサール発生的現象学研究
山口一郎著　　　　　　　　　　　　　　　　　　A5/524p/6800 円

## 人を生かす倫理　フッサール発生的倫理学の構築
山口一郎著　　　　　　　　　　　　　　　　　　A5/504p/7000 円

## 感覚の記憶　発生的神経現象学研究の試み
山口一郎著　　　　　　　　　　　　　　　　　　A5/344p/5500 円

## 文化を生きる身体　間文化現象学試論
山口一郎著　　　　　　　　　　　　　　　　　　A5/454p/6000 円

## 力動性としての時間意識
武藤伸司著　　　　　　　　　　　　　　　　　　A5/348p/5000 円

## フッサールにおける超越論的経験
中山純一著　　　　　　　　　　　　　　　　　　A5/256p/4000 円

## 衝動の現象学　フッサール現象学における衝動および感情の位置付け
稲垣　諭著　　　　　　　　　　　　　　　　　　A5/356p/5500 円

## 経験の裂け目
B. ヴァルデンフェルス／山口一郎監訳　　　　　　菊/576p/8500 円

## 講義・身体の現象学　身体という自己
B. ヴァルデンフェルス／山口一郎・鷲田清一監訳　菊/480p/6800 円

## 初期フォイエルバッハの理性と神秘
川本　隆著　　　　　　　　　　　　　　　　　　菊/302p/6000 円

## 哲学を生きる 東洋大学哲学講座1
東洋大学哲学科編 菊/224p/2800円

## 哲学を使いこなす 東洋大学哲学講座2
東洋大学哲学科編 菊/248p/2800円

## 哲学をつくる 東洋大学哲学講座3
東洋大学哲学科編 菊/264p/2800円

## 哲学を享受する 東洋大学哲学講座4
東洋大学哲学科編 菊/248p/2800円

## 哲学の現場，そして教育 世界の哲学者に聞く（東洋大学哲学講座別巻）
東洋大学哲学科編 菊/304p/3200円

## 新デカルト的省察
村上勝三著 菊/364p/4200円

## 観念と存在 デカルト研究1
村上勝三著 A5/280p/4700円

## 数学あるいは存在の重み デカルト研究2
村上勝三著 A5/326p/5500円

## 感覚する人とその物理学 デカルト研究3
村上勝三著 A5/392p/6800円

## 知の存在と創造性
村上勝三著 A5/272p/4200円

## 知と存在の新体系
村上勝三著 A5/392p/6000円

## 真理の探究 17世紀合理主義の射程
村上勝三編 A5/376p/6000円

## 人文主義と国民形成 19世紀ドイツの古典教養
曽田長人著 A5/568p/8000円

## パイデイア（上） ギリシアにおける人間形成 〔知泉学術叢書3〕
W. イェーガー著／曽田長人訳 新書/864p/6500円